Ramón Reig

LOS DUEÑOS DEL PERIODISMO

MULTIMEDIA

MULTIMEDIA

LOS DUEÑOS DEL PERIODISMO

CLAVES DE LA ESTRUCTURA MEDIÁTICA MUNDIAL Y DE ESPAÑA

Ramón Reig

gedisa
editorial

© Ramón Reig

Diseño de cubierta: Paolo Portaluri

Primera edición: mayo de 2011, Barcelona
Segunda edición: octubre de 2011, Barcelona

Derechos reservados para todas las ediciones en castellano

© Editorial Gedisa, S.A.
Avenida del Tibidabo, 12 (3º)
08022 Barcelona, España
Tel. (+34) 93 253 09 04
Fax (+34) 93 253 09 05
Correo electrónico: gedisa@gedisa.com
http://www.gedisa.com

Preimpresión: Ātona, S.L.
Fotocomposición: gama, sl

ISBN: 978-84-9784-618-9
Depósito legal: B. 36.231 - 2011

Impreso por Romanyà Valls, S.A.

Impreso en España
Printed in Spain

Este libro ha recibido un incentivo a la publicación de investigaciones en concurso público competitivo convocado por la Consejería de Economía, Innovación y Ciencia de la Junda de Andalucía.

A Rosalba

Índice

TERCERA PARTE.
ESTRUCTURA DE LA INFORMACIÓN MUNDIAL: AMÉRICA LATINA

CUARTA PARTE. ESTRUCTURA DE LA INFORMACIÓN MUNDIAL.
LOS «PAÍSES EMERGENTES»: CHINA, RUSIA, INDIA

QUINTA PARTE. ESTRUCTURA DE LA INFORMACIÓN EN ESPAÑA

Fuentes documentales básicas

PRIMERA PARTE

Introducción, teoría y método

1

Introducción. Más que enumerar, relacionar

Este libro es el trabajo de un periodista académico, es decir, de un periodista que ejerce como profesor de periodistas en la universidad española, o sea, alguien, en este caso quien suscribe, que ha sido cocinero antes que fraile y luego se ha metido en la universidad porque la profesión le venía estrecha, dado que considera que el periodismo no es un mero oficio sino un quehacer intelectual al que sus dueños se empeñan en degradar, tal vez en perjuicio de ellos mismos también.

Como periodista, me sentía frustrado, sometido a una espiral de rutinas y superficialidades difícilmente soportables. Pude saltar a la universidad y desde allí estudio e investigo la que ha sido mi profesión toda la vida: la comunicación y, dentro de ella, el periodismo, a la que, a pesar de todo, considero importantísima y esencial para el desarrollo del conocimiento. No son precisamente los periodistas los que tanto han dañado al periodismo (aunque también deban —debamos— asumir una parte de responsabilidad) sino, sobre todo, la mercantilización y la politización de que ha sido y es objeto.

Los que ostentamos tal condición de periodistas y profesores, sabemos que antes de aprender a redactar bien es preciso que el periodista sepa dos cosas: primera, asimilar correctamente lo que le dicen y lo que lee y, segunda, derivada de la anterior, conocer quién es su dueño, su patrón, porque donde hay patrón ya se sabe que no manda marinero o al menos manda poco. Para asimilar con plenitud es necesario desarrollar el intelecto y tal desarrollo se lleva a cabo a través de una inquietud por todo, una curiosidad por todo, de tipo científico y periodístico, que precisa de unos modos académicos a alcanzar. Aquí entran en liza la competencia de los profesores destinados a despertar inquietudes entre el alumnado y las inclinaciones que desde su casa y su entorno inmediato traiga el propio alumno. El reto es contribuir o no a que muchos de nuestros jóvenes universitarios en general y futuros periodistas en particular, prosigan calentando bancos y mirando al profesor con abulia, como si aquello que le están narrando fuera extraño a sus demandas. Si no se introduce la vida en la clase los profesores no tenemos nada que hacer, si los alumnos no traen ya desde su familia y amigos una rebeldía más o menos razonada, será más difícil que puedan ser considerados universitarios. La responsabilidad de la buena docencia es asunto de alumnos y profesores pero, sobre todo, de los profesores.

Los dueños del periodismo es un amplio complemento a otro libro mío, *La telaraña mediática* (2010). En éste se distinguen claramente tres bloques: uno amplio sobre metodología; otro sobre estructura real de la información y otro sobre análisis ideológico/estructural del mensaje periodístico, es decir, sobre lo que los dueños desean que sus empleados proyecten al ciudadano.

Sin embargo, en esta obra el apoyo metodológico y teórico es mínimo, el análisis de mensajes no existe pero la articulación de elementos estructurales abunda. Como afirmo en *La telaraña mediática*, no importa el orden de los factores porque no alteran el producto. Más claro: el producto final es la concentración y el *totalitarismo mediático* por medio de una estructura estable de poder económico-mediática sobre la que se asienta este libro. Los factores podrán cambiar (datos coyunturales, cambio de accionistas, absorciones y fusiones, etc.). Tales cambios pueden ser hasta un ejercicio interactivo para el lector en relación con el libro que ahora se le ofrece. Pero lo que hay es un sistema de medios donde el mercado impera y donde el engranaje telecomunicaciones-comunicación (con la interactividad entre sus aparatos) va a ser la tendencia y la norma.

El libro además completa y actualiza otro que edité en 1998, *Medios de comunicación y poder en España*. Ahora nos vamos a expandir por España, sí, pero por todo el mundo también, en un reflejo mínimo de «lo que pasa», a pesar de que puedan parecer muchos los datos que se ofrecen. La mundialización en su fase actual impide hablar de España sin referirse al mundo y al revés.

Con esta obra, doy por finalizadas mis incursiones personales en las aguas de los datos mediáticos estructurales con libros en solitario. De ahora en adelante me centraré en el pensamiento complejo que está contenido en mis libros *El éxtasis cibernético* (2001), en escasa medida en *Dioses y diablos mediáticos* (2004) pero, más que en ninguno, en *Todo Mercado* (2011). El enfoque estructural lleva lejos, partiendo de una pregunta a la que los periodistas debemos responder en el arranque de una noticia: por qué.

Los dueños del periodismo es fruto de un proceso académico de investigación y observación participante que se extiende, aproximadamente, desde 2003 a 2010, con alguna actualización en 2011. Sobre esta base cognitivo-empírica que he construido, actúo en todos los ámbitos académicos. La Administración española, en este caso a través de la Consejería de Economía, Innovación y Ciencia de la Junta de Andalucía, ha tenido a bien apoyar mi trabajo concediéndole una ayuda competitiva. Mi más sincero agradecimiento.

He intentado que esta obra sea muy «visual» y también he tendido a sintetizarla, de manera que el receptor pueda seguirla con cierta facilidad a través de resúmenes continuos de las ideas centrales. Es la tendencia actual, se nos mete hasta en la sopa la línea mercantil procedente de los Estados Unidos y cuando digo hasta en la sopa me refiero también al ámbito de la investigación en comunicación. El llamado Plan Bolonia o Espacio Europeo de Educación Superior (EEES) posee buenas intenciones pero se necesita mucha voluntad política, muchos recursos humanos y materiales y poco afán de lucro para llevarlo a cabo con la calidad que merece. Una de sus inclinaciones es elaborar libros «ligeros» y me parece bien. En lo que ya no estoy de acuerdo es en que un libro ligero signifique un retroceso en los contenidos cognitivos porque a veces han caído textos en mis manos, destinados a universitarios, que estaban más cerca del cómic o del periódico popular que del libro. Y hay algo que sigue siendo dogma por más *populismo a la boloñesa* que se nos quiera vender: toda obra que pretenda ser de referencia o importante necesita un gran esfuerzo, sea científica o de creación.

¿Qué tiene de especial este libro? Que procura no ser –sólo y únicamente– un texto funcionalista sino estructural, esto es, no busca enumerar y nadar en la superficie, no persigue promocionar las actividades de las empresas y mostrar sus balances sino relacionar y profundizar. No se trata de un libro sobre dinámica empresarial sino sobre lo que esconde esa dinámica, lo que subyace a ella. No se halla el lector ante un libro sobre empresas informativas sino que su punto de partida son las empresas informativas, y su punto de llegada son las articulaciones entre ellas y con otros sectores ajenos a la comunicación: he ahí lo que convierte en inviable el ejercicio habitual entre los medios más accesibles y masivos del verdadero periodismo de calidad.

¿Dónde he bebido para elaborar esta investigación durante tantos años? Mis fuentes han sido los diarios de referencia de información general, sobre todo españoles; los diarios económicos (porque la temática de este libro, en la práctica profesional, se insertaría en el periodismo económico); las webs especializadas, los confidenciales, los diarios digitales, mi propio archivo hemerográfico de papel, los anuarios sobre comunicación, sobre geopolítica o anuarios de diarios de referencia; los artículos científicos y los libros. Al final ofreceré un apartado de fuentes documentales pero no me extenderé mucho, concretaré todo lo posible. No estarán todas las que son pero si serán todas las que estén.

Por último, anuncio que utilizaré un lenguaje y estilo periodísticos en esta obra, espero que no se molesten mis muchos colegas que enseñan periodismo en universidades de todo el mundo sin haber pisado nunca la redacción de un medio de comunicación o sin apenas haberla pisado, y sin haber ejercido el periodismo en abundancia y con soltura. Suelen opinar mal de sus colegas los periodistas académicos, nuestro estilo no les gusta y nuestras metodologías, tampoco. Entonces se encierran en sus torres de cristal y toman como señas de identidad el lenguaje presuntamente científico, al mío lo llaman despectivamente «periodístico». Se autoproclaman depositarios de las esencias investigadoras en comunicación y así concretan su personalidad claramente adquirida por cuestiones culturales, se obsesionan con que los artículos científicos deben siempre contener más teoría de la que ya se les aplica porque la teoría es su gran tabla de salvamento para «inflar» textos aunque confundan citar con teorizar sobre bases empíricas. Todos somos necesarios, no sobra nadie, es positiva una simbiosis y aprender unos de otros, pero mientras sigan intentando desprestigiar a la Periodística y a los periodistas, cuando estamos en nuestra casa, tendré que contrarrestar tales invectivas. Eso sin obviar que, al mismo tiempo, y como autocrítica, les aconseje a mis colegas periodistas académicos que debemos mentalizarnos de que estamos en la universidad, ya no en el ejercicio diario del periodismo. Y la universidad plantea otros retos que debemos asumir, yo el primero.

La abundancia de guiones-ficha tiene como misión ese lenguaje sintetizado al que me he referido. En realidad, estamos ante unos complejos apuntes que encierran para el lector el desafío de poder ampliarlos y actualizarlos por su cuenta. Los libros donde todo se da hecho son propios de planteamientos ontológicos muy personales y aún así nunca queda un discurso totalmente construido. Ahora bien, apuntes complejos no significa manual, todo lo que aquí se refleja es fruto de muchas horas atando cabos, investigando, en suma. Lo que sucede es que dejo a los demás la posibilidad de apoyarme en esta tarea: completándola para consolidar mis tesis o para todo lo contrario.

2

Bases metodológicas y teóricas

2.1. El enfoque de la totalidad desde bases empíricas

El rector de la Universidad Complutense, de Madrid, y catedrático de Economía Aplicada, Carlos Berzosa, en el prólogo de un libro dedicado al también economista, catedrático y escritor José Luis Sampedro, afirma (Berzosa, 2009 en Sampedro, 2009):

> Ante los graves problemas que acucian hoy al mundo, a pesar de los avances logrados, el análisis estructural es fundamental para saber hacer las preguntas correctas y tratar de buscar las respuestas adecuadas a la hora de entender algo de lo que está sucediendo.

El análisis estructural es el que sustenta la metodología de este trabajo. En algunos países de América Latina, los periodistas que ejercen su profesión sin haber pasado por la universidad, se llaman a sí mismos periodistas empíricos. También yo he ejercido el periodismo mucho tiempo y en ese ejercicio he aprendido empirismo a diario. La definición que de sí mismos hacen los periodistas latinoamericanos es muy acertada. Al empirismo profesional le añadimos un método académico que interprete ese empirismo y ya tenemos los cimientos para la posible comprensión del fenómeno mediático en general, empezando por el que se refiere a los dueños del periodismo.

También Sampedro es a la vez un economista empírico y metodológico. Cuando aplica el análisis estructural a lo que está pasando indica:

> Con el apoyo de autores más independientes, mantengo mi opinión sobre la decadencia del sistema. Es verdad que se ofrece una igualdad ante la ley, falsa por completo dada la injusta distribución mundial de los bienes del planeta entre sus habitantes, desigualdad que no se ha corregido en todos los decenios en que se viene hablando de suprimir la pobreza. También es cierto que el sistema proclama declaraciones democráticas, pero la realidad nos enfrenta con organizaciones oligárquicas que mantienen su poder gracias al dominio de los medios informativos, con la consiguiente manipulación de la opinión pública, además de justificarse con ideologías elaboradas por los intelectuales a su servicio. (...). Y en cuanto a la libertad, basta asomarse a esos mismos medios informativos para tener que preguntarse inmediatamente quiénes son los verdaderos beneficiarios de la misma.

Sampedro interrelaciona en su reflexión varios elementos: ley o derecho, economía, sociedad, poder, mundo mediático articulado con el poder y con la economía, ideología, conceptos filosóficos como el de libertad. Eso es una metodología estructural. Si somos capaces de comprender lo que nos ocurre a nivel personal y «global» (uno y otro también se interaccionan) es mediante esta metodología, que es, justo, la que ignoran casi siempre los medios de comunicación e incluso los planes de estudios. El resultado es el analfabetismo funcional.

El poeta Luis García Montero (2009) se muestra contundente cuando critica la articulación poder-economía-política-información-mensaje. «Uno de los mayores atentados contra la democracia, mayor incluso que la bárbara agresión contra las Torres Gemelas, es el que hacen los poderosos grupos económicos cuando humillan la veracidad de la información con sus intereses comerciales y políticos.» Estamos ante lo que Marciel Detienne llama comparatistas (en Checa Godoy, 2008), algo propio del enfoque estructural:

> A medida que avanza hacia adelante, el comparatista tiene la impresión de descubrir un conjunto de posibilidades, cuyo aprovecha-

miento conceptual permite poner de relieve elementos singulares (...). El comparatista realiza un desmontaje lógico que le permite descubrir las articulaciones existentes entre dos o tres elementos, aislar microconfiguraciones que permiten ver diferencias cada vez más afiladas y contiguas.

Pero, como puede verse, estas líneas están encabezadas con el enunciado de que se van a trazar unas bases metodológicas desde lo empírico. ¿Qué significa esto? Que enlazamos con la introducción. Este libro lo escribe un periodista profesor de universidad, es decir, un periodista académico. El empirismo epistemológico del periodista se deriva de la observación, bifurcada en dos brazos que llamamos *observación directa* y *observación directa participante*. El periodista Felipe Pena de Oliveira (2006: 59-60) dice de las metodologías apuntadas que la observación directa consiste en que el investigador, personal y directamente, «se da de bruces» sobre el objeto, sin intermediarios. En el periodismo ocurre cuando se presencia directamente el hecho que va a ser objeto de la noticia o reportaje. La observación directa participante ocurre cuando el estudioso se introduce en el fenómeno que va a observar con el objeto de sensibilizarse con las corrientes y dinámicas internas a éste. Está presente en el periodismo en reportajes rigurosamente sigilosos. Pena de Oliveira va más allá porque afirma que «la naturaleza del periodismo reside en el miedo». Es el miedo a lo desconocido que induce a los humanos a querer lo contrario: conocer. No estoy seguro de que se pueda generalizar porque muchos humanos prefieren ignorar a conocer puesto que el conocimiento produce también más lagunas cognitivas y, por tanto, más miedo, pero sí es cierto que la incertidumbre se combate con conocimiento y que la incultura –mucho más si es estimulada y planeada estratégicamente– constituye el peor mal de la Humanidad. Desde luego, no es éste el caso del autor de este trabajo y espero que tampoco lo sea el de los lectores que se adentren en él.

¿Qué busca, en último término, el enfoque estructural? Lo que está detrás de lo aparente. En este caso, lo que está detrás del periodismo, del enfoque del mensaje: los dueños del periodismo. El viñetista Forges nos resume a la perfección nuestra metodología en uno de sus dibujos:

FORGES

INEXISTENCIA OFICIAL

SOCIEDAD DE MERCADO

MANÍA TIENES DE BUSCARLE LOS 3 PIES A LA REALIDAD

EL PAÍS, domingo 7 de febrero de 1999

El enfoque estructural exige, por tanto, observación, análisis, capacidad crítica, inconformismo y transgresión. Se trata de características con las que todo buen periodista debe contar. En lo académico, el enfoque estructural termina por definirse como Economía Política de la Comunicación, la Información y la Cultura. Uno de sus representantes, el estadounidense Robert McChesney, reflexiona así sobre esta tendencia (en Almiron y Segovia, 2008):

> Lo que hay es unas pocas docenas de, podríamos decir, quizás, académicos en activo, que hacen economía política en los Estados Unidos, en Norteamérica, incluyendo Canadá, quiero decir en habla inglesa, no conozco la situación de México lo suficiente. Y, en general, la gente que hace un trabajo más teórico no acostumbra a considerarse como economista político, se consideran teóricos de la comunicación, más bien se autoexcluyen del campo de la economía política. El trabajo teórico en economía política tiende a ser más, lo que yo llamo, de órbita baja, más cercano a la Tierra, un poco más conectado a la realidad empírica, a los datos, a las pruebas, con algo menos de énfasis en la innovación teórica y más en la investigación que explica el fenómeno, con una base más empírica.

(...)

Al trabajar sólo en inglés, no conozco los casos de España, Italia, Francia o Alemania, pero conozco el caso británico y no percibo ninguna distinción entre los investigadores británicos y estadounidenses, o británicos y canadienses, en el marco de la economía política, creo que es muy parecida a ambos lados del Atlántico.

Hacer experimentos en la soledad de un despacho, divorciados del mundo, puede enseñarnos algunas cosas, pero las lecciones que se aprenden del compromiso activo con el mundo son mucho mayores y de mucha mayor importancia. Los investigadores académicos tienen ahora una oportunidad para comprometerse con la vida pública y hacer avanzar el mundo de un modo que es difícil de imaginar. Y esto es apasionante.

Es decir, que el método es minoritario en el ámbito académico y lleva consigo una gran dosis de apego a la realidad, al sistema de medios, pero es una relación crítica, no funcionalista, sin que, a mi juicio, y en la teoría, una esté reñida con la otra.

Podríamos preguntarnos por qué si los investigadores de habla inglesa no suelen interesarse por la producción en español, italiano, francés o alemán, nosotros hemos de interesarnos por la de ellos. No vale la pena entrar en ese debate ahora. Somos pocos los que nos dedicamos a esto. Nosotros –con una dosis de entreguismo y poca dignidad– buceamos en lo que hacen los demás, no todo lo que debiéramos (en mi caso, por falta de tiempo, dominio de idiomas y por sentirme bien servido con mis fuentes), pero lo hacemos, cumplimos en cierta medida. Si ellos no lo hacen es su problema.

2.2. El enfoque estructural, una constante histórica. Y el «herético»

Cuando se habla de estructura, de estructuralismo, de enfoque estructural, los «ilustrados» de turno, esos intelectuales al servicio del mercado de los que hablaba antes Sampedro, exclaman o piensan: ¡Ya están aquí el marxismo y los marxistas! Es una visión miope y simplista, no sólo es marxismo, es Historia. Observemos este esquema:

1. Teoría práctica

- *Estructura.*
- *Enfoque estructural*: de los clásicos a Marx y Morin:
  - Tales, el agua y el destierro de los dioses.
  - Anaximandro y el Apeiron.
  - Pitágoras y la estructuración de elementos (tierra, agua, aire, fuego).
  - Heráclito, Parménides y el Logos (Razón, ley que todo lo rige).
  - Heráclito llamó formas a las manifestaciones de la luz del Fuego, mientras que el Fuego mismo es el ser.
  - Parménides, Empédocles y Demócrito: el intelecto y el alma son una misma cosa.
  - Empédocles, Leucipo y Heráclito: antes que los cuatro elementos hay partículas pequeñísimas.
  - Hegel, Marx, Darwin, Freud, Morin.
- *Hegel.* La Idea-Espíritu. La dinámica tesis-antítesis-síntesis.
- *Marx.* La evolución histórica; la máxima «no es la conciencia la que determina la sociedad sino las condiciones sociales las que determinan la conciencia».
- *Darwin.* De los protozoos al hombre.
- *Freud.* Preconsciente-consciente-subconsciente; ello-ego-superego; «el yo no es dueño en su morada», actividad sexual del niño.
- *Morin.* Romper la compartimentación del saber con el riesgo de la dispersión pero la ventaja del conocimiento o pensamiento complejo.

2. Práctica teórica

- *Economía Política de la Comunicación, la Información y la Cultura*: Marx, Escuela de Frankfurt, Schiller, Smythe, Golding, Mattelart, McChesney, James Curran...
- Texto audiovisual (A/V) complementario: orígenes de las estructuras de poder: primeras civilizaciones. *The times atlas of World history*, Geoffrey Barraclough (coordinador).
- *Sistema.* De la Baja Edad Media a hoy. Texto A/V: *Ciudadano Kane*. Bretton Woods, NOEI, NOMIC, Mundialización. La Tríada: EE.UU., Europa, Japón (keiretsu-zaibatsu-MITI). Paí-

ses emergentes: China, India, Rusia, Brasil, Pakistán... Documental interesante: *La Corporación*.

- Aparente inmovilidad de la estructura.
- Lampedusa, *El Gatopardo*, Don Fabrizio y Tancredi, más Franco, la URSS, Pinochet y Milosevic. Películas: *El Gatopardo* y *El siciliano*.
- ¿Es el estructuralismo un determinismo?
- El significado del «herético». Los golpes al antropocentrismo: Demócrito, Copérnico, Darwin, Freud, Marx, sociobiología.
- Textos A/V de apoyo: el herético y el cine. Películas: *Jezzabel, El club de los poetas muertos, La herencia del viento, Freud, pasión secreta*.
- La estructura de poder y el trabajo del periodista. El periodista herético.
- Texto de apoyo: el periodismo en el cine. Película: *El dilema*.
- Aplicación práctica a la comunicación del concepto estructura de poder: Prisa.

Voy a resumir el esquema dejando al lector que amplíe su significado. Entre los humanos, primero fue la emoción y luego la conformación de estructuras de poder. En lo que yo llamo Teoría de los Inicios, primero, ante el asombro de lo que la vida ofrecía, se crearon mitos, símbolos y ritos. Después, o al mismo tiempo, estructuras de poder. Lo negativo empieza cuando esas estructuras de poder se crean contra la mayoría. Pero el enfoque estructural más propiamente intelectual de la existencia comienza cuando los filósofos ya no se conforman con simples mitos –por cierto, estructurados–, sino cuando empiezan a querer saber las cosas por ellos mismos, por sus deducciones racionales, y comienzan a colocar los elementos reales, no imaginarios, en conexión: fuego, tierra, aire, agua. Aún así, algunos iban más allá, porque afirmaban que los cuatro elementos fundamentales, a su vez, estaban formados por partículas. Si en nuestros días la filosofía se desdeña porque, por ejemplo, «no tiene salidas profesionales en el mercado», también estamos rechazando la única forma de interpretación total de los acontecimientos. Eso crea analfabetos funcionales y confusión, por mucha revolución Internet que nos vendan, porque lo relevante no son las tecnologías sino su uso mediante la metodología adecuada.

«La mejor práctica es una buena teoría», reza una expresión muy conocida. En el esquema hay una primera parte donde la teoría es puramente teoría pero de utilidad práctica; en la segunda, la teoría ya es totalmente práctica, aplicable a lo que nos rodea porque está extraída de la experiencia inmediata. Voy a dejar más claro lo anterior.

Por una parte, Teoría Práctica:

– Entiendo por Teoría Práctica una adaptación personal de la teoría función según Manuel González de Ávila (1999), es decir, la teoría que brota de la experiencia prolongada de ejercer una profesión y, por tanto, resulta de especial utilidad social.
– Nuestra Teoría Práctica se basa en la interdisciplinariedad y en la utilidad de filosofar desde la experiencia y el librepensamiento.

Por otra, Práctica Teórica:

– Llamaré Práctica Teórica a las corrientes científicas y filosóficas más actuales que ya interrelacionan de forma continua la abstracción teórico-práctica con la realidad socioeconómica y mediática que nos rodea o que nos son de enorme utilidad para que nosotros, con nuestro trabajo, llevemos a cabo tal relación.

En la primera de las definiciones se encuentran los presocráticos, por ejemplo; en la segunda, la Economía Política de la Comunicación y sus raíces.

La existencia de estructuras de poder es una constante histórica desde la tribu hasta el siglo XXI. Heráclito habla del fuego como del Ser y de sus llamas como derivaciones. Parménides reflexiona sobre la inmutabilidad del Ser. Yo creo que el Ser como fenómeno inmutable es la esencialidad de la existencia de estructuras de poder a través de los siglos y que las llamas representan los movimientos coyunturales de tesis, antítesis y síntesis de tal esencialidad.

La unión jefe-hechicero; la unión rey/faraón-sacerdotes-altos funcionarios-altos jefes militares; la unión nobleza-religión, primero, y nobleza-comerciantes/burguesía-religión-política después, es una realidad, se trata de poderes que se ven obligados a mantener su estatus, en conflicto con ellos mismos pero proyectando además estrategias de mensajes sobre los ciudadanos, quienes, por otra parte, en nuestros días, no son totalmente convidados de piedra en esta dinámica sino que resultan en no pocas ocasiones cómplices por acción u omisión. Así que ya puede el lector desterrar de su mente la idea de que yo estoy defendiendo a capa y espada que un poder malévolo manipula a los pobrecitos e indefensos ciudadanos. No es eso exactamente, aunque eso existe. Lo que yo creo es que el ciudadano es culpable también de que lo seduzcan o lo manipulen porque ya no estamos en la Antigüedad o en la Edad Media sino que ya tenemos herramientas cognitivas a nuestro alcance. El reto es utilizarlas en nuestro beneficio y no como deseen los dueños del periodismo, que son, a fin de cuentas, el Poder.

Copérnico, Darwin, Wallace, Marx, Freud, Wilson, golpearon fuertemente nuestro antropocentrismo. Y lo hicieron con un método estructural que, como he dicho, venía de lejos. Copérnico demostró que el vehículo en el que habitamos no era el centro del universo sino una partícula en él; Darwin y Wallace nos arrebataron la idea de que fuéramos los reyes de la creación divina. No, somos una especie más. Marx nos dijo que nuestra conciencia no regía la sociedad sino que lo que habíamos creado con nuestro trabajo y nuestra mente estaba determinando nuestra conciencia. Freud estructuró la mente y contrastó que había elementos que nos quitaban nuestra teórica libertad (véase la película *Freud, pasión secreta*). Wilson y la sociobiología nos estudian como lo que somos: una especie animal que ha creado vectores culturales a partir de las características de la propia especie.

Los resistentes a estos golpes intelectuales se refugian en la religión, en la descalificación y en la violencia. Son como niños a los que les arrebatas un caramelo. Sin embargo, ¿nos quita libertad el enfoque estructural? ¿Nos determina? ¿Justifica nuestros actos el hecho de que estemos determinados? No, porque el enfoque estructural interpreta y luego ofrece la doble salida de que la interpretación es ya una liberación intelectual y que esa liberación intelectual se lleva a cabo a través del conocimiento. El conocimiento es subversivo y te acerca a la libertad. El humano puede autoeducarse: crítica de los saberes recibidos, formulación de una nueva ética, he aquí el reto cartesiano, por ejemplo. Uno es libre cuando conoce su entorno, sus limitaciones, y actúa en consecuencia, justo lo que parecen no querer que hagamos los medios de comunicación, o sea, la voz de sus dueños, sobre todo la televisión en abierto que nos trata, por regla general, como a disminuidos mentales y utiliza los bajos instintos de todo tipo para lograr fácilmente lo que desea: audiencia, venta. Donde empieza la venta y el lucro desmesurados, acaba la libertad del ser humano.

El mundo audiovisual, en general, y el cine, en particular, tratan todos estos extremos. El receptor de estas líneas puede comprobarlo con las orientaciones que se ofrecen en el esquema y con su propia actividad de búsqueda. ¿Por qué los dueños del periodismo y de la comunicación permiten que los ciudadanos puedan aprender a través del mundo audiovisual? Porque los ciudadanos han sido desprovistos de método crítico de análisis y porque desean vender. Por cada mensaje aparentemente contra ellos, hay miles a su favor.

¿Qué soportes cognitivos pueden ser en nuestros días los más acertados? Las visiones ontológicas de Hegel, Marx, Toynbee, Morin, sin olvidar las transmutaciones de los valores de Nietzsche, Dawkins, Lorenz o el propio Wilson. Y, ya en referencia concreta a los medios de comunicación y los públicos, la escuela de la Economía Política de la Comunicación, sin olvidar la Escuela de Frankfurt y sin desechar en absoluto el funcionalismo norteamericano.

A partir de estas bases podemos aplicar un método articulado para entender nuestra vida y nuestra Historia, ambas en conjunción. En efecto, nuestra vida cotidiana está influida (a veces de forma decisiva) por nuestro entorno histórico. La crisis de 2008 ha afectado a miles de periodistas en todo el mundo que han sido expulsados de sus trabajos. Y si te quedas sin trabajo por culpa de una crisis mercantil, estás en paro y el paro influye en la psiquis del individuo y en su vida familiar y social. Así ha sido siempre en la Historia. Aquel nuevo orden mundial mercantil que, poco a poco, siglo a siglo, se iba conformando a partir de la Baja Edad Media, en Europa, va a desembocar en la famosa Tríada: Estados Unidos, Europa, Japón, a partir de la Segunda Guerra Mundial y, en el siglo XXI, esta macroestructura de poder se completa con la irrupción de China y otros países emergentes como India y la Rusia capitalista. Se dan pugnas entre estos países pero todos cultivan el mismo sistema: el mercado, sus pugnas son ya mercantiles.

Poco antes de terminar la segunda gran guerra, en 1944, nos diseñaron nuestra vida en Bretton Woods (una zona turística del estado de Nuevo Hampshire) las potencias de mercado vencedoras. Con motivo de la crisis de 2008 se ha hablado de un nuevo Bretton Woods en el sentido de que, en Nueva York, el capitalismo ha intentado reinventarse (en noviembre de 2008). La conferencia de Bretton Woods estableció un nuevo orden mundial: FMI, Banco Mundial, GATT (Acuerdo General sobre Aranceles y Comercio, hoy Organización Mundial del Comercio), etc. Incluso ya se habló allí de no hipotecar a las generaciones futuras con la degradación del medio ambiente.

Por los hechos posteriores, aquel nuevo orden nos trajo ventajas pero muchos problemas. La Tríada fue creciendo y dominando el planeta, curiosamente es más valioso perder la guerra (Alemania y Japón) que no participar en ella (España) con vistas a un crecimiento y a un desarrollo socioeconómico posteriores. Estados Unidos se convirtió en el gran acreedor mundial, impuso su moneda y su paraguas comercial y militar (en el comercio se encuentra la colonización mediática también). Europa estaba condenada a entenderse y aún sigue intentándolo. Europa es una verdadera estructura de poder en nacimiento que cumple los postulados de Marx. En este sentido, tenemos que servirnos de los hechos históricos narrados por Juan Velarde en su artículo «La crisis: una interrogación formidable para Europa» (*Nueva Revista de Política, Cultura y Arte*, número 128, verano 2010).

Velarde explica las diferentes posturas en los años cincuenta y sesenta del siglo xx ante el concepto de una Europa en plena colaboración o unida, mantenidas por el europeísta español José Larraz y el primer presidente de la Comisión Europea, Hallstein. Este último mantenía que la unión de Europa se componía de tres fases, como el lanzamiento de un cohete en tres tiempos: primero, unión aduanera; segundo, unión monetaria; tercero, unión política. Larraz se revolvió contra esta pretensión de Hallstein que le daba la razón a la dinámica histórica de Marx (esto último lo digo yo, no Velarde). Argumentaba Larraz que han sido las monarquías absolutas en unión con los estados nacionales los que han propiciado el nacimiento de las economías modernas. Por tanto, era al revés, primero unión política, luego llegaría la económica. Sin embargo, como se puede observar, Hallstein se ha salido con la suya: primero se crea una moneda única, el euro, luego se rompen las barreras arancelarias y las fronteras en general. Y ya veremos para cuándo una superestructura política que represente a los europeos con verdadera unidad y auténtico poder ejecutivo. De todas formas, la que existe en nuestros días también le da la razón a Marx. Trabaja más para las corporaciones que para los ciudadanos porque asume que los dueños de la economía –y por tanto del periodismo– son los creadores de la riqueza y hay que apoyarlos a toda costa aunque pueda costar caro tal apoyo. En esta línea, o se reacciona sobre la base de la Europa contemporánea, sus luchas entre segmentos sociales, su estado del bienestar, o iremos comprobando el *agringamiento de Europa*. No, en realidad, ya lo estamos viviendo.

En cuanto a Japón, su poderoso MITI, o Ministerio para la Industria y las Tecnologías, se articuló con las grandes familias y *lobbys* de poder empresarial: los keiretsu-zaibatsu; eso y el apoyo extranjero conformaron el famoso «milagro japonés», que, con el tiempo, se extendería a los «dragones» asiáticos, países y zonas que siguieron un modelo de desarrollo similar al japonés (Taiwán, Corea del Sur, Singapur, Hong Kong...). De ser un país semifeudal a mediados del siglo XIX, Japón llegó a la situación esbozada, tras la Segunda Guerra Mundial apuesta por el desarrollo tecnológico.

Mientras, en Europa tenía lugar otro milagro: el alemán. Las guerras despiertan milagros pero los países subdesarrollados o en eternas vías de desarrollo no tuvieron la misma suerte: las distancias socioeconómicas aumentaron y en los foros internacionales (ONU, Unesco, Países No Alineados) comenzaron los debates. En la Unesco, el debate fue intenso, aproximadamente desde mediados de los años setenta hasta mediados de los ochenta, con el senegalés Amadou-Mahtar M'Bow como director general. Los países del segundo y tercer mundos plantearon la necesidad de crear un Nuevo Orden Económico Internacional (NOEI) para, sobre él, levantar un Nuevo Orden Mundial de la Información y la Comunicación (NOMIC), dado que los flujos mediáticos, como los comerciales en general, los controlaba el Norte, y el Sur se veía a sí mismo a través de los enfoques mediáticos del Norte. El famoso Informe MacBride, *Un solo mundo, voces múltiples*, demostró en 1980 los fuertes desequilibrios mediáticos en el mundo pero la discusión subió de tono,

Estados Unidos e Inglaterra hablaron de atentados contra la libre circulación de información y de sovietización de la Unesco y abandonaron la organización (regresaron en 2003). Los países en vías de desarrollo contestaban que ellos no podían hablar de libre circulación de información porque no la poseían. Sobre 1986 comenzó la Perestroika, en 1987 M'Bow se vio obligado a abandonar su puesto y las discusiones cesaron; en 1989 cae el Muro de Berlín, en 1991 la URSS desaparece y George Bush, padre, declara el Nuevo Orden Mundial, donde las corporaciones consagran su poder (véase el documental *La Corporación*, de fácil localización en la Red).

Esa estructura que se mantiene ahí con el paso de los siglos, cambiando de aspecto (hasta la URSS cambia pero sus «nuevos» elementos estructurales de poder surgen del propio comunismo), había triunfado e impone sus postulados y su moral. Los tiranos y los dictadores no son tratados de similar manera. Mientras Franco, en España, o el rey Hassan II, de Marruecos, o Pinochet, en Chile, mueren tranquilamente en sus camas o en las de hospitales de élite, Milosevic, en Serbia, fallece en el transcurso de un juicio contra él por genocidio y otros cargos, y Sadam Hussein es derrocado en Irak, capturado, juzgado y ajusticiado. Es el precio de estar o no al lado de la estructura de Poder (Sadam lo había estado pero luego sacó los pies del plato y eso lo condenó). No pocas películas nos ilustran sobre este fenómeno de lo que está detrás de las apariencias, es decir, de la conformación y dinámica del Poder: *El Gatopardo* (basada en la novela de Lampedusa, con sus personajes Don Fabrizio y Tancredi), *La caída de los dioses*, *El siciliano*, etc. Ya he explicado todo esto en mis libros *El control de la comunicación de masas* (1995) y *La telaraña mediática* (2010), por tanto no hay que insistir en ello.

En el terreno periodístico, no estar de acuerdo con el discurso oficial puede traer graves consecuencias, tal y como relata la película *El dilema*, basada –y con bastante fidelidad– en un hecho real: las trabas que la CBS Corporation impuso a sus redactores del programa *60 minutos* para que no dieran a conocer una investigación que demostraba cómo algunas grandes empresas tabacaleras introducen en los cigarrillos sustancias adictivas. Estaba en marcha la unión CBS-Westinghouse y aquella denuncia podía dañar la operación. Los intereses de la estructura de poder se imponían al interés público, algo habitual, por desgracia.

Para demostrar esa estructura de poder, el Poder, nos queda ya el último punto del esquema: la total aplicación de nuestro método a lo que nos rodea. El caso del grupo español de comunicación Prisa, sobre todo a partir de 2006, que es cuando elaboré la ilustración que sigue, es un buen ejemplo.

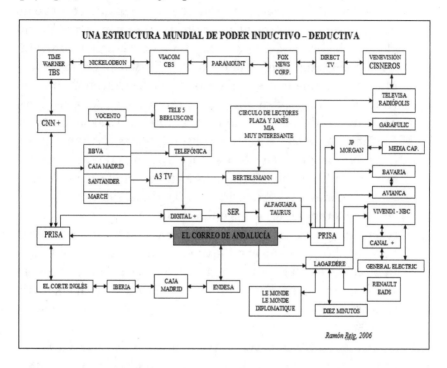

UNA ESTRUCTURA MUNDIAL DE PODER INDUCTIVO - DEDUCTIVA

Ramón Reig, 2006

A pesar de su aparente complicación, el significado de la imagen se traduce en que los elementos interconectados de una estructura de poder nos permiten llegar desde la parte al todo y desde el todo a la parte. Además, podemos observar cómo distintos sectores de la producción están en el interior de la comunicación y por tanto del periodismo, son los dueños del periodismo. Veámoslo, a grandes rasgos. De la parte al todo:

- En 2006, el diario *El Correo de Andalucía*, un periódico local de Sevilla (España), pertenecía al grupo Prisa.
- Prisa ya nos lleva a conectar con lo nacional (*El País*, la Cadena SER o Digital+) y con lo internacional, en vista de sus alianzas.

33

- En Estados Unidos, Prisa está aliada con Time Warner, que es la dueña de CNN y la CNN a su vez es dueña de CNN+, en alianza con Prisa.
- Time Warner mantiene propiedades en común con otro conglomerado: Viacom.
- Los estudios Paramount pertenecen a Viacom y colaboran en *joint venture* con otros grandes grupos (corporaciones o conglomerados) como News Corporation, de Murdoch, propietario de todo lo que contenga la palabra Fox en su nombre.
- Murdoch es dueño de la plataforma de televisión digital Direct TV (EE.UU.), extendida por gran parte de América Latina, como en Venezuela, donde colabora con el grupo Cisneros.
- Llegamos entonces a América Latina. Vemos una vinculación indirecta de Prisa con News Corporation y una directa con grupos de Colombia (Bavaria/Caracol), Bolivia (Garafulic) o México (Televisa, porque Prisa y Televisa son dueños de la cadena de radio Radiópolis o Radiorama).
- Si miramos a Europa, Prisa mantiene una alianza ya desde hace muchos años con el conglomerado francés Vivendi y, hasta 2010, ha sido accionista de Le Monde, con el grupo de Jean Luc Lagardère. En Portugal, posee el grupo mediático Media Capital.

Si deseamos concretar el camino contrario e ir del todo a la parte, procédase en ese sentido. Prisa nos lleva a todas partes y a eso se le llama mundialización. Pero todas estas alianzas necesitan capital detrás, accionistas. Y aparecen de lo más variopintos y a eso se le llama diversificación de capital y concentraciones verticales. Diversificación porque el capital va más allá de su primera razón social: el sector del automóvil o el de las telecomunicaciones o la banca o los fondos de inversión o las grandes superficies comerciales o el sector de la construcción se convierten en accionistas de medios de comunicación, son sus dueños. ¿Qué les queda entonces a los periodistas como tarea? ¿El periodismo continuado de denuncia sea contra quien sea y caiga quien caiga? ¿El periodismo de investigación? ¿Dar voz a los que no la tengan? No, estas premisas, que son el verdadero periodismo, pasan a un segundo plano, por fortuna no han dejado de existir del todo pero cada vez se prodigan menos.

Ahora a los periodistas les queda, sobre todo, el espectáculo, los sucesos, las catástrofes, e informar que en invierno hace frío y en verano calor. O refugiarse en Internet (wikileaks, los blogs) pero, ¿Internet es de todos? No seamos ilusos.

En la ilustración se observa a Caja Madrid, BBVA, Santander, Iberia, El Corte Inglés, General Electric, Renault, Endesa, Telefónica, JP Morgan. ¿Qué hacen todas estas firmas ahí? Son los dueños del periodismo, el Poder. Obama pasará, la banca privada permanecerá. Obama es contingente, la banca privada es necesaria, según la ideología que transmiten los medios. Obama es coyuntural, la banca, la industria militar y de la gran empresa en general, son estructurales. Salvando las distancias históricas, ayer se llamaron faraones/funcionarios/comerciantes/guerreros, con unos súbditos subyugados. Hoy se llaman corporaciones/política a su servicio/industria militar/finanzas, con unos ciudadanos subyugados por el encanto del mercado que, además, se auto-enredan y se auto-engañan.

El periodista y profesor Antonio Checa Godoy (2008: 43) llama la atención sobre los libros que hablan de estructuras mediáticas porque la modificación de sus elementos los vuelve con rapidez «desfasados». Pero a la vez, para corregir eso, invita a los analistas e historiadores a buscar rasgos básicos que eleven su obra por encima de lo coyuntural. Acabo de hacer lo que me recomienda mi colega y amigo. Lo de menos aquí son los datos mercantiles que pueden esfumarse, lo relevante es que existe una constante histórica de poder estructural a la que le ponemos los nombres de sus elementos en estas obras que sirven además para archivar esos cambios superficiales. Y, paralelamente, han aparecido personas en la vida cotidiana (véanse las películas *Jezzabel*, *El club de los poetas muertos*, *La herencia del viento*) y personalidades que, de manera consciente o inconsciente, con su trabajo y acciones, han puesto nervioso al poder estructural, que ha reaccionado contra ellas con más o menos contundencia. Desde Copérnico hasta hoy –y por supuesto antes de Copérnico pero vamos a colocarlo como punto de partida artificial– científicos, filósofos, periodistas, creadores y políticos han sufrido las embestidas de los «anticuerpos» del Poder. Quien se apunte a la herejía, que cargue con las consecuencias, como le ocurrió al sacerdote Ernesto Cardenal en los años ochenta del pasado siglo, siendo ministro de Cultura del gobierno surgido en Nicaragua de la revolución sandinista. Observemos esta ilustración:

Juan Pablo II reprende al sacerdote
«herético» Ernesto Cardenal

Juan Pablo II visitó Nicaragua en los años 80, poco después del triunfo de la Revolución Sandinista. En la foto, amonesta públicamente al «herético» sacerdote Ernesto Cardenal, líder sandinista y ministro de Cultura en el gobierno revolucionario. Cardenal había acudido a recibir al Papa como ministro y como sacerdote (el Papa es un jefe de Estado). En calidad de sacerdote se arrodilló ante la máxima autoridad de su religión, quien le llamó públicamente la atención por sus incursiones en la política y en la teología de la liberación. Junto al Papa está Daniel Ortega, presidente sandinista de Nicaragua entonces y ahora (en 2010). El ex ministro de cultura se separó de la causa sandinista hasta convertirse en un crítico acérrimo de lo que considera decadencia y degradación de aquel ideal, algo que, según confesión propia, le ha traído serias consecuencias, de manera que Cardenal ha sufrido los efectos de unas y otras estructuras de poder cuando se sienten atacadas.

Por otra parte, Julian Assange fue el herético más famoso y popular al término del primer decenio del siglo XXI. Su empresa, Wikileaks, filtró durante 2009 y 2010 documentos a los medios de comunicación y al público en general, donde el poder político estadounidense quedaba seriamente malparado (ordenó a su cuerpo diplomático mundial que espiara incluso a sus países aliados). Wikileaks también informó sobre asesinatos de periodistas y de víctimas civiles, ocasionadas en Irak y Afganistán por el ejército de EE.UU. La revista *Time* del 13/12/2010 publicó una portada significativa:

«¿Quieres saber un secreto?» «¿Por qué la Wikileaks de Julian Assange sabe tanto?» Y mi pregunta es: ¿por qué *Time*, una revista del *establishment*, editó esta portada tan «valiente»? Porque ése es el juego: *Time* juega a la libertad de expresión y se da un baño de progresismo en relación con sus lectores. Se trata de vender, no de informar de manera sincrónica y estructural. Este tipo de mensaje es una de las relativas excepciones a la norma.

En EE.UU. se llegó a pedir el asesinato y la declaración de terrorista para Assange y su empresa, cuando ésta filtró miles de cables diplomáticos a medios de referencia como *The New York Times, The Guardian, Le Monde, El País* y *Der Spiegel*. Suecia, que le había ofrecido acogida si las cosas se le ponían feas, pasó de anfitrión a acusador. Assange fue acusado de abusos sexuales. Detenido en Londres, logró libertad bajo fianza y en diciembre de 2010 declaró que si lo extraditaran a EE.UU. tal vez sería asesinado en una de sus cárceles. En varios puntos del planeta se sucedieron las manifestaciones a favor del afectado y los ataques a las webs de las empresas que pusieron cerco a las ayudas económicas que los cibernavegantes pretendían aportar a Wikileaks, como Visa, Mastercard y Paypal. Sin embargo, la noticia que más me inquietó fue la que despachó la agencia Reuters. La leí en *Diario de Sevilla*:

Facebook y Twitter cierran las cuentas de los ciberactivistas que apoyan a Wikileaks

Las redes sociales han restringido el acceso a los usuarios que atacaron las páginas de Visa, Mastercard y PayPal por boicotear el portal de Assange.

REUTERS / EP, WASHINGTON / LONDRES I ACTUALIZADO 10.12.2010 – 16:20

Facebook y *Twitter* han cancelado las cuentas de Payback y Anonymous desde las que se orquestaron los ciberataques lanzados contra las páginas web de Visa, Mastercard y PayPal después de que éstas bloquearan las donaciones a Wikileaks. Facebook confirmó que *había cerrado estas cuentas por considerar que los ataques a otras páginas de la Red debían ser condenados* independientemente del fin que los motive. Tras esta medida, la campaña se trasladó a Twitter, que siguió el ejemplo de su competidor, aunque sus responsables han declinado confirmar este extremo.

La ola de ciberataques se desató el pasado martes cuando el fundador de Wikileaks, Julian Assange, fue detenido en Londres en ejecución de la euroorden de arresto emitida por las autoridades de Suecia, donde supuestamente cometió varios delitos sexuales.

Los seguidores de Assange consideran que *esta detención es un complot político* orquestado por Estados Unidos como castigo por la divulgación de numerosos documentos confidenciales sobre este país, referidos a la guerra de Iraq (400.000), la misión en Afganistán (70.000) y al Departamento de Estado (250.000). «La meta es simple: ganar el derecho de *mantener Internet libre de cualquier control de cualquier entidad,* corporación o gobierno», reza una carta divulgada por Anonymus, en la que niega que los integrantes de este grupo sean terroristas, como argumenta Estados Unidos.

Como es sabido, cualquier estructura de poder está obligada a controlar las actividades de sus ciudadanos, incluida la llamada democracia, que no es más que un sistema de dominio altamente sofisticado en manos del mercado, sus fuerzas de seguridad y sus políticos. En esta línea, la estructura se defiende cuando se siente atacada, al igual que hace cuando emite ciertas leyes que, con el pretexto de proteger los derechos de autor, encierran la intención de clausurar sitios especialmente molestos. En sus inicios, la Red era de los ciudadanos en gran medida. Pero cada vez se va controlando más un arma que el Poder no puede permitir que se utilice para asuntos no aconsejables para su perpetuación.

De todas formas, las actividades de Wikileaks, por el momento (diciembre de 2010), están afectando a cuestiones de alta política, no a las esferas del poder económico, empresarial y financiero. Assange nos promete entrar ahí en el futuro. Será interesante seguir el tema con detenimiento. En uno de mis textos periodísticos, publicado a finales de 2010 y titulado «La dictadura enseña su rostro», escribí (*http://www.diariobahiadecadiz.com/detalle-noticia-9677*):

Que EEUU espía a todo el mundo (literalmente) es sabido. Que espía a sus aliados, es sabido, y supongo que los servicios secretos de sus aliados lo sabrán también y harán lo propio con los gringos. Si no, mal vamos, porque a los europeos se nos considera terroristas potenciales al exigirnos ya un visado para viajar a los EEUU mientras nosotros no les pedimos lo mismo a ellos (...). Si EEUU tiene intereses de todo tipo por todas partes (porque eso le permiten) es lógico que no se fíe ni de la madre que lo parió (Inglaterra) ni de sus otros aliados (Francia y Alemania) ni de sus aduladores y conversos (España, Italia, etc.). Si Europa consiente que el peso militar del mundo lo lleve ante todo EEUU, ahora que se joda si los yanquis quieren velar por sus intereses al milímetro. Y eso significa estar detrás de lo que dicen, hacen o pueden hacer los máximos líderes occidentales. Ya sabemos –o deberíamos saber– que el auténtico poder, mientras más poderoso sea, más lejos es capaz de llegar. Lejos, hasta límites insospechados. Es capaz de tirar abajo las Torres Gemelas utilizando el fanatismo de los islamistas. No digo que las haya tirado pero vaya si es capaz, de esa manera crea un nuevo enemigo que sustituya a los comunistas y sigue con la escalada de armamento, que es lo que mueve al mundo. Es capaz de asesinar a un presidente democráticamente elegido –propio o de otro país– que saque los pies del plato; es capaz incluso de crear Wikileaks y de hacer la comedia de que persigue a su dueño, por eso hay que seguir de cerca el asunto, porque hasta ahora no nos ha dicho nada esencial. Que Moratinos [ministro con Rodríguez Zapatero], Zapatero y los jueces y fiscales del caso Couso[1] son unos lametraseros de los USA, eso ya lo sabía la familia de Couso; que España hacía la vista gorda con los vuelos espía de la CIA, eso ya lo conocíamos; que a Noriega se lo cargó la CIA cuando ya no quiso seguirles el juego y le perdieron el control, eso ya lo advertimos hace tiempo.

Ahora estamos a la espera de que llegue enero [de 2011] porque en enero el dueño de Wikileaks dice que va a filtrar documentos sobre el mundo financiero. Hasta ahora todo se refiere a esos parapetos que el poder ha colocado ahí para que le detengan los golpes: los políticos, los jueces y los fiscales. Pero, si la web penetra en lugares más profundos y sensibles, serán palabras mayores. Le desconectarán el enchufe de Internet y destruirán a estos nuevos «terroristas» que no lo serían pero el poder es quien controla la terminología con la que nos movemos. Mientras tanto, a seguir las evoluciones de la telenovela, está entretenida, los medios pueden ganar más dinero («¡¡¡El espionaje gringo por entregas. No se pierda el capítulo de mañana!!!») aunque ni siquiera pueden contrastar lo que publican (¿mira que si todo o casi todo fuera inexacto?); la gente se puede distraer –y deprimir– con las cosas que hacen los políticos y la dictadura puede, una vez más, presentarse ante la opinión pública como democracia. Pero, por ahora, van a por el chico de Wikileaks. Tanto si actúa por su cuenta como si no, la dicta-

---

1. Caso Couso. En 2003, cuando EE.UU. invadió Irak y su ejército terminó con el régimen de Sadam Hussein, un tanque disparó contra el Hotel Palestina de Bagdad, donde estaba alojada la prensa, con el consentimiento del mando militar estadounidense. El obús impactó contra la fachada y mató al periodista de la agencia Reuters Taras Protsyuk y al periodista español de Tele 5, José Couso. Los autores del disparo están localizados perfectamente, se ha solicitado a EE.UU. su extradición a España para ser juzgados por crímenes de guerra. Los acusados argumentan que cumplían órdenes y que creían que los periodistas eran francotiradores. En el momento de su muerte, Couso estaba filmando al mismo tanque que disparó contra él.

dura está mostrándonos su verdadero rostro, he ahí la verdadera utilidad del acontecimiento.

Por el momento, estamos ante informaciones políticas que, por regla general, ya eran sabidas (aunque no con tantos detalles) o fácilmente deducibles. Aun así es lógico que los políticos se sientan muy molestos. Como apunté en el artículo antes citado:

> Hay unos discursos para la plebe y otros para las esferas del poder (...). Ya se sabe de sobra que el público, en general, debe sentir, sobre todo sentir, no pensar. Para pensar ya están las élites que nos dicen lo que debemos sentir y lo que debemos comprar, quién o qué es positivo o negativo. En cuanto a Internet, la población lo que debe hacer es intercambiar pamplinas por las redes sociales y colocar sus cositas en YouTube. Ahora bien, eso de crear un sitio para filtrar cuestiones de alta política, no, no, para eso no es la Red. Es que a la chusma se le da la mano y agarra el codo. El señor Assange ha osado ejecutar lo que quiere no lo que le dicen que haga. Y ya están los voceros de la dictadura en campaña de desprestigio contra él, contra su empresa y además ya está la ley (de la dictadura) dispuesta a caer sobre el muchacho. En los Estados Unidos, hasta se alzan voces para que al hereje y a su empresa los incluyan en la lista de organizaciones terroristas.

Como he dicho, sigamos con sumo interés el tema. Ya tenemos un detenido, el soldado Bradley Manning, al que se le acusa de ser el filtrador. Al menos, si es así, ha demostrado no temer demasiado las consecuencias de las actuaciones de las estructuras de poder. Se ha convertido en un cómplice del herético Assange. Y eso no es corriente.

Por ejemplo, si llevo el asunto a mi campo, no existen muchos estudiosos en la universidad –a nivel mundial–, muchos «heréticos académicos» que deseen complicarse la vida utilizando enfoques estructurales. En la revista científica *ZER* volumen 15 número 28, de 2010, editada por la Universidad del País Vasco, hay un artículo de Ainara Larrondo Ureta en el que se reseñan 45 revistas internacionales de investigación pertenecientes al mundo anglosajón, editadas en 2009-2010. Solamente *Political Communication* ofrece contenidos muy afines pero no específicos sobre estructuras mediáticas y de poder. En lo referente a España, la profesora Nuria Almirón y yo mismo hemos escrito sobre el tema en 2007, en *American Communication Journal*, con desalentadoras conclusiones.

2.3. No agredirse en público

Si prodigaran los investigadores críticos, tal vez podrían colocar sobre el tapete otra cuestión relevante: el pacto no escrito de las estructuras de poder para no agredirse públicamente. No me refiero a esas «batallas» dialécticas de los políticos del bipartidismo mundial (esencialmente un poder con dos cabezas) de las que tanto se hacen eco los medios para el hartazgo de los receptores, sino a los pactos en las altas esferas de la empresa y de las finanzas para no dañar la imagen de elementos clave del Poder. Leamos esta información:

La plantilla relata la visita «amenazante»

James Murdoch irrumpe en la redacción de *The Independent* para defender a su padre

ELMUNDO.es | Madrid

Actualizado **viernes 23/04/2010 13:12 horas**

«No utilizarás el nombre de Rupert Murdoch en vano.» Así parece pensar el hijo del magnate de los medios de comunicación, James Murdoch, que se ha convertido en noticia en Reino Unido después de su sorprendente visita a la redacción de uno de los diarios rivales a los de su imperio mediático.

Al joven Murdoch, responsable directo de la cadena Sky, no le han parecido adecuados unos anuncios de prensa aparecidos en el británico *The Independent* a propósito de las elecciones. En la publicidad impresa se leía: «Rupert Murdoch no decidirá estas elecciones. Tú sí».

Según ha relatado *The Guardian*, la reacción de Murdoch fue encontrarse con Rebekah Wade, la encargada de supervisar todas sus cabeceras en las islas –como *The Times* y *The Sun*–. Con ella, irrumpió en la redacción de *The Indie* en busca del editor jefe, Simon Kelner.

Delante de Kelner, tal y como ha relatado la plantilla del diario, Murdoch le increpó: «¿A qué coño estás jugando?». Los periodistas testigos lo han contado de esta forma: «Murdoch escudriñó la habitación. Casi se le podía oír diciendo: «¿Dónde está?». Otro periodista ha asegurado: «Fue muy estrambótico. Vino amenazando».

La alusión al magnate australiano en esos anuncios <u>supone una ruptura</u> <u>con un acuerdo de los editores británicos de no cruzar ataques entre sí, ni</u> <u>políticos, ni financieros, ni personales.</u>

(Los subrayados son de quien firma este libro, indican la inconveniencia de enfrentamientos públicos entre elementos de la estructura de poder.)

El teórico «impulso juvenil» de James Murdoch puso de relieve las tensiones y los pactos en las estructuras de poder. Estas tensiones son muy habituales pero no suelen trascender al llamado gran público. A las piezas de un engranaje de poder les interesa sin embargo no discutir demasiado y, menos, «llegar a las manos» porque están condenadas a entenderse, como veremos a continuación.

2.4. Se acabó el empresario-periodista: ahora, las corporaciones

En aquel viejo oeste de los Estados Unidos en el siglo XIX, tal y como nos muestran las películas del género, el dueño de un periódico era un sujeto que a la vez lo redactaba y tenía, como mucho, un asistente para «maquetarlo». El producto era una sola hoja tamaño sábana donde figuraban las correrías de los «malos» de la película. El dueño vivía de su periódico y tenía el inconveniente de que a lo peor si sus informaciones no les gustaban a los bandoleros, éstos se acercaban por su local, lo destrozaban y, en casos extremos pero no tan inhabituales, asesinaban al propietario-periodista.

El peligro para los periodistas no ha pasado, sobre todo en zonas externas al llamado mundo desarrollado ya que en ese mundo desarrollado las bocas se cierran con las estructuras de poder, somos más sutiles y la autocensura se ejerce a diario. En el mundo en vías (eternas) de desarrollo, la vida humana suele valer poco y el *marketing* se usa escasamente, salvo en períodos electorales. El primer mundo es un hermoso decorado que detrás encierra la podredumbre, como vimos antes en la viñeta de Forges. En cuanto al periodismo, y como ya he publicado en otros trabajos, la censura contra el periodista se ejerce a través de 5 P: Propietarios, Publicidad, Política, Producción, Públicos. A todas ellas está sometido el trabajo del periodista que escribe según los intereses de sus dueños, de los anunciantes, de las presiones políticas, de las necesidades de la producción según las nuevas tecnologías y en función de dar al público más lo que desea recibir que lo que realmente ha sucedido.

Bien, pues aquel empresario del lejano oeste *made in USA* terminó y, aún así, ya estaba ligado al banquero del pueblo porque si necesitaba dinero para fundar o impulsar su periódico y no lo tenía, debía acudir al prestamista de turno, lo cual exigía no criticarlo en su medio y, si lo hacía, atenerse a las consecuencias.

En nuestros días, la banca es prestamista y accionista de medios. Busca negocio, sí, pero también influenciar. Lo segundo es tan importante como lo primero y a veces más porque el grupo español citado antes, Prisa, ha estado en bancarrota técnica en varias ocasiones y sus bancos acreedores han mirado para otro sitio. Para no perder influencia y para que los mensajes de un grupo acorralado por las deudas no se volvieran contra ellos, en una maniobra desesperada. Poco a poco se ha ido fraguando esta situación. Lo podemos observar en la película *Ciudadano Kane*. Al principio, cuando una voz en off narra las propiedades del difunto señor Kane, se habla de bosques, tiendas, sindicatos, astilleros, cadenas de periódicos y de radio, etc. Estábamos a finales del siglo XIX e inicios del XX. El capital ya se diversificaba con claridad y, a la vez, la propiedad se concentraba en menos manos.

Veamos. Si quince o veinte de mis lectores (espero tenerlos) y yo mismo conformamos el consejo de administración de una multinacional del automóvil con intereses en otros sectores y queremos diversificar nuestra presencia hacia el mundo de los medios de comunicación, en unión con algún banco y otras corporaciones, ¿qué mensajes se desprenderán, por regla general, de nuestros medios? Mensajes favorables a la ideología mercantil, a la estructura de poder que somos. Ésa es nuestra obligación como poder: conservarnos. Para ello hablamos de que representamos la libertad y la democracia pero los receptores tienen un grave problema si se creen eso o, al revés, puede que prefieran morir en la paz de los ingenuos y de la resignación. Pues en esta situación están los medios de comunicación más consultados, desde un diario hasta una televisión temática porque las corporaciones mediáticas lo controlan casi todo, incluyendo los sitios más relevantes de Internet (*Myspace* es de News Corporation, por ejemplo).

Un conglomerado de la comunicación es parecido a grandes superficies como El Corte Inglés en España o como los almacenes Liverpool en México o como Walmart en Estados Unidos. Estos establecimientos lo mismo ofrecen ropa de calidad que ropa de ocasión, pasando por calidades intermedias; comida de alto rango o comida menos suculenta, etc. Y todo queda en casa, todo es la misma empresa que estudia el mercado de consumidores y les coloca el producto correspondiente a sus tendencias, necesidades (unas se tienen pero la mayoría se crean) y poderes adquisitivos. Un conglomerado lo mismo te vende un cómic, un periódico amarillista o sensacionalista, otro de referencia, una televisión populista y otra «de minorías», una película de efectos especiales, otra de amor, una comedia romántica o un filme más «sesudo». Es el negocio, el mundo es un gran negocio en el que unos persuaden y seducen a otros para venderles sus productos y los otros a veces son engañados, a veces se dejan engañar de manera cómplice.

¿Quieren ejemplos cinematográficos de todo esto? Vean el discurso inicial del protagonista de la película *Buenas noches, y buena suerte*, o la película *Network. Un mundo implacable*. El citado Pena de Oliveira, aclara: «En el siglo xx, al menos en las grandes metrópolis, es difícil encontrar una empresa estrictamente periodística. Lo que existe son megaconglomerados de medios, en los que el periodismo sólo es una de sus actividades». Y añade:

Los megaconglomerados no pueden sobrevivir en un mundo globalizado sin promover fusiones empresariales y convergencias de difusión y contenido. Actuar en un único medio significa la quiebra. Y con el aumento vertiginoso de la velocidad en los flujos de información no pueden limitarse a una única región para su actuación. Aparte de eso, la unificación de contenidos permite un abaratamiento de los costes y, consecuentemente, una mayor competitividad. (...). Todo ello se une a las estrategias de venta de los productos de las empresas anunciantes, facilitada por la producción de hábitos de consumo y procesos de significación de bienes simbólicos. ¿O aún cree que cuando entra en una tienda de Nike está comprando unas zapatillas? No, amigo. Lo que está comprando es un estilo de vida, televisado diariamente en todo el mundo.

Nos recuerda Pena de Oliveira el alcance del concepto «glocal»: «A pesar de que las empresas matrices fijan los contenidos y los lenguajes, establecen alianzas estratégicas con empresas locales, valiéndose de sus redes de distribución y de su conocimiento regional para filtrar la producción global».

Para explicar la estrategia mediática que pueden utilizar los conglomerados o corporaciones, la revista española *La Clave* desarrollaba en noviembre de 2005 esta historia imaginaria pero posible porque está construida sobre datos reales:

Imaginen que la Administración Bush necesita llevar a la opinión pública el mensaje de que es necesario invertir más medios y dinero en la guerra de Iraq. Teóricamente, el presidente lanzaría ese mensaje a la nación y los medios lo transmitirán objetivamente. Después, cada medio analizaría el mensaje y tomaría partido, aunque en última instancia sería el ciudadano quien se formaría su propia opinión y decidiría si está de acuerdo con el gobierno o no. La práctica, sin embargo, podría ser bien diferente. Desde la Administración se contactaría con General Electric, que fabrica armas para el Pentágono, y se diría que más dinero para Iraq sería también más dinero para su empresa. Desde la dirección de General Electric llamarían a los directores de la cadena de televisión más importante del país, la NBC, de la que son dueños, y les transmitirían que es importante apoyar el llamamiento del presidente. Después, Bush o el vicepresidente Chenney telefonearían a su amigo Richard Parsons, presidente de Time Warner, el mayor grupo de comunicación del mundo. Éste podría decidir echar una mano a sus colegas republicanos, y sus televisiones, sus más de 150 revistas y el mayor proveedor de internet de Estados Unidos, AOL, canalizarían positivamente las palabras de Bush hasta millones de personas. Así podrían seguir haciendo con otros grupos, personas y medios. Al final, la opinión pública se formaría un criterio basado en argumentos de todo tipo, pero sólo a favor, y Bush se saldría con la suya. (...) Bush también podría llamar a Murdoch, que ya le hizo campaña abiertamente a través de la cadena FOX, y pedirle que donde se vendan sus periódicos no exhiban los que van a hablar negativamente de su mensaje. Así, no sólo habría buenas palabras para el presidente, sino que no se podría saber si también las hay malas. Aunque todo esto, claro, no deja de ser un caso imaginario.

Esta situación hipotética no es más que un reflejo de la realidad de la información en EE.UU., donde están alojados los principales imperios de comunicación del mundo, unas corporaciones que además cuentan entre sus invitados estrella con supuestos analistas neutrales que, sin embargo, están vinculados a industrias militares y empresas de todo tipo (Jones, 2010), algo que se le oculta al receptor. La liberalización del mercado y la abolición de las leyes contra la concentración han dado lugar, sobre todo en la última década, a vastos grupos con intereses en todos los sectores de la comunicación. El propio Bush lo ha favorecido abiertamente, defendiendo la absoluta libertad del mercado, y sus allegados han contribuido también notablemente. El caso más conocido e importante es el de Time Warner, que en 2000 protagonizó la «mayor fusión de la historia» al unirse con America Online, el proveedor de Internet para más de 30 millones de clientes. La operación, que dio como resultado un gigante valorado en cerca de 400.000 millones de dólares, fue permitida por la Comisión Federal de las Comunicaciones (FCC, por sus siglas en inglés), donde uno de los comisarios que aprobó la fusión fue Michael K. Powell, hijo de Colin Powell, que pronto sería secretario de Estado y que, por aquel entonces, figuraba en el consejo de administración de AOL.

La crisis de 2008 no ha perdonado tampoco a los conglomerados. En 2010, AOL y Time Warner han roto su alianza pero, como se viene sosteniendo, eso no invalida el asunto estructural de fondo porque han surgido nuevas alianzas y a veces contra natura, como la que en España protagonizaron en el citado año Fininvest (Berlusconi) y el grupo Prisa para, entre ambos más el apoyo de Telefónica, liderar la división de televisión de Prisa, organizada en torno a Sogecable/Digital+. El talante ultraconservador de Berlusconi y el socialdemócrata de Prisa no han sido obstáculo para la unión.

La dinámica de fusiones o absorciones por estos conglomerados, así como la crisis de la prensa (crisis de credibilidad sobre todo aunque el mercado nos vende más la crisis por la aparición de lo digital) han originado que numerosas cabeceras de periódicos en EE.UU. o hayan desaparecido o hayan pasado a ser exclusivamente electrónicas. Hace ya años que Carlos Taibo (2001) dejó escrito:

En poco tiempo se han reducido a 300 los periódicos «independientes» existentes en un país, Estados Unidos, que antes contaba con 1.500 publicaciones que presuntamente, y seamos muy generosos, satisfacían este requisito. Esto aparte, los magnates de la prensa o de la televisión ya no son personas que han crecido en el ámbito del periodismo o de los medios de comunicación: son, antes bien, hombres de negocios cuya voluntad de servicio público es la más de las veces nula.

Si trasladamos el tema a España y nos atenemos a las palabras de Checa Godoy:

El 85% de las 120 cabeceras españolas de diarios pertenecen hoy a ocho o diez grupos de comunicación, cuando a la salida del franquismo eran por encima de las sesenta empresas diferentes, casi todas locales o regionales. Y qué decir de esas más de 2.000 emisoras privadas de radio que, en rigor, se agrupan en su inmensa mayoría en torno a cinco o seis grandes cadenas.

2.5. ¿Por qué Estructura de la Información y no Estructura de la Comunicación?

En la siguiente parte de este trabajo voy a entrar ya de lleno en lo que llamaré Estructura (real) de la Información. ¿Por qué no «de la Comunicación» como otros libros recogen? Primero, el calificativo «real» lo tomo de mi colega el profesor Fernando Quirós, que ya lo utilizó hace decenios (Quirós, 1988). Se entiende que se acabaron las teorizaciones sobre la estructura, el enfoque estructural, etc., y ahora hay que aplicar todo ello a la vida que nos rodea, la vida socio-económico-mediática que, en gran medida, determina nuestra vida cotidiana, es que nuestra vida biosocial y psicosocial está encerrada en ese amplísimo contexto cultural planetario, si bien el método que aquí se propone es muy útil para intentar algún tipo de «escape».

En segundo lugar, siempre he estado de acuerdo con Ángel Benito cuando afirma que la Información es una dinámica, sobre todo, emisora, y la Comunicación comprende la emisión y la reacción de los públicos, sobre todo esta última (Benito, 1982). Antonio Sánchez-Bravo Cenjor dejó claro también hace años (Sánchez-Bravo, 1992) que la dinámica emisora es estructurante y busca comportamientos claros en los ciudadanos (una mente estructurada); otra cosa es cómo reaccionen éstos. Y todo este planteamiento teórico-metodológico se efectúa sobre la base de que, en lo empírico, lo que se estudia, en efecto, son los entes que generan los mensajes (Orive, 1980). Dichos entes (los medios de comunicación en general y los periodísticos en particular) poseen unos dueños, los dueños del periodismo.

Cuando los sistemas de medios –como les gusta llamarlos al profesor Bernardo Díaz Nosty (1993 y 2005)– de un país o de varios establecen sus estrategias de venta de mensajes, llevan a cabo análisis de cómo proyectar sus intenciones mercantiles y/o ideológicas. Eso es una estrategia de información. Por tanto, la reacción de los públicos y los efectos vienen después. A mí me interesan los dueños de la Información, los que establecen estrategias que deben ser mercantiles por fuerza puesto que la Información abrumadoramente dominante es la mercantil, con todos los matices que se desee pero la mercantil. Tenemos ante nosotros tres pasos a investigar:

- Los dueños de los entes emisores de información.
- Las estrategias de venta de información.
- La reacción de los públicos y los efectos.

Al final, penetraríamos ya en las causas más profundas de todo lo anterior, eso entra en el campo del pensamiento complejo o epistemología comparada, en expresión que tomo de Konrad Lorenz y que desarrollo en mi libro *Todo Mercado*, tal vez en la calle cuando este mismo texto pueda llegar también al ciudadano.

Ahora bien, a este libro lo que le interesa es sólo el primero de los tres pasos indicados. A mi libro *La telaraña mediática* le interesaban el primero y el segundo (con mucha mayor base metodológica de la que hay en el presente) pero a éste sólo el primero de los pasos indagadores, con una mínima aportación teórico-metodológica en simbiosis con lo empírico, tanto en su propia exposición (que termina aquí) como en su inmediata aplicación, que empieza ahora.

Ideas clave de la primera parte

1. La teorización y la metodología más fiables y rigurosas proceden de los periodistas académicos, es decir, de los periodistas que, tras años de ejercicio profesional, se han trasladado a la universidad o bien de profesores universitarios que se han reciclado hacia la práctica de la comunicación de manera intensiva.

2. No es posible comprender el significado profundo de los acontecimientos sin el enfoque estructural. Sin este enfoque el sujeto es mucho más manipulable.

3. Los empresarios de la comunicación se mezclan en la actualidad con los de otros sectores productivos.

4. Por encima del servicio público se sitúa el negocio que se presenta como servicio público y se confunde con él. Los medios no pretenden ampliar la capacidad sincrónica del receptor sino venderle productos e ideología de mercado.

Segunda parte

Estructura de la Información Mundial: la Tríada (Estados Unidos-Europa-Japón) y la «herética» Al Jazeera

1

Estructura mundial de la Información

Ya sabemos por la introducción las líneas maestras de este libro y en la parte dedicada a la teoría y a la metodología se ha apuntado el estado de la cuestión mediática, a la vez que me he servido de ejemplos para apoyar una teoría lo más útil posible. A continuación entraré en el desarrollo de la estructura real de la información. Primero, a nivel mundial. Vamos a observar los conglomerados de la comunicación más importantes, es decir, aquellos que intentan establecer el orden del día en el mundo (digo intentan porque la gente aún mantiene resortes defensivos que suelen ser pura intuición o «inconsciente colectivo»). Al entrar en los conglomerados, entramos en los Estados Unidos.

Ahora bien, lo que me interesa como partidario del enfoque estructural es la presencia en el interior de la comunicación de factores en teoría extraños a ella. Por eso citaré empresas relacionadas con la comunicación y hablaré de «accionistas extraños», por ejemplo.

Después pasaremos a las grandes agencias de la comunicación: orígenes y desarrollo. Y una vez descrito todo este panorama estructural occidental nos acercaremos a un medio «alternativo», es decir, que no sigue las directrices del discurso mediático derivado de los intereses de Occidente y su economía de mercado. Me refiero a la cadena árabe Al-Jazeera TV.

Tras este contraste, seguiremos con nuestro camino en la descripción de la estructura mundial y desembocaremos en Europa.

Tras Europa llegará Japón. Luego América Latina y luego los llamados países emergentes (China, India y Rusia). Finalmente, esta obra desembocará en España porque está escrita desde España.

Lo que nunca debe perderse de vista es que estamos en la mundialización y que las divisiones que acabo de llevar a término son artificiales porque en la actualidad todos están relacionados con todos (o en camino de estarlo): nos hallamos ante una situación totalizadora, como veremos. Para intentar salir de ella lo primero que debemos hacer es conocerla. Y si se quieren completar sus datos y su interpretación ya he citado mi libro *La telaraña mediática* (2010).

El método estructural que voy a seguir de ahora en adelante consiste en llevar a cabo un ejercicio diacrónico-sincrónico, primero, y luego, sincrónico, es decir, coloco datos encima de la mesa y luego les busco interrelaciones. Utilizaré, como norma general, fichas, guiones o esquemas, e ilustraciones, todo ello acompañado por un discurso que no será amplio. Repito que aunque parezca que se ofrecen muchos datos, lo que se va a observar a continuación es una muestra resumida de una realidad difícil de abarcar en una sola obra, una realidad coyuntural en continuo cambio sobre una base estructural (el mercado y sus mecanismos defensores) sustancialmente estable. El receptor puede buscar documentación para interaccionar con este libro y actualizar los cambios coyunturales y, asimismo, bucear en el estudio de la Historia y de la especie que la protagoniza para tratar de comprender la complejidad estructural. ¿Dónde he obtenido los datos que voy a utilizar? Ya lo he dicho en la introducción y lo concretaré más en las fuentes documentales pero también en ocasiones nombraré fuentes conforme explique los hechos. No abundaré en fuentes para no cansar más todavía al receptor.

1.1. Industria cultural, grupo de comunicación, conglomerado de la comunicación

Suelen aparecer los tres conceptos o expresiones, más el de corporación, que es equivalente al conglomerado o a la transnacional mediática. Es conveniente diferenciar entre los tres.

Una industria cultural es una librería o cadena de tiendas libros; una editorial, un periódico o cadena de periódicos, una cadena de radio o emisora aislada, una televisión, una productora audiovisual o un estudio de grabación. Pero cuando se unen una cadena de editoriales con otra de periódicos y revistas, más una cadena de radio, televisión, discos, multimedia, etc., todos bajo los mismos accionistas, estamos ante un grupo de comunicación, y cuando ese grupo comienza a diversificar su capital hacia otras actividades ajenas a la comunicación y, al revés, cuando permite que otros sectores extraños a la comunicación estén presentes en su consejo de administración, entonces entramos en el conglomerado. Se trata de un proceso que encierra concentración de poder y capital y diversificación, los dos factores a la vez.

1.2. Los seis grandes

La comunicación-periodismo es una actividad económica más, y articulada, una parte del primer poder, en el seno de una macroestructura llamada economía de mercado. En su esencia, no es ni un segundo poder (Ignacio Ramonet) ni un contrapoder, ni un cuarto poder (Edmund Burke) sino la herramienta básica con la que el poder socioeconómico crea, consolida o intenta crear y consolidar mentes y comportamientos, es eso lo que la convierte en especialmente «peligrosa» y exige que su actividad sea investigada de manera especial y especializada. Como ya recogí en mi libro *Dioses y diablos mediáticos* (2004), fundamentalmente son seis los conglomerados que controlan en el mundo todos los ámbitos comunicacionales. Ahora vamos a retratarlos de una manera más amplia que en aquel texto.

Deseo recordar que este estudio está elaborado entre los años 2003 y 2010. Por tanto, hay datos que ya no tienen tanta relevancia. Las variaciones de algunos de ellos se harán constar en los esquemas siguientes.

Estructura mundial de la Información

- Los 6 grandes conglomerados:
  - Time-Warner-TBS-AOL (1989, 1995, 2000) (EE.UU.)*.
  - Viacom-CBS (EE.UU.)**.
  - ABC-Disney (EE.UU).

- Bertelsmann (D).
- News Corp (GB-EE.UU.-Australia).
- NBC-Vivendi (EE.UU.-Francia-Canadá). NBC Comcast desde 2010.
- Competencia y colaboración. Los conglomerados colaboran más que compiten. Por ejemplo, CNN, ABC y CBS intentan compartir contenidos informativos para ahorrar plantillas (en 2008).

* En mayo de 2009 Time Warner se escinde de AOL por las pérdidas de ambas con motivo de la crisis de 2008 en EE.UU.
** En 2006 aparecen como dos empresas independientes de nuevo.

La ficha anterior muestra como significados más esenciales que se ha dado un proceso de concentración y desconcentración coyuntural propio de la economía de mercado. Time Warner se une en 1989. En 1995 llega al megagrupo TBS (dueña de CNN) y en 2000, America OnLine (AOL). La teórica competencia y el teórico pluralismo que nos «venden» los mensajes oficiales, entran en cuarentena cuando comprobamos que los conglomerados (como los grupos en España, por ejemplo) colaboran entre ellos por medio de dinámicas de *joint venture* y que, para ahorrar costes, tienden a unir sus redacciones. Ahora observaremos un esquema por cada conglomerado de los seis seleccionados.

Time-Warner-TBS-AOL

- 1989: Time-Warner.
- 1995: Time-Warner-TBS (CNN).
- 2000: Time-Warner-TBS-AOL-EMI (GB).
- 2009: Time Warner se desprende de su división de TV por cable y de AOL.
- Revistas principales que posee: *Time, Fortune, Life, People...*
- En 2008 EMI fue comprada por Terra Firma, un fondo de inversiones del magnate Guy Hands, apoyado por City Group.
- Presencia en España: CNN+ (con Prisa); Warner Lusomundo (con Portugal); convenios con Prisa (Cinemanía); HBO, Cartoon Network, TNT, TCM.
- Otras ramificaciones: Cisneros (Venezuela); Televisa (México); Viacom-CBS (Nickelodeon, propiedad compartida). Con Google mantenía hasta 2009 la propiedad de AOL (95% y 5%).

Viacom-CBS

- Fusionados en 1995. Antes, CBS estuvo ligado a Westinghouse.
- Presencia en España y resto del mundo: Nickelodeon, MTV, CBS News. Acuerdo con Vocento para distribuir programas (2010).
- Colaboraciones:
  - Posee los estudios Paramount, que rodaron *Titanic*, una de las películas más caras de la historia. Para ello se unió a 20th Century Fox, de News Corp.
  - Comparte con Time-Warner la propiedad de Nickelodeon.
  - Comparte canales de radio, de televisión y servicios de Internet con AT&T, Time-Warner, AOL, Reuters, News Corp. y Vivendi NBC.
- En 2006, aparecían como empresas actuando de forma independiente.

La cadena de televisión temática MTV es muy conocida entre la juventud. Ofrece un claro ejemplo de «glocalismo» porque proyecta la música que promocionan las multinacionales del disco, unida a cantantes de los países en que emite pero el estilo musical de fondo suele ser el mismo o muy parecido.

La industria del disco está monopolizada en el mundo por Warner, Sony y BMG (Bertelsmann Music Group), ahora tratándose de adaptar al fenómeno de las copias ilegales desde Internet. Para ello, entre otras medidas, han creado empresas de descargas.

La penetración de Viacom en España y en otros lugares del mundo es habitual, como también veremos después en otros casos. En 2009, firma un acuerdo con Vocento (diario *ABC*, entre otros muchos) que se observaba recogido así por el portal infoperiodistas.net:

Vocento sella un acuerdo con Viacom para reforzar su presencia en el mercado audiovisual

25.06.2009

Vocento ha alcanzado un acuerdo estratégico con la factoría de entretenimiento Viacom (editor mundial de canales como MTV, Nickelodeon, Paramount Comedy, VH1, Comedy Central y Spike) para compe-

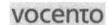

tir en el escenario audiovisual español y convertirse en uno de los principales actores tanto en el ámbito televisivo como en la producción de contenidos.

Este acuerdo permite a Vocento, a partir de septiembre, impulsar el proyecto de televisión autonómico que integrará en las parrillas de sus canales de TDT contenidos de alta calidad a los que sumará contenidos informativos de cercanía gracias a la presencia del grupo en todo el territorio nacional a través de sus marcas de referencia. La audiencia potencial de los canales que se beneficiarán de estos contenidos asciende a 24,7 millones de espectadores. Vocento cuenta con licencias de Televisión Digital Terrestre en ámbitos autonómicos y locales, algunas de las cuales no están aún operativas, y es el único grupo con presencia en los principales mercados publicitarios de España: Madrid, Andalucía, Comunidad Valenciana y Barcelona, a los que hay que sumar otras plazas relevantes como las de País Vasco, Murcia, La Rioja y Asturias.

Es la típica dinámica mercantil de sinergias empresariales, o sea, la conocida expresión «la unión hace la fuerza». No hay fronteras para los intercambios de programas, la promoción internacional y el flujo de mensajes, y más si nos referimos a los países occidentales. Con News Corporation mostraré un caso similar a éste, pero primero reflejaré un cuadro-guión sobre el conglomerado de la familia Murdoch.

News Corp. (Murdoch)

- Propiedad, sobre todo, del magnate Rupert Murdoch: el magnate, su poder limitado (banca, leyes, consejo de administración).
- Importancia especial de la TV por satélite: STAR TV, Direct TV (EE.UU.), Fox. *Joint venture* en 2008 con DEN (Digital Entertainment Network) de India (TV por cable-satélite).
- Gran implantación en Australia e Italia (TV por satélite, con Telecom Italia, ligada a Telefónica).
- Presencia en España: intentó, con Zeta, fundar una TV privada (Univisión) en 1989. En 1992, en alianza con Zeta, fue accionista de A-3 TV. Direct TV está conectada a la TV digital por satélite (fue socia de Vía Digital). En 2010, Unedisa (*El Mundo*) ha suscrito un acuerdo con News Corp., a través de Fox Networks, para que esta firma impulse en América Latina las publicaciones en Red de Unedisa.
- Otras ramificaciones: cooperó con Kirch (D), socio de Berlusconi

(I); coopera con Bertelsmann (D), con Cisneros (Venezuela), entre otros. Dueño, con NBC, de National Geographic. Con NBC Vivendi tiene una alianza para colocar series en Internet y competir con YouTube. Propietario de MySpace.

- En verano de 2007 compró el grupo Dow Jones (EE.UU.), que edita, entre otros, *The Wall Street Journal*.
- En febrero de 2010 compra el 10% del capital del grupo Rotana, del príncipe saudí Al-Walid ben Talal que, a su vez, posee el 7% de News Corp.
- Rotana es uno de dos grandes grupos de los medios de comunicación árabes con capital saudí de MBC, con base en Dubai.
- El príncipe saudí tiene participaciones en Citigroup, Apple, Saks, Procter y Gamble, PepsiCo. Además, posee hoteles de lujo y participaciones en numerosas grandes sociedades saudíes (*www.elmundo.es*, 23-2-2010).

Hay datos «sabrosos» que se desprenden del cuadro anterior:

El primer punto quiere decir que el magnate tiene también una dependencia importante en relación con los bancos. Como sus inversiones son cuantiosas, precisa del capital bancario (con frecuencia mancomunado, es decir, no de uno sino de varios bancos); se parece, salvando las distancias, a aquel modesto dueño de un periódico del oeste norteamericano del que hablábamos antes y es que los bancos tienen carteras industriales y/o de clientes en general, o sea, empresas en las que participan accionarialmente y/o con las que mantienen relaciones de diverso tipo (el préstamo es la primera relación). Los grandes grupos mediáticos suelen estar a veces a merced de los bancos, lo que sucede es que el comportamiento de la banca en estos casos no es tan drástico como el que ejercen con el ciudadano que posee un préstamo hipotecario, al que despojan de su casa de inmediato si deja de pagarla. A su vez, el magnate de la comunicación no es el propietario al cien por cien de su negocio sino que preside un consejo de administración al lado de otros socios, si no principales, sí relevantes. Este hecho limita a veces su capacidad de decisión. O al revés, puede acelerarla. Tampoco las leyes que se impone a sí misma la estructura de poder para no autodestruirse le permiten actuar de forma arbitraria, si bien ya se ha dicho aquí que las administraciones en EE.UU., en Europa o en España, en concreto, o de derecho o de hecho, están permitiendo la concentración de poder en todos los sectores productivos. Y la comunicación es uno de ellos.

Segundo, Murdoch es el «gran señor» de la televisión por satélite en el mundo. Casi todos los habitantes del planeta podrían sintonizar una televisión de Murdoch si tuvieran la infraestructura para ello.

Tercero, recuerdo que este estudio está elaborado entre los años 2003 y 2010. Por tanto, hay datos que ya no tienen tanta relevancia, como las relaciones Telefónica-Telecom Italia.

Cuarto, Leo Kirch fue un magnate alemán de la comunicación cuyo imperio se vino abajo en 2002 por excesivo riesgo empresarial (compró los derechos del mundial de fútbol de 2002 y la Fórmula 1 y luego no pudo rentabilizar el excesivo gasto). Esta vez la banca no tuvo tanta paciencia (o se le terminó) y se hizo con sus propiedades. Me refiero a Drestner Bank y Deutsche Bank. En España fue socio menor de Tele 5, controlada por Berlusconi desde su fundación en 1989.

La quinta observación hace referencia a las relaciones y al cruce de acciones entre News Corporation y el capital árabe. Es habitual la colaboración de los grandes grupos mundiales con grandes grupos menos relevantes, a nivel mundial, pero importantes en sus países. Lo veremos también en el caso de América Latina, India, incluso en China. Como se puede observar, se trata de capital árabe «amigo» de Occidente.

Es habitual que las grandes corporaciones mediáticas suscriban acuerdos con grupos nacionales importantes de comunicación para impulsar los productos de éstos por diversas partes del mundo. En el cuadro de News Corp. se ha recogido cómo, en 2010, el grupo español Unedisa (que edita *El Mundo*, entre otras publicaciones) ha firmado un acuerdo de colaboración con una empresa de News Corp. a través de Fox Networks, una de sus filiales. Reproduzco esta noticia como ejemplo de una actividad habitual en el mundo mediático:

Unidad Editorial firma acuerdo de colaboración con Fox Networks

04.10.2010

www.infoperiodistas.info.

Unidad Editorial y Fox Networks han anunciado la firma de un acuerdo de colaboración según ha anunciado el diario *El Mundo*. Esta alianza estratégica permitirá una llegada más efectiva de los anunciantes a su público objetivo.

Mediante el acuerdo, Fox Networks toma la representación exclusiva de las ventas para América Latina del inventario online de websites de Unidad Editorial. Éstos son: Elmundo. es, Marca.com, Expansion.com, Telva.com, Yodona.com, Suvivienda.com, Diariomedico. com, Jugandovoy.com y Tugueb.com.

Jaime de Toro Director General de Unidad Editorial América afirmó «no sólo buscamos un socio que comercialice nuestras webs en Latinoamérica, sino un partner estratégico que sepa ver la complementariedad y sinergias existentes entre ambos grupos, empezando por la información y el deporte en Internet y terminando en las infinitas posibilidades de colaboración e intercambio de contenidos en el resto de medios».

«En Unidad Editorial se considera a FOX Networks el socio ideal para potenciar el conocimiento de sus marcas en la región. Nuestra audiencia en América es cuantitativa y cualitativamente muy importante. Con el apoyo de FOX Networks estamos convencidos de que no sólo vamos a generar ingresos, sino que la alianza va a servir para que nuestras webs de información se consoliden como las más visitadas y valoradas en el mundo de habla hispana» asegura Manuel Aguilera, responsable de los contenidos de elmundo.es para América.

Fox Networks es una de las únicas redes de publicidad online capaces de ofrecer Display on-line, Video on-line, SEM y soporte creativo, lo que agrega valor a los anunciantes. Su «amplia experiencia en el mercado publicitario online les otorga acceso directo a un inventario de calidad en Latinoamérica» señaló Héctor Costa, VP Senior de Fox Networks Latinoamérica y VP Senior de ventas publicitarias de Fox Latin American Channels.

«Estamos muy entusiasmados por contar con esta representación exclusiva, donde el liderazgo de Unidad Editorial como grupo de medios se suma al de Fox Networks a nivel internacional. Esta sociedad generará óptimas oportunidades para los anunciantes y buenos resultados para ambas compañías», dijo Costa.

Este tipo de alianzas es muy significativo si miramos detrás, si nos fijamos en los dueños de las grandes empresas. Entonces encontramos los vínculos de News Corp. no sólo con Murdoch sino con General Motors, por ejemplo, y los vínculos de Unedisa con Fiat, a su vez accionista de referencia de la histórica marca de automóviles Chrysler, de Estados Unidos, de la que adquirió en 2009 un 35 por ciento de su capital, una vez que el gobierno de Barak Obama le hubiera «concedido» una inyección de dinero público de 15.500 millones de dólares (www.cincodias.com, 11/6/2009). Ya veremos más adelante las propiedades de Unedisa, al tratar de la estructura mediática en España: diarios *Marca*, *Expansión*, etc.

Vamos ahora con un cuadro-guión de la corporación NBC/Comcast/Vivendi:

NBC-Vivendi/NBC Comcast

- En 2000 se unieron Vivendi (Francia) con Seagram (Canadá), en Vivendi Universal, ya que los estudios Universal eran de Seagram.
- Importante penetración en 2001-2002 en EE.UU. e Italia (aquí fusionó Telepiú con Stream, ésta de Murdoch).
- Crisis en 2002 por el derroche de sus directivos y las pérdidas de Seagram. Se desprende de la división de licores de Seagram (whisky Chivas, etc.) y vende a Murdoch la TV digital de Italia. Se desprende de buena parte de su división medioambiental y de su división de libros a favor de Hachette-Lagardère-Matra (F).
- En 2003 vendió a NBC (General Electric) la mayor parte de sus acciones en EE.UU. Relevancia de NBC News.
- CEGETEL es su división de telecomunicaciones.
- Presencia en España: accionista de Canal +, con Prisa; Calle 13 TV; SciFi –SyFy; relaciones con FCC (Fomento de Construcciones y Contratas).
- Otras ramificaciones: accionista del Grupo Le Monde, con Prisa y Jean Luc Lagardère (*Le Monde* es accionista de *Le Monde Diplomatique*) hasta 2010; accionista de Pink TV, también con Lagardère, y TF1, popiedad de Bouygues. Comercializa agua en Francia. Está relacionado con Microsoft porque esta empresa es accionista de la MSNBC, con NBC. Junto a Time-Warner, Viacom y *The Washington Post* posee Comedy Channel. Propietario de Telemundo (USA).
- En diciembre de 2009, Comcast, General Electric (GE) y NBC Universal (NBCU, filial de GE) crean un gran grupo en forma de *joint venture*.
- Lo controla con un 51% Comcast (operador de TV por cable). NBCU aporta el 49%.
- Ejemplo del dinero que mueven estos conglomerados: «GE aporta a la sociedad el negocio de su filial NBC Universal, valorado en 30.000 millones de dólares (19.833 millones de euros), incluyendo las divisiones de cable, películas, televisión y parques temáticos. Mientras Comcast contribuye con su negocio de cable y medios digitales, valorados en 7.250 millones de dólares (4.793 millones de euros), y paga además unos 6.500 millones de dólares (4.230 millones de euros) en efectivo a GE» (*El Mundo*, 3/12/2009).

- GE abonará al grupo francés Vivendi 5.800 millones de dólares (3.835 millones de euros) por el 20% que controlaba en NBC Universal.
- En 2010, junto con Prisa y Lagardère, han abandonado *Le Monde* (véase cuadro Grupo Prisa, en España).

Este conglomerado posee una riqueza científica más que notable. Veamos algunos extremos:

Tenemos un ejemplo más de concentración del poder mediático y de la diversificación del capital más allá de lo puramente mediático. La colaboración entre este conglomerado y el de, por ejemplo, Rupert Murdoch (News Corporation) se ha dado con claridad en una constante: la de la colaboración entre las grandes empresas.

En un mismo conglomerado mediático, se dan cita, de forma directa o indirecta, los siguientes sectores de la producción:

- Comunicación.
- Construcción.
- Comercialización del agua.
- Empresas medioambientales.
- Telecomunicaciones.
- Sector eléctrico y de armamento (GE).
- Automóvil (por sus relaciones con Lagardère, socio de Renault).
- Parques temáticos.
- Otros.

Su crisis interna le obligó a desprenderse de su división de libros (Anaya, antes española) en favor de Hachette-Matra. Sus relaciones con la empresa española de la construcción Fomento de Construcciones y Contratas (FCC) se vieron asimismo afectadas por la crisis que se indica en la ficha. Desde Francia, el conglomerado se extiende por Europa (Italia, España...) y América (Canadá, Estados Unidos), para experimentar un repliegue en 2010.

Vayamos a otro conglomerado:

Bertelsmann

- Orígenes a finales del siglo XIX (familia Mohn) en Alemania. Colaboró con el nazismo.
- Propietario de la cadena audiovisual RTL y de Première (TV de pago en Alemania). Propietario de editoriales en EE.UU. (Random House), como Murdoch.
- Gran penetración en el mundo del disco BMG (Bertelsmann Music Group), donde ha llegado a acuerdos con EMI (Time-Warner) y Sony (BMG-Sony). Sony posee, por ejemplo, el canal AXN y alguna *joint venture* con Time-Warner.
- Presencia en España: accionista de A-3 TV, con BSCH, Planeta, Rayet, El Corte Inglés y Banco de Sabadell. Propietario de Círculo de Lectores, *Mía*, *Muy Interesante*, Plaza & Janés, *Qué!* (con Recoletos), Lumen, entre otros. En 2008 adquiere Qualytel, empresa de servicios telefónicos.
- Otras ramificaciones: por toda Europa y EE.UU., es el conglomerado europeo más importante en Europa y en el mundo. Relaciones con Pearson (GB), propietario de *The Financial Times* y *The Economist*. Telefónica poseía una pequeña participación en Pearson. Relaciones con Disney (RTL Disney)

Los Mohn era una de esas familias puritanas alemanas algunos de cuyos miembros vendían biblias. Ahí está el origen de este conglomerado que diversificó poco a poco su actividad. Durante mucho tiempo se especuló con su colaboración con el régimen nazi, extremo que la misma empresa reconoció cuando confesó haber impreso libros de adiestramiento para las tropas del nacionalsocialismo (Reig, 2010). Si nos fijamos, de los seis conglomerados recogidos aquí como los de mayor relevancia mundial, es el único que se conserva con claros orígenes europeos porque Vivendi se unió a firmas estadounidenses y canadienses; News Corporation hunde sus raíces en Australia y el resto (Time Warner, CBS, ABC-Disney) son claramente estadounidenses, como terminaremos de comprobar de inmediato. Junto con Axel Springer, controla el mundo mediático en Alemania.

Nos restan unas pequeñas anotaciones sobre Disney, unida a la cadena ABC:

ABC-Disney

- EE.UU. Fusionados en 1995, como Viacom-CBS.
- Gran importancia de su *merchandising*, derivado de su sector audiovisual, de sus tiendas y de sus equipos deportivos en EEUU.
- Disney Channel y ABC News, canales de referencia.
- Posee una división de empresas de cómic: Pixar Animation (comprada en 2006, con personajes como el robot Wally) y Marvel Entertainment (comprada en 2009, con Spider-Man, El increíble Hulk, Iron Man, El Capitán América, La Patrulla X, Los Cuatro Fantásticos...). Estas empresas están ligadas íntimamente al cine.
- Presencia en España y en el mundo a través de los dos canales citados y de su cine. En febrero de 2008 compró el 20% de Net TV (Vocento).
- A pesar de la crisis, el 2009 fue un año de bienes para Walt Disney Studios Motion Pictures Spain (WDSMPS), que ha visto cómo el formato 3D se está convirtiendo en un auténtico imán para los espectadores.
- En el año 2010, WDSMPS tenía previsto estrenar 5 títulos en 3D: *Alicia en el país de las maravillas; Toy Story 2; Toy Story 3; Rapunzel* y *Tron. The legacy.* Además, *Tiana y el sapo*, la vuelta a la animación tradicional de los Estudios; *La última canción; Prince of Persia: las arenas del tiempo* y *El aprendiz de brujo.*
- Otras ramificaciones: acuerdos con McDonald's (promoción mutua) y con Telefónica, con quien fundó una productora audiovisual.

No es raro encontrar en un McDonald's objetos relacionados con el *merchandising* de Disney, las corporaciones suelen firmar acuerdos entre ellas de manera habitual. A veces, ese *merchandising* ha sido más fructífero económicamente que las propias producciones cinematográficas de las que procedían. Ante la crisis mundial de asistencia a las salas de cine, el formato 3D se ha convertido a finales de la primera década del siglo XXI e inicios de la segunda, en el gran cambio. Ya se discute si, desde el punto de vista médico, este formato es beneficioso o no para la salud de los menores, sobre todo, pero su generalización y perfeccionamiento es un gran paso de la llamada industria del entretenimiento. La «fábrica de sueños» hollywoodiense tiene en Disney a uno de sus máximos exponentes. Pero no se olvide que no queda ahí la cosa sino que esta empresa de por sí gigantesca es propietaria de una firma de televisión, ABC, que, a su vez, se diversifica extraordinariamente en su terreno. El verano de 1995 fue pródigo en grandes fusiones en los Estados Unidos, como puede observarse en este caso y en los de CBS y Time Warner.

De nuevo hallamos otro ejemplo de colaboración con otro grupo español, en este caso con Antena 3 TV, propiedad de Planeta:

Antena 3 tendrá la exclusividad de los estrenos de Disney a partir de 2011

18.10.2010

www.infoperiodistas.net

Antena 3 tendrá la exclusiva del cine de estreno de Disney desde principios del año 2011. De esta forma, la cadena del Grupo Planeta pasará todos los lanzamientos cinematográficos pertenecientes a The Walt Disney Company.

La última de *Piratas del Caribe* o *Alicia en el País de las Maravillas* serán algunas de las películas que se podrán ver. El acuerdo tendrá varios años de duración y tiene especial relevancia, ya que garantiza productos televisivos de audiencias millonarias en horario de prime time.

Además, la cadena ofrecerá a sus telespectadores éxitos de animación de Walt Disney Pictures y Disney/Pixar, entre los que se encuentran la ganadora de un Oscar *Up*, así como *Bolt*, *Tiana y el Sapo* o *Toy Story 3*.

Javier Bardají, director general de la División de Televisión del Grupo Antena 3, ha destacado que, «contar en exclusiva con los mejores productos de la Factoría Disney refuerza nuestra marca en el género de la ficción y nos aporta un valor diferencial con respecto a nuestra competencia».

1.3. Ejemplos de penetración empresarial en la estructura mediática

Ya he dicho que en este libro mi intención es colocar datos sobre la mesa (es lo que aquí llamo diacronía) para, después, relacionarlos con otros (sincronía) de manera que el asunto que tratamos nos sea más asequible y posea un significado más esencial. En los años de observación de la estructura mediática que corresponde a este estudio (aproximadamente 2003-2011), he ido anotando unos mínimos ejemplos de interacciones entre la comunicación y empresas ajenas a ella. Volveremos más adelante sobre este asunto, cuando finalicemos con la constatación de la estructura mediática en la zona Tríada (Estados Unidos-Europa-Japón) pero, una vez apuntados los grandes conglomerados conviene ir sirviendo un adelanto. Por supuesto, las vinculaciones que siguen a continuación son o han sido, eso no me quita el sueño porque, como he dicho, hay una realidad esencial con variaciones coyunturales.

Voy a acudir de nuevo a la ficha o guión, como es norma en todo el libro. Primero, en el guión, se establecen algunas presencias «extrañas» citando a una serie de países como paradigmas. Después, reproduzco una estructura de poder que he analizado en mi libro *La telaraña mediática* (2010), donde, de nuevo, la presencia de firmas procedentes de varios sectores es ostensible.

Ejemplos de penetración empresarial en la Información

- En EE.UU., General Electric es la propietaria de NBC y General Motors (Hugues Electronic) tiene una importante influencia en Direct TV, cuyo socio mayoritario es News Corp. El Grupo Tribune es propiedad de Sam Zell (sector inmobiliario). En 2009, Carlos Slim (Telmex, etc.) aumenta del 7% al 17% su presencia en el grupo editorial de *The New York Times* (máximo accionista).
- En Francia, TF1 es propiedad de Bouygues (Construcción); *Libération*, de Édouard de Rothschild (Banca) y Hachette (*Diez Minutos*, Salvat, Anaya etc.), de Jean Luc Lagardère (industria pesada).
- En Italia, Fiat-Chrysler, Pirelli, Mediobanca, accionistas de RCS.
- En Portugal, JP Morgan (Banca, EE.UU.) es accionista de Media Capital, cuyo accionista principal es Prisa.
- En España, El Corte Inglés participa en Prisa (Tele-Compra) y Antena 3 TV; Rayet (construcción) en Antena 3 TV de 2006 a 2009; Altadis (tabacos) en Net TV y la ONCE en la COPE y es dueña de Servimedia, mientras que el BSCH lo hace en Antena 3 TV y el BBVA en Prisa, Telefónica y Vocento.
- Philips Petroleum, Deutsche Bank (accionista de Altadis junto con Morgan Stanley y Chase Nominees), Dresner Bank, L'Oréal, Mediobanca, Chocolates Trappa, Campofrío, FCC, Lladró y Endesa, entre otros, tienen o han tenido intereses en el mundo de la Comunicación. La discográfica PolyGram es de Philips.

Todos los países y empresas que se acaban de citar pertenecen a lo que se denomina la Tríada, es decir, la zona dominante en el mundo mediático y comercial, con el permiso de China, que aún no ha articulado bien ambos vectores pero está en el camino, como veremos en su momento. Si el lector observa esas «tartas» de accionistas de medios que aparecen en los diarios de referencia o en revistas y sitios de Internet especializados, observará que a veces de forma explícita puede verse a una empresa ajena a la comunicación formando parte de la propiedad de un medio o grupo con un buen porcentaje de esa propiedad. Pero, en otras ocasiones, en la mayoría, aparece en esa «tarta» una fracción bajo el nombre de «Otros» (por otros accionistas). Ese «Otros» es un apasionante mundo por explorar; sin embargo, apenas se explora. Si llevamos a término una mínima incursión en él o en los textos completos que tratan asuntos estructurales mediáticos, nos podemos llevar una sorpresa: casi todas las empresas relevantes y con una actividad productiva y de imagen alta, poseen algún interés en el mundo mediático. La conclusión es obvia: ¿cómo vamos a disfrutar así de nuestro derecho a una información rigurosa y veraz? Veamos una típica «tarta» accionarial:

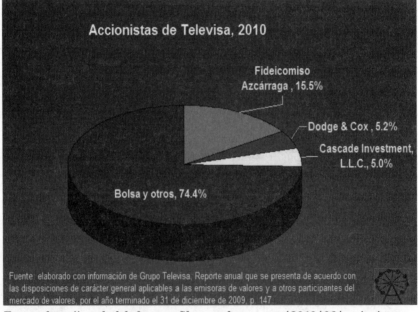

Fuente: http://ruedadelafortuna.files.wordpress.com/2010/06/accionistas-televisa-10.png.

Dodge & Cox es un fondo de inversión con sede en San Francisco (Estados Unidos); Cascade Investment es una empresa de Bill Gates, fundador de Microsoft. Como se observa, el accionista de referencia es la familia Azcárraga pero, ¿quiénes son los dueños de ese 74,4 por ciento de las acciones que figuran bajo el paraguas misterioso de «Bolsa y otros»? Porque, en mayor o menor medida, tienen influencia sobre el quehacer de los profesionales de la comunicación y el periodismo que trabajan para Televisa.

Frente a la opacidad de la anterior «tarta», he aquí otra que sí especifica a todos y cada uno de los dueños de la primera cadena de televisión con tecnología digital terrestre que se fundó en España (en el año 2000): Quiero TV.

En este caso se puede comprobar el reparto de la tarta con toda claridad, aunque la misión del científico y del lector crítico es ahora saber quiénes son estos dueños. Los principales accionistas son Retevisión, una empresa privatizada de distribución de la señal de televisión en España en ese momento (1999-2000) vinculada a la multinacional Endesa. Media Park tenía lazos con Telefónica y Sofiscable-98, S.A. era una filial del grupo Planeta. El capital extranjero explícito lo aportaba Carlton Communications, P.L, sociedad británica que participaba ya en *On Digital*, la plataforma digital terrestre inglesa, y el resto pertenece de forma directa al sector financiero.

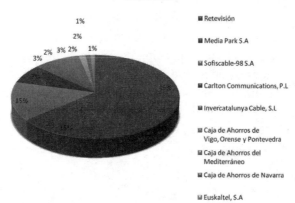

Inversores de Quiero TV y porcentajes de inversión

- Retevisión
- Media Park S.A
- Sofiscable-98 S.A
- Carlton Communications, P.L
- Invercatalunya Cable, S.L
- Caja de Ahorros de Vigo, Orense y Pontevedra
- Caja de Ahorros del Mediterráneo
- Caja de Ahorros de Navarra
- Euskaltel, S.A

Fuente: Maite Ribés, El origen de la TDT en España, *Desirée Ramos Castro en* El darwinismo digital, *a partir de la información extraída de las cuentas anuales de Quiero TV.*

NBC es un gran grupo, con accionistas extraños detrás. TF1 es la cadena de televisión más importante de Francia, con accionistas extraños detrás. Hughes Electronic es una filial de General Motors que ha tenido un buen protagonismo en la televisión por satélite de los Estados Unidos. Rizzoli Corriere della Sera (RCS) es uno de los dos o tres grupos mediáticos más importantes de Italia..., con accionistas extraños detrás. Ni uno de los «buques insignia» del Mayo francés de 1968 se salva de estas influencias: el diario de izquierdas *Libération*, es de Édouard de Rothschild (Banca). Siempre que el mercado no sufra las embestidas de una izquierda que lo cuestione con rigor uno y otro día a través de un medio, ¿por qué no va a apoyar la banca a un periódico con una línea de izquierdas no radical, con un público minoritario pero con capacidad de compra? Un apoyo de este tipo puede suponer incluso una operación de prestigio para una firma comercial y un «baño» de pluralismo y progresismo.

En España, Campofrío es una empresa de embutidos (sector de la alimentación) y Lladró de decoración. Ambas han sido o son pequeñas accionistas de medios de comunicación. Lo mismo ha hecho la empresa de perfumes L'Oréal en Francia. Es una constante y en este libro lo veremos una y otra vez: relaciones entre grupos de comunicación, accionistas «extraños» en esos grupos. ¿Qué hacen ahí, en los medios, todos esos dueños? Hacen negocio y, de paso, influyen en la opinión pública. Otra cosa es el efecto que supone su presencia porque en los discursos oficiales suelen afirmar que no van a influir en la línea periodística del medio, pero no es fácil asimilar tales afirmaciones y menos a cierta edad y con cierta experiencia. En ocasiones tiene uno la impresión de que te toman por imbécil. Si eso fuera totalmente cierto, de verdad cierto, el periodismo no estaría en la gravísima crisis de identidad en la que se encuentra. No hay más que conectar con diversas webs profesionales para comprobarlo. Por ejemplo: *www.ifj.org*, *www.periodistas-es.org*. Veamos dos textos sobre la cuestión:

RSF alerta contra la falta de «periodismo de calidad»

05.05.2009

www.rsf.org

Reporteros Sin Fronteras ha alertado de la crisis que amenaza «muy gravemente» a la libertad de expresión, por los cierres de periódicos, despidos, el «apartamiento de los periodistas veteranos» y la «falta de periodismo de calidad», que hacen que, según esta organización, cada día haya menos enviados a lugares de interés

De este modo, asegura que «acecha el peligro» a la información de calidad, de rigor e independiente. «Si no se sigue haciendo al mismo nivel por los problemas económicos y las presiones de las empresas, peligra también la democracia, también en los países occidentales», remarcó la vicepresidenta de Resporteros Sin Fronteras-Espanya, Malén Aznàrez, en rueda de prensa junto al presidente de la Unió de Periodistes, Joaquim Clemente, y el ex corresponsal en Bruselas de Canal 9, Vicent Garcia-Devís, para presentar el informe de RSF «Lista de depredadores de la libertad de prensa», formada por 40 países.

Infoperiodistas, 9-5-2009

Los Gobiernos ponen en peligro la libertad de prensa en todo el mundo, según FIP

01.05.2009

Los gobiernos son culpables de «censura, hipocresía y negligencia» y están poniendo la libertad de prensa en el filo de una navaja en todo el mundo, declara la Federación Internacional de Periodistas (FIP) en su comunicado sobre el 3 de mayo, Día Mundial de la Libertad de Prensa.

«En todo el planeta, los gobiernos eluden defender la libertad de prensa y los derechos de los periodistas», ha declarado Jim Boumelha, presidente de la FIP, quien ha añadido: «En ese proceso, ponen en peligro las libertades civiles y la democracia».

En nombre de la seguridad y el antiterrorismo, los periodistas se han convertido en objetivo de la policía y de las autoridades de muchos estados. «Incluso estados democráticos están instaurando leyes que constriñen el ejercicio del periodismo», ha declarado Boumelha. «Cada vez es más frecuente fisgar en el trabajo de los reporteros de investigación y presionar a los periodistas para que revelen sus fuentes. Como resultado, los medios de comunicación trabajan en una atmósfera de intimidación en la que la censura, directa o indirecta, se convierte en rutina».

(...)

La FIP representa a unos 600.000 periodistas en 123 países.

Infoperiodistas, 9-5-2009

Claro que también ambos textos deben ser sometidos a crítica. RSF, a menudo, hace hincapié en los periodistas muertos o encarcelados o detenidos, como si morir, ser detenido o encarcelado no fuera unido a ser periodista como a ser albañil o minero, como si los periodistas fuéramos una casta especial. El buen periodismo acarrea riesgos.

Sin embargo, RSF trata poco sobre las estructuras mediáticas, de los dueños del periodismo como «carceleros» del propio periodismo y del periodista en el mundo democrático. Por otra parte, lo que denuncia RSF se ha acentuado con la crisis pero ya estaba ahí mucho antes de la crisis de 2008.

Por su parte, la FIP (Federación Internacional de Periodistas) escribe contra «los gobiernos», sin contexto alguno. Y el contexto es que los gobiernos suelen ser dóciles a los dueños del periodismo, a quienes están conectados. Aún así, la crisis de identidad del periodismo queda patente.

Como indiqué antes, para completar este apartado de «intrusos» en la comunicación y el periodismo voy a reproducir un gráfico que parte de una televisión para un público homosexual, Pink TV, constituida en Francia en 2006. El receptor al que va destinado este canal es de medio-alto poder adquisitivo, algo que lo convierte en recomendable como inversión. Para su fundación, se van a unir varias empresas que, de forma directa o indirecta, nos llevan también a diversos sectores de la producción.

ESTRUCTURA ACCIONARIAL Y CONEXIONES INTERNACIONALES EN EL CASO DE PINK TV

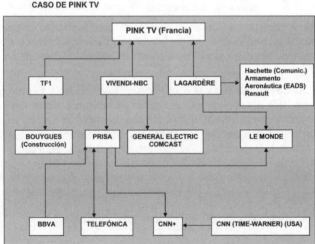

Tal y como recogí en *La telaraña mediática*, y completo ahora, la ilustración nos permite observar la articulación entre los siguientes poderes:

- Medios de comunicación (Pink TV, Le Monde, CNN+).
- Grupos de comunicación (Prisa, Hachette).
- Conglomerados de la Comunicación (Vivendi-NBC, Time-Warner).
- Sector aeronáutico (EADS, un consorcio público-privado en el que están presentes todos los países más poderosos de la UE: Francia, Inglaterra, Alemania, Italia, España).
- Sector automovilístico (Renault).
- Sector armamentístico (Lagardère), accionista además de Renault y EADS.
- Sector electrónico-armamentístico (General Electric/Comcast).
- Sector financiero (BBVA).
- Sector de la construcción (Bouygues).
- Telecomunicaciones (Telefónica).

1.4. Las agencias de la información

Este apartado va a girar en torno a los siguientes puntos:

- Visión general: orígenes y desarrollo.
- Otras agencias tras la Segunda Guerra Mundial.
- Agencia EFE.

Por tanto, apuntaré cómo se originan las grandes agencias mundiales de la información y algo sobre su desarrollo para terminar con el caso de la agencia española EFE, que se ha situado entre las cuatro más importantes del mundo gracias sobre todo a su papel en América Latina.

El esquema a tener en cuenta sería éste:

Las agencias de la información

Orígenes

Siglo XIX (primer tercio-mediados):
- Havas (F). Esta agencia monopolizaba la información en España (controlaba la española Fabra).
- Reuter (GB), de origen alemán. Primer cable submarino Irlanda-Terranova en 1855.
- Wolff (D).

- Todas privadas pero vinculadas a intereses de Estado (colonizaciones) que a veces enfrentaban sus líneas editoriales.
- Recibían subvenciones públicas y otras ayudas.
- Colaboraban entre ellas con acuerdos en los que se repartían zonas geográficas. Clientes *medias* y *no medias*.
- Associated Press (AP) se funda en 1848 y United Press (UP) en 1885, (ambas EE.UU.). En 1958 UP se fusiona con International News Service y nace UPI.
- Noticias políticas, diplomáticas, militares, económicas y de sucesos, estas últimas para cubrir demandas del «gran público».
- Las dos guerras mundiales fortalecerán a EE.UU. y a sus agencias y consolidarán un modelo de propaganda para-estatal en todo Occidente.

Situación 1989

- Associated Press (AP, EE.UU.). Cooperativa de periódicos y emisoras de radio y TV Privada.
- United Press International (UPI, EE.UU.). En 1989 pertenecía al empresario mexicano Mario Vázquez-Raña (Organización Editorial Mexicana, OEM), después de haber pertenecido a Scripps. En 1989 Vázquez-Raña la vende a Infotechnology. Privada.
- Reuter (GB). Se denomina Reuters cuando nos referimos a ella como sociedad mercantil. Fuerte presencia en la sociedad red bancaria. Privada.
- Agence France Presse (AFP, F), heredera de Havas. Pública.
- TASS (Agencia Telegráfica de la Unión Soviética) (URSS).

* Sólo AP «lanzaba» 20 millones de palabras/día.
* TASS influía decisivamente en la información de los países bajo la órbita soviética.

- AP (USA). Asociada a Dow Jones (*The Wall Street Journal*) y a Citicorp.
- UPI. En 1992 pasó a capital árabe (Middle East Broadcasting Center, MBC, con sede en Londres). En el año 2000 la compra la Iglesia de Unificación del Reverendo Moon (Corea del Sur). Pierde su hegemonía.
- Reuter (GB), Murdoch se interesó por ella en 2007. En 2008 la adquirió Thomson (Canadá).
- AFP (F). Pública pero con intentos de privatización. Asociada a France Télécom y a Pearson (GB, *The Financial Times*) para noticias económicas.
- EFE (E). Nacida en 1939, llega a América Latina en los años 60 y a partir de 1992 (Expo de Sevilla, Hispasat) se ha convertido en la agencia de mayor influencia en Latinoamérica. Alan-Efe (mundo árabe), Efecom, Acan-Efe (Latinoamérica). Utiliza también la red Intelsat. TVEFE (TVE+EFE), en 2007. Dirigida a América Latina, en español y portugués. Convenio con Dow Jones (Murdoch) en 2008.
- Tass. Cae con la URSS. Agencias rusas destacables hoy: Itar-Tass (1992, oficial), Interfax (capital mixto ruso-occidental).
- Sigue la colaboración entre ellas (EFE y AFP colaboran con Bloomberg, USA-GB).

* Todas las grandes agencias tienen divisiones A/V pero además destaquemos: Visnews (GB, de Reuters); APITN (GB-USA, AP+ITN), CNN, ABC News, CBS News, NBC News (todas USA) BBC News (GB).
* Otras: DPA (D), ANSA (I), PANA (África); Kyoto y Jiji Press (Japón). Al Jazzira TV (Qatar).

Diversos comentarios. Para empezar, la división cronológica es clara: los orígenes, el momento de la caída del Muro (1989) y situación actual (2010). No se puede estudiar ni exponer ningún acontecimiento histórico o periodístico sin perspectiva y sin contexto. Se puede hacer pero resultará imposible entenderlo y asimilarlo, he aquí uno de los males del periodismo actual. En el fondo puede ser una trampa ideológica: yo le doy los datos y usted se forma una opinión. En absoluto, porque los datos sueltos no son datos, son minucias, anécdotas, meras hojas sin planta o sin árbol. Cuando los dueños del periodismo deseen que usted tenga una opinión clara y en una dirección inequívoca, ya verá como le ofrecen más datos o datos tergiversados. Con las agencias de información siempre hay que tener en cuenta que se forman en esa época de expansión colonial que las grandes potencias de mercado protagonizan en el siglo XIX, la época de los imperialismos, como figura en no pocos libros de evolución histórica.

Las grandes potencias van de la mano de las grandes empresas y al revés, en esta época. Todos necesitan información, la información se consolida como poder, en efecto, por eso las grandes agencias son empresas apoyadas por los estados que hasta empiezan a contar no sólo con clientes en los medios de comunicación (clientes media) sino con clientes no media, o sea, aquellas personas adineradas, o instituciones, que desean recibir información para ellos solos, privilegiada. No debe olvidarse que el Poder es Poder porque posee más información –interpretada– que el resto de la población, porque posee herramientas para la propaganda y otras para la represión.

Aparecen por tanto los cables submarinos, el reparto del mundo no sólo militar y económicamente sino desde la vertiente mediática, las colaboraciones entre las agencias, la supeditación de las débiles (Fabra, en España) a las más fuertes (Havas, en Francia). Balzac, entre otros intelectuales franceses, escribe sobre el dominio que ejerce Havas en la formación de la opinión pública.

En un principio, las noticias de las agencias eran sobre todo geopolíticas y económicas pero cuando las empresas descubren que las informaciones escabrosas y de sucesos despiertan una gran expectación entre el público «de masas» aparece un filón de ganancias. En España, el crimen de Fuencarral, en Madrid, a finales del siglo XIX e inicios del XX, supone la gran explosión de la prensa. Hay pocas cosas realmente nuevas.

Como sucede en el campo económico, en el mediático EE.UU. va a salir reforzado de las dos guerras mundiales, sus agencias van tomando la primacía mundial, con enfoques de las noticias por lo general acordes a los sucesivos nuevos órdenes mundiales mercantiles.

En 1989 se observa la presencia de las cinco grandes, incluida TASS, agencia oficial soviética. Tras la caída de la URSS esta agencia desaparece como tal y con ella su influencia sobre el mundo comunista (en Europa, Asia, África y América Latina). En su lugar van apareciendo otras, pero de la estructura mediática rusa trataré después. La histórica UPI acaba siendo absorbida por una organización que en algunos países es oficialmente una religión (España) y en otros (Francia) una secta destructiva, la llamada Iglesia del Reverendo Moon, un personaje que contaba con simpatías en el Vaticano de Juan Pablo II e incluso en el Kremlin de Gorbachov y Yeltsin. Moon posee un pequeño grupo mediático entre cuyos productos se encuentra *The Washington Times*.

Desaparecidas TASS y UPI como grandes agencias, va a irrumpir en el panorama mediático mundial la española EFE, pero la veremos con más detenimiento a continuación. Antes debo anotar otros datos de interés.

Las agencias de la información: otros datos a considerar

- Tras las guerras mundiales (sobre todo tras la Segunda) nacen pequeñas y medianas agencias en todo el mundo.
- Todas ellas mantienen acuerdos con las «grandes» al no disponer de las infraestructuras necesarias, de poder económico, ni de un público adecuado para ser rentables (alta tasa de analfabetismo, atraso general).
- La agencia Kyodo (Japón), por su potencial de medios, escapa a esta tendencia. Tass lo hace por motivos políticos.
- En América Latina son destacables las experiencias de Prensa Latina (1959, Cuba) y Latín (1969, cooperativa de periódicos). En los 60 nacen Inter Press Service (IPS) (privada, impulsada por corrientes democratacristianas) y Pool de los No Alineados (pública), que en 1994 reúne a un centenar de agencias. Los vaivenes políticos debilitaron a IPS y a Pool la pérdida de fuerza de los No Alineados. Ambas pretendieron ser alternativas a las «grandes».
- Al Jazzira TV, nacida en 1996, no es una agencia, pero a veces se comporta como tal (alternativa) porque extraemos imágenes de ella, que las vende.

Existen multitud de agencias en todo el mundo pero como no poseen la infraestructura necesaria para estar en todas partes y además con buena tecnología (o las últimas tecnologías), deben fiarse de las grandes, con las que a menudo suscriben acuerdos, de ahí que casi todo el planeta se vea a través de los ojos de las agencias de los países más avanzados, lo cual explica las acciones de ciertos gobiernos latinoamericanos, por ejemplo, para crear estructuras mediáticas propias y/o controlar el poder monopólico de los grandes grupos y agencias por lo general vinculadas a ellos. Ahora no sólo tenemos flujos de información Norte-Sur sino Sur-Norte (con la televisión por satélite y cable) y Sur-Sur, si bien el predominante sigue siendo con diferencia el Norte-Sur. Dichas acciones les suponen a los gobiernos díscolos la enemistad absoluta de los grandes grupos y eso se nota en los mensajes periodísticos que ordenan lanzar los dueños del periodismo. Ya hemos analizado también algo de esto en *La telaraña mediática* pero aportaré otro dato. En septiembre de 2010 (el día 9), un reportaje aparecido en la web *http://www.periodistas-es.org/correos-al-editor/argentina-la-guerra-mediatica-aun-puede-parar*, firmado por Benoît Hervieu y titulado «Argentina: la "guerra mediática" puede parar», afirmaba, entre otras cuestiones:

> La relación entre el gobierno kirchnerista, desde el poder en 2003 y ahora representado por Cristina Kirchner desde 2007, y la prensa ha sido siempre controversial. Después de conceder el permiso para que el Grupo Clarín unificara dentro de su holding a las proveedoras de televisión de pago Cablevisión y Multicanal (al final de su mandato), emprendió una embestida contra la posición monopólica del Grupo, que cuenta con más de 30 empresas; todas vinculadas a los medios de comunicación.
>
> Entre ellos se encuentran el diario *Clarín*, de mayor tirada nacional, *La Razón*, de distribución gratuita, *La Voz del Interior*, el más importante de Córdoba, *Los Andes*, el más importante de Mendoza, el único diario deportivo *Olé*. También es dueño de Canal 13, Radio Mitre, y tiene participación en la agencia de noticias privada DYN. Además, el Grupo Clarín es accionista mayoritario en Papel Prensa, constituido ahora en la madre de las batallas entre el multimedios conducido por Ernestina Herrera de Noble y el Ejecutivo nacional.
>
> Papel Prensa es la principal empresa dedicada a la fabricación de papel para diarios. Acapara el 70 por ciento del mercado local. Propiedad mayoritaria del Grupo Clarín (49%), desde su hegemónica posición, maneja e impone el precio del insumo sin ningún tipo de regulación. El Estado nacional posee el 27,46%, mientras que La Nación maneja el 22 %.
>
> El gobierno asestó un golpe preciso en la médula del monopolio mediático al enviar al Congreso un proyecto de ley para regular Papel Prensa. Para legitimar su iniciativa, elaboró un informe que revela las presuntas irregularidades en la venta de la empresa durante la última dictadura militar a los actuales dueños.
>
> (...)

Mientras los legisladores kirchneristas trabajan a contrarreloj para votar el proyecto, el Grupo Clarín y La Nación logran movilizar a la oposición para denunciar a la movida oficialista como un supuesto ataque a la libertad de prensa. Desde las principales páginas de ambos periódicos y desde el canal Todo Noticias, propiedad de Clarín, ponen en duda la versión oficial de la historia. Isidoro Graiver, hermano de David, declaró ante la Justicia y, según ese diario, insistió en que no recibió amenazas para transferir las acciones de la empresa. «Desacreditó por completo la versión alentada por el Gobierno sobre irregularidades en la operación», señaló Clarín en una de sus últimas ediciones.

(...)

La iniciativa que más sacudió el avispero fue la Ley de Servicios de Comunicación Audiovisual (SCA). Con la aprobación parlamentaria, en octubre del año 2009, la SCA reemplazó a la antigua normativa, creada durante la dictadura, y según sus autores apunta democratizar el mercado de las frecuencias. En una nueva decisión polémica, el 1 de septiembre, el Poder Ejecutivo reglamentó la ley mediante un decreto de necesidad y urgencia. Como su aplicación se encuentra suspendida porque todavía hay varias presentaciones judiciales en contra, la oposición denunció que el Gobierno «salteó la justicia» e intentó, hasta ahora sin suerte, bloquearla en el Congreso.

(...)

El programa *Fútbol para Todos* también fue un cimbronazo en el mercado de la comunicación. Hasta la aplicación de este programa, en septiembre de 2009, la transmisión del fútbol argentino (todas sus categorías) estaba monopolizado por la empresa Televisión Satelital Codificada (TSC), propiedad de Torneos y Competencias (TYC) y de Clarín en partes iguales. Los partidos más importantes eran codificados y los abonados del cable debían pagar un plus para mirarlos. Una vez acordado un nuevo contrato con el Estado, la Asociación del Fútbol Argentino (AFA) marginó a TSC a pesar de las demandas millonarias que podrían advenirse. Actualmente, la AFA recibe 600 millones de pesos (120 millones de euros) por parte del Estado por la transmisión de los partidos de la primera división. Según distintos cálculos, el *Fútbol para Todos* le cuesta al Estado poco más de 1,5 pesos por ciudadano al mes.

Es una larga cita pero creo que vale la pena. El/los político/s disidente/s, cuando llegan al poder, en este caso por medios democráticos, dejan de ser fieles a los dueños del periodismo y éstos toman medidas contra ellos. Sucede en todos los sectores de la producción si tratas de transmutar el orden ancestralmente establecido y, sobre todo, en determinadas zonas del planeta. Se puede gobernar pero no mandar, se manda cuando se poseen todos los resortes para ello. El texto anterior nos muestra una pugna por el control de uno de estos resortes: la comunicación.

En el guión expuesto antes aparece al final la televisión Al Jazeera, fundada en 1996. La hemos anotado porque en no pocas ocasiones los medios occidentales la han utilizado como agencia alternativa al discurso oficial y porque, frente a la estructura dominante occidental, Al Jazeera supone un curioso caso de comunicación alternativa. Pero eso lo veremos después, tras constatar con más detalle el significado de la Agencia EFE. ¿Por qué está aquí la Agencia EFE cuando una parte de este libro está dedicada a la estructura de la información en España? Aparecerá entonces, claro, pero es evidente que su presencia destacada ahora se debe al valor mundial que ha adquirido.

¿Cuáles son los aspectos más sobresalientes de la Agencia Efe? Vamos a expresarlos en el esquema inmediato.

Las agencias de información: Agencia Efe

- En 2009, al cumplir sus 70 años, éstas eran sus características:
  - 4.ª del mundo y 1.ª en español.
  - Una red mundial de 3.000 periodistas.
  - Difunden información diaria a más de 2.000 clientes a través de: texto, foto, vídeo, audio y productos multimedia.
  - Nació el 3 de enero de 1939 en Burgos, adquiriendo las acciones de Fabra y elementos técnicos y humanos de las agencias Faro y Febus. A finales de 1939 traslada su sede a Madrid.
  - En 1940 abre su primera delegación: Barcelona.
  - En 2009, tiene 26 delegaciones nacionales, una red de corresponsales en 181 ciudades de 120 países.

Años clave (con el franquismo, 1939-1975):

- 1946. Se crea su servicio económico Comtelsa (al 50% con Reuter).
- 1951. Instalación de su primer transmisor de telefotografía.
- 1965. Primera corresponsalía en América: Buenos Aires.
- 1966. Se inició el Servicio Exterior de Efe para la distribución de noticias en América Latina.
- 1969. Se crean los servicios en inglés y francés.
- 1972. Funda la Agencia Centroamericana de Noticias (ACAN) en Panamá, junto a otros medios de comunicación privados de

---

esa zona del mundo. En 2005 ACAN se integra en EFE (EFE-ACAN).

Años clave (tras el franquismo, 1975-hoy):

- 1978. Publica el primer *Manual de Estilo*.
- 1981. Creación del Departamento de Español Urgente (DEU), encargado de velar por el uso correcto del español.
- 1984. Compra un 20% del capital de la European Pressphoto Agency (EPA).
- 1988. Pone en marcha el primer banco de datos de noticias en español: EFEDATA. Crea la Fundación EFE (investigación y estudios).
- 1992. Desarrollo clave a partir del lanzamiento de Hispasat.
- 2000. Inicia la comercialización de productos informativos a través de Internet.
- 2002. Crea un centro de edición en Miami (EE.UU.).
- 2005. Crea la Fundación del Español Urgente (FUNDÉU).
- 2006. Comenzó la comercialización de los servicios Agenda Digital Mundial y del audiovisual Canal EFE. Se traslada la mesa de edición de Miami a Bogotá para convertirla en Cibermesa de América. Presentó el servicio TVE-EFE, en colaboración con TVE, para distribución internacional de noticias audiovisuales.
- 2008. Se alía con Murdoch para lanzar el servicio de noticias económicas Efe Dow Jones.

La agencia nos ofrece la típica evolución de una empresa de este tipo, desde el terreno del servicio de noticias para prensa hasta el audiovisual, pasando por la especialización y las nuevas tecnologías. Los medios de comunicación de alto poder adquisitivo estarán suscritos a todos o casi todos sus servicios. Los de menos enjundia a los despachos de agencia en general, que pueden estar suscritos a lo internacional, a lo nacional o a una zona geográfica concreta. Internet posibilita, además, que el receptor pueda acceder a ciertos servicios de esta y otras agencias. En el caso de EFE, el lanzamiento en 1992 del satélite Hispasat fue un importante hito en su historia. Los medios de comunicación latinoamericanos más influyentes fueron poco a poco abandonando la dependencia que poseían respecto a agencias norteamericanas y europeas (AP, de Estados Unidos; ANSA, de Italia; DPA, de Alemania) para consultar EFE y convertirla así en la agencia más relevante de aquella parte del planeta.

Por otra parte, sus orientaciones sobre cómo utilizar correctamente el idioma castellano en periodismo son muy necesarias, si bien da la impresión de que pocos profesionales españoles las utilizan si comprobamos los múltiples errores e inexactitudes que se cometen todos los días al redactar o al hablar. El servicio Fundéu es gratuito no sólo para periodistas sino para cualquier ciudadano.

2

La herética «agencia» Al Jazeera TV

A partir de 1996, el discurso periodístico internacional, referido sobre todo a conflictos con el mundo árabe, va a sufrir una especie de pérdida del monopolio, «personificado» por CNN, BBC, NBC y otras como Euronews, que iba bastante a remolque de la primera. En 1998, una ofensiva ilegal anglonorteamericana contra Irak nos mostraría, al principio del acontecimiento (bombardeo contra Bagdad), sobre todo, la cara del Gran Hermano mundial, en la persona del presidente William Clinton, proyectada su imagen a través de la CNN. Clinton, el primer ministro Blair (desde Inglaterra) y diversos mandos militares nos ofrecerán machaconamente sus versiones, sin que, como contrapartida, la noticia fuera apenas sometida a contraste.

Ya en ese momento existía Al Jazzera que, en conflictos posteriores, iba a jugar un papel de contrapeso decisivo, hasta el punto de que sus informaciones eran utilizadas como datos de agencia por los medios occidentales. En 2001, con motivo del ataque de los Estados Unidos contra el Afganistán de los talibanes, éstos le cedieron a Al Jazeera la exclusiva de determinadas imágenes. Asimismo, la cadena se esforzaba por ofrecer la otra cara del conflicto palestino. Sus redactores, a pie de calle, nos mostraban las consecuencias sobre víctimas civiles de los bombardeos occidentales y de las agresiones del ejército israelí, algo que raramente vemos en los mensajes occidentales. Occidente, más que nadie EE.UU., estaba molesto con la presencia de este herético, si bien las resistencias y las represalias contra los periodistas de Al Jazeera procedían también de los países islámicos más recalcitrantes, una constante que ha seguido, como lo demuestra la clausura de las actividades de la cadena ordenada por el gobierno marroquí en octubre de 2010.

La cadena es una extraña iniciativa del emir de Qatar, una zona geográfica de apenas medio millón de habitantes, rica en petróleo que, a pesar de eso, posee paro y pobreza. En la redacción de Al Jazeera conviven periodistas de varias tendencias políticas e ideológicas, unidos por el periodismo. La cadena no ofrece programas religiosos de propaganda, al revés, la presencia de imanes sirve a veces para tocar temas actuales como las relaciones sexuales entre marido y mujer, con asuntos tan delicados como la felación. Las presentadoras de Al Jazeera aparecen en pantalla con aspecto occidental aunque en 2010 se dio cierta polémica al acusar algunas de ellas a sus superiores de presiones para que llevaran cierto estilo de ropa. Sin embargo, una de las características de la cadena es justamente la libertad que ofrece a sus presentadoras en este aspecto, imitando los cánones occidentales. Es habitual la presencia de la mujer en las emisiones de Al Jazeera, incluso en actividades de periodismo deportivo. Aunque de propiedad en teoría pública –del emir y por tanto sometida a su voluntad–, la emisora posee publicidad aunque distanciada aún en su versión en árabe del estilo occidental. He mencionado la versión árabe porque en 2006, a los diez años de su nacimiento, abrió su servicio Al Jazeera en inglés. La ficha resumen podría ser la siguiente:

Al-Jazeera TV

- Orígenes: 1 de noviembre de 1996.
- Propiedad: Emirato de Qatar (unos 500.000 habitantes). Capital Doha (sede central de la redacción). Pública.
- 24 horas de información. Corresponsales en todos los lugares estratégicos del mundo.
- En 2006 inaugura sus servicios en inglés.
- Voz alternativa no sólo para Occidente sino para el mundo árabe. Dificultades con EE.UU. pero también con países árabes. No es confesional.

- Pluralismo abundante en la redacción (cristianos, musulmanes, islamistas, marxistas...). Muchos se han formado en Europa (BBC, por ejemplo).
- En verano de 2009 planeaba lanzar un canal de deportes: Al Jazeera Sports. Ya tiene los derechos de la Liga Española y de la NBA de EE.UU., entre otros.
- En otoño de 2010 el gobierno marroquí decide suspender sus actividades. Acusa a la cadena de dañar la imagen de Marruecos.

En un artículo publicado en la revista *Claves de la Razón Práctica* (número 184, julio-agosto 2008), Clara Muela Molina trata sobre el fenómeno Al Jazeera. Apunta su fundación en 1996, cuando miembros de algunas familias de élite qataríes, con el pleno apoyo y hasta el liderazgo operativo del nuevo emir, Sheik Hamad bin Califa al Thani, se unen para tal fin. El emir aportó 150 millones de dólares, cuando para el canal público francés 24 Horas de Noticias (Al Jazeera es un canal todonoticias) constituido un año antes, aproximadamente, la administración francesa destinó 80 millones de euros. Aunque el objetivo inicial de la cadena era modesto, los comunicados de Al Qaeda y los vídeos de Bin Laden que se dieron a conocer, la convirtieron en un auténtico acontecimiento socio-histórico sobre todo en una zona –la islámica– cuyas fuentes de información eran la BBC y la CNN.

El emir se entromete poco en la labor de la emisora, lo cual ha permitido que ésta denuncie corrupciones políticas y financieras entre políticos y empresarios de Arabia Saudí, por ejemplo. He aquí uno de los motivos por los que los periodistas de Al Jazeera son perseguidos en países de su propia cultura y la causa de que Arabia Saudí lanzara Al Arabiya, una televisión oficialista del discurso hegemónico árabe, bien vista por los EE.UU.

La edición en inglés de Al Jazeera, abierta como dije antes en 2006, llegaba en 2008, según Muela Molina, a 50 millones de telespectadores («más que el propio emporio BBC»). La autora se muestra entusiasmada con el fenómeno y lo contrapone a la globalización anunciada por McLuhan, pero está en un error. Precisamente Al Jazeera TV está cerca de los postulados globalizadores porque su enfoque se acerca a Occidente y hasta lo supera. Desde luego, es un medio alternativo muy interesante pero ligado a la voluntad de un régimen déspota y, por tanto, que puede cambiar de opinión fácilmente. Por otra parte, si Al Jazeera sigue adelante y va introduciéndose en el mercado progresivamente, irá perdiendo su personal voz poco a poco. Se trata de un medio que camina sobre un alambre.

Hasta aquí este paréntesis para constatar el significado de una voz alternativa profesional y bien articulada frente a Occidente y la estructura mediática que hasta ahora se venía reflejando. Volvamos a ella.

3

Estructura mundial de la información: apuntes sobre Europa

La estructura de este capítulo va a ser la siguiente:

- Euronews.
- Otros proyectos europeos a tener en cuenta.
- Grupos europeos de comunicación más relevantes.

Puesto que Europa aspira a estar unida, voy a comenzar esbozando los intentos más serios de llevar a cabo una estructura mediática pensando en esa totalidad compleja que es Europa. Y uno de esos intentos, ya una feliz realidad, es la cadena pública de televisión Euronews. Continuaremos con otros proyectos nacidos con vocación europea (públicos y privados) para finalizar con unas notas sobre los principales grupos de comunicación propiamente europeos.

3.1. Euronews

Desde que en 1993, aproximadamente, se firmara el Acta Única europea, han existido medios de comunicación que han nacido con vocación europea, a pesar de que, al menos yo, no sepa aún a estas alturas qué es lo que pretende concretar Europa como identidad frente a la de los Estados Unidos, Japón, e incluso ante los países emergentes como China e India.

La cadena Euronews es el primer medio de comunicación sólido y, a primera vista, bien planteado, que puede considerarse como propio de Europa. La cadena ha pasado por múltiples vicisitudes, ha cambiado de manos, desde lo público al capital mixto, para después regresar a lo público. Su origen está en la UER (Unión Europea de Radiotelevisión), más en concreto en la empresa gestora Euronews Development, constituida en 1992.

Pero con el tiempo unos han entrado y otros han salido del proyecto. Hubo un instante en que la cadena era más que nada de capital público latino (Francia, España, Portugal, Italia) pero más tarde Rusia tomó parte del accionariado y después lo hizo Turquía, mientras España se desentendía en buena medida de la emisora en 2008 y Marruecos asumía una pequeña cantidad de acciones.

Euronews es un medio no «de masas» sino de amplias minorías, es un canal todonoticias que trata de competir con la CNN y la BBC Internacional, sobre todo, a las que ha desbancado en audiencia. Cuando Euronews nació, un periódico español tituló: «Nace la CNN europea». Al principio de sus emisiones, la dependencia de CNN era grande, tal y como demostró la cobertura de los bombardeos sobre Bagdad llevados a cabo de forma bilateral por EE.UU. e Inglaterra en 1998. Entonces, Euronews y todas las cadenas del mundo estuvieron supeditadas a la CNN. El hecho ha ido desapareciendo poco a poco, sin que por ello haya que menospreciar la influencia de la CNN, pero tanto Euronews, como Al Jazzeera (nacida en 1996) y las iniciativas francesas han mermado el poder de la cadena estadounidense.

Para mayor comodidad se ofrece una cronología sobre el origen y desarrollo de Euronews.

Euronews TV

- Primera cadena de TV con vocación europea. 24 horas de información. En 1992 se constituye su empresa gestora: Euronews Development.
- Inicia su actividad el 1 de enero de 1993, cuando entra en vigor el Acta Única, germen inmediato de la Unión Europea actual.
- Su sede central está en Lyon (Francia) tras competir con Valencia.

- En sus inicios es propiedad de las TV públicas de la UER: Alemania, Bélgica, *Egipto*, España, Finlandia, Francia, Grecia, Italia, Mónaco, Portugal, Yugoslavia y Chipre. El Reino Unido no participó en su creación, ni los países nórdicos, menos Finlandia.
- Emite en inglés, francés, español, italiano, alemán, portugués (1999), ruso (2001) y turco (2010). En 2003 dejó de emitir en portugués pero en 2009 de nuevo ofrecía programación en este idioma.
- Previsiones iniciales de financiación: 15% de las televisiones de la UER; 60% de la UE; 25%, publicidad.
- Al fallar las previsiones buscó un socio privado. Alemania abandonó el proyecto y Yugoslavia se desmembró por la guerra.
- En 1995-1997 encontró como socio privado a Alcatel (Francia): 49%. 51% en manos públicas (UER).
- En 1997 Alcatel vende su participación al consorcio privado ITN (GB).
- En 2002 observamos cómo la televisión pública alemana (ZDF) está presente en el accionariado de Euronews, junto a otras como Antenne 2 (F), RAI (I) o RTVE (E). En ese año, ITN anuncia su abandono y el Parlamento Europeo acude en ayuda de la cadena.
- En 2003 vuelve a ser de capital público. El consorcio público Secemie (UER) adquiere a ITN el 49% que poseía y se hace así con el 100% de la propiedad. Secemie contaba en 2008 con 22 socios.
- En 2004 encontramos como mayores accionistas a France TV (24%), RAI (21,6%), RTVE (18,8%) y a la cadena rusa RTR (16%).
- En noviembre de 2008 la TV pública marroquí SNRT se convierte en accionista con el 0,33%.
- Tipo de audiencia: segmento cultural medio-alto.
- Programación: voces en off. Boletines, reportajes, agilidad, «información en círculo» en horas punta, infografía abundante.
- En 2007 alcanzaba a EE.UU. y Canadá a través de Telstar 5.
- En 2008 (junio) España –TVE– abandona la cadena por motivos económicos y editoriales.
- Se publica (*El Mundo*, 31-7-2009) que se debió a que TVE consideraba que Canal 24 Horas (de TVE) hacía las veces de Euronews.
- Euronews mantiene en 2009 contactos con la Federación de Organismos de Radio y Televisión Autonómicos (FORTA), de España, para que sustituya a TVE. La cadena cree que España es un punto esencial de unión con América Latina.
- En 2009 se conoce además que Turquía se ha hecho con el 16%

de la propiedad de Euronews. En enero de 2010 comienza a emitir en turco.

- En 2009 se da a conocer que en Europa Euronews supera en audiencia a CNN y a la BBC Internacional.
- En 2010: el primer canal multilingüe de noticias en Europa emitía ya 24 horas de información internacional en nueve idiomas diferentes (inglés, francés, alemán, italiano, español, portugués, ruso, árabe y turco, a finales de 2010, en persa), que llegan a 300 millones de hogares en todo el mundo. En España, Euronews se ve en el 70% de los hogares a través de cable, satélite, IPTV, móvil y vía terrestre.
- Cada 30 minutos, Euronews difunde un informativo completo, seguido de los programas Business, Europe, Sport así como una revista de prensa de los principales diarios europeos y el tiempo. Euronews cubre de este modo con sus programas un amplio abanico de temas como las ciencias, el cine, la moda, las nuevas tecnologías y el espacio.
- Euronews se capta en todo el mundo, en 300 millones de hogares de 151 países por cable, por satélite y por vía hertziana. El canal también se difunde por las redes de telefonía móvil en Europa (3G, VOD), por las redes ADSL/Internet banda ancha en el mundo, así como a bordo de los aviones de las grandes compañías aéreas. En Internet, Euronews está en directo con RealNetworks Superpass en Europa. Euronews y No comment TV también están disponibles en YouTube y Dailymotion.
- Euronews es el canal internacional de información más visto en Europa (audiencia todos los públicos): cada día 2,9 millones de europeos ven Euronews mediante el cable y/o el satélite, y 3,6 millones por la vía hertziana. *http://www.infoperiodistas.info/busqueda/noticia/resnot.jsp?idNoticia=9490*, 6-2-2010.

El esquema anterior está bastante claro. Por «información en círculo» entiendo cuando, sobre todo por la mañana, la cadena va repitiendo casi todo el contenido informativo teniendo en cuenta que los públicos se levantan para ir a trabajar a diversas franjas horarias. La presencia de capital islámico se debe, como puede suponerse, a motivos políticos: se trata de integrar más a Marruecos –país «amigo» de Occidente– y de apoyar a la corriente laica de Turquía en su integración en la Unión Europea, no se olvide que Turquía es un país de la OTAN cuya democracia occidental está siendo continuamente vigilada, desde fuera por la comunidad internacional y, desde dentro, por el ejército laico, ante la influencia y la amenaza fundamentalista. En cuanto a Rusia, también pretende acercarse a Europa, a fin de cuentas es Europa, y su estructura mediática está fuertemente controlada, directa o indirectamente, por el Estado, como veremos.

El receptor de Euronews procede de un público de media y alta formación cultural y poder adquisitivo, esto se puede comprobar sólo observando la publicidad de la cadena, que suele reflejar productos no aptos para cualquier bolsillo.

Euronews posee, en mi opinión, un aspecto especialmente interesante. Al tener tantos dueños públicos que carecen de una postura común en asuntos internos y externos (menos la devoción por el mercado y el rechazo al terrorismo), el periodismo sale ganando por cuanto sus contenidos carecen de intencionalidades claras. Se ofrece información «aséptica» y, se supone, el grado de formación del receptor la va articulando. Los periodistas de la cadena también son de media y alta formación, proceden de las cadenas públicas y no persiguen ese afán de notoriedad que se capta en otros profesionales, acostumbrados a que, por desgracia, el periodista a menudo sea parte de la información y, a veces, su protagonista.

3.2. Otros proyectos europeos a tener en cuenta

Poco antes de Euronews, el magnate inglés Robert Maxwell –desaparecido en extrañas circunstancias en 1991 cuando estaba en aguas del archipiélago de Canarias a bordo de su yate– fundó, en 1989, el periódico *The European*, con un título que nos hablaba por sí mismo de su objetivo. Nunca llegó a implantarse, pasó por diversas etapas hasta desaparecer tras unos ocho años de vida. Los Hermanos Barclays y la empresa de *Le Monde* intentaron «reflotarlo» sin éxito.

Alemania intenta «prolongar Europa» hacia los antiguos países del Este a través de sus televisiones públicas ARD y ZDF, sin contar la iniciativa privada de Axel Springer y Bertelsmann. Por su parte, Francia, como es tradición histórica, es la más beligerante con el colonialismo cultural y mediático de los EE.UU. Cuenta con la cadena cultural ARTE –para la que en ocasiones ha buscado socios en TVE, por ejemplo– y, por otra parte, la invasión de 2003 de EE.UU. contra Irak le abrió aún más los ojos y anunció el lanzamiento de una cadena de televisión propia para contrarrestar –de nuevo– a la CNN. Sería una cadena de capital mixto público-privado, tal vez encuadrada en el emporio público (aunque con «aventuras mixtas» público-privadas) France Télévisions.

Por otro lado, en 2008 se lanza la cadena de radio pública European Radio Project, una red de emisoras radiofónicas para informar sobre Europa. La conformaban trece países con dieciséis emisoras que emitían en diez idiomas. Entre los países estaban Portugal, Francia, España, Bulgaria, Polonia, Alemania, Eslovenia, Chequia, o Grecia. Veamos en un guión ilustrativo estos hechos:

Otros proyectos con vocación europea

- *The European*. Fundado por Robert Maxwell, en 1989. Llega a alcanzar unos 100.000 ejemplares de tirada. En 1998 aparecen como propietarios los Hnos. Barclays (65%) y *Le Monde* (35%). Cierra por esas fechas.
- Alemania ha impulsado sus televisiones públicas (ARD y ZDF) hacia el Este de Europa, con el apoyo de Bertelsmann. Igual han hecho otros grupos como Axel Springer.
- ARTE es una cadena pública cultural que cuenta, sobre todo, con el apoyo de Francia. En España ofrece el espacio *La Noche Temática*, a través de TVE2.
- En 2003 Francia –en el contexto de la invasión de Irak por EE.UU./Inglaterra, que no apoyó– impulsó su propia TV internacional para competir con la CNN. Socios: Antenne 2 y TF1 al 50% (capital mixto): France 24.
- En 2008 aparece European Radio Project, una red de emisoras radiofónicas para informar sobre Europa. Capital público, impulsada por la Comisión Europea y coordinada por Deutsche Welle y Radio France International. Empezó emitiendo en 10 idiomas y con un potencial de 30 millones de oyentes en el mundo y 20 en Europa.

Ya más cercano al campo de las nuevas tecnologías, en 2009 aparece el portal presseurop.eu. Dirigido por Courrier international, presseurop.eu, según nos informó entonces *http://www.infoperiodistas.info/busqueda/noticia/resnot.jsp?idNoticia=8737,*

17/10/2009, es el primer portal de información multilingüe fruto de la iniciativa de la Dirección General de Comunicación de la Comisión Europea. Presseurop.eu nace de la intención de crear un foro de debate innovador para todos los ciudadanos de la Unión; pretende ser portavoz de la pluralidad en el panorama mediático actual. Uno de sus principios consiste en garantizar la absoluta libertad editorial de sus redactores. Presseurop.eu pondrá a disposición de sus usuarios los mejores artículos de la prensa europea, comentarios, opiniones, reportajes y análisis.

Infoperiodistas anunciaba además que Presseurop.eu «será una página web gratuita completamente financiada por la Unión Europea. Ofrecerá a diario una estudiada selección de los mejores artículos publicados en la prensa de los veintisiete países de la Unión Europea. Fotos, vídeos y viñetas vendrán a completar los contenidos multimedia de la web, que estará disponible en alemán, inglés, español, francés, italiano, neerlandés, polaco, portugués, rumano y checo».

«Además de Courrier international, colaborarán en la realización de presseurop.eu otros tres grupos editores de prensa con amplia experiencia en el análisis de la actualidad general y la política a través de artículos de la prensa internacional: Internazionale (Italia), Forum (Polonia) y Courrier internacional (Portugal). Todas ellas tienen por objeto ofrecer un medio de comunicación capaz de informar a la opinión pública de los Veintisiete desde una perspectiva auténticamente europea, sorteando las barreras lingüísticas y culturales para así crear un espacio público de información a escala europea. Eric Maurice y Gian Paolo Accardo son los responsables editoriales.»

«Todos los aspectos de la actualidad europea serán analizados en presseurop.eu, que abarcará ámbitos tan distintos como la política, la sociedad, la economía, el medio ambiente, la ciencia y la cultura. La página contará asimismo con un apartado dedicado a la información publicada en medios internacionales, el cual permitirá al lector acercarse a la visión que tienen de Europa los países del resto del mundo. Presseurop.eu funcionará en estrecha colaboración con euranet.eu (red de emisoras europeas constituida en condiciones similares) y con Euronews. Además, la página presseurop.eu presentará otras entidades colaboradoras, tales como cafebabel.com, portal de reconocido prestigio por su contribución al debate democrático europeo».

3.3 Grupos europeos de comunicación más relevantes

He apuntado más arriba que seis conglomerados de la comunicación establecen casi toda la agenda del día en el mundo. Y aunque por sus alianzas posteriores sólo uno se mantiene europeo (Bertelsmann), si forzamos algo la situación se puede afirmar que de los seis, tres tienen origen europeo, si consideramos como tal al imperio de Murdoch, News Corporation, porque, si bien Murdoch es de origen australiano, su emporio se desarrolla una vez que se ha instalado en Inglaterra y, después, en EE.UU. Tenemos también en cuenta la pertenencia de Australia –donde Murdoch es el dueño y señor de la comunicación– a la Commonwealth.

Junto a News Corp., el alemán Bertelsmann es realmente el único que se mantiene europeo –a pesar de sus alianzas con otros grandes grupos, como es la norma– porque el francés Vivendi se unió en 2000 a Universal (canadiense) y después a la NBC norteamericana, aunque en 2010 la Comcast haya pactado con NBC y Vivendi y haya salido de esa unión NBC-Vivendi, al menos formalmente.

No obstante, en Europa se desenvuelven otros grupos de notable interés que, aunque con ramificaciones externas, como también es la norma, centran sobre toda su actividad en el llamado viejo continente. Tales son los casos de Axel Springer (Alemania), Fininvest (Italia) o Pearson (Inglaterra). Veamos un apunte acerca de los grupos citados y de otros:

Grupos europeos a tener en cuenta

- Bertelsmann (D). Conectado a Recoletos (*Qué!*) y Planeta (A3 TV).
- Axel Springer (D). Dueño de *Bild Zeintung* y *Die Welt*. Acuerdos con Bertelsmann, frenados en parte por la UE. Fundó en España un diario sensacionalista (*Claro*) en 1991, con Prensa Española (hoy Vocento).

- Vivendi-NBC (Orígenes en Francia). Conectado a TF1 (F), Hachette (F) y Prisa (E) a través de *Le Monde* y Lagardère (hasta 2010). Unido a NBC-General Electric hasta que en 2010 Comcast y GE le compran sus acciones en EE.UU.
- Fiat-Rizzoli Corriere della Sera (RCS) (I). Propietario de Unedisa-Recoletos (E). RCS compró Recoletos a principios de 2007. Ya era dueño de Unedisa, de quien Recoletos ya había sido accionista.
- Mediaset-Fininvest (I). Berlusconi, conectado a Vocento (Tele 5) hasta 2009, cuando se une a Prisa en Digital+ y funde Tele 5 con Cuatro.
- Pearson (GB), relacionado con Telefónica hasta 2009, dueño de *The Financial Times*. Fue dueño de Recoletos hasta principios del siglo xxi. A finales de 2007 vendió el diario francés *Les Echos* (económico) a LVMH (productos de lujo) ante las protestas de sus periodistas, que protagonizaron huelgas.
- News Corp. (Murdoch) (GB), dueño de BSkyB TV, *The Sun* y *The Times*.
- Schibsted (Noruega), dueño de *20 Minutos* (80%). Relacionado con ZETA (E), que tuvo el 20% restante de *20 Minutos* hasta 2009.
- Media Capital (P), propiedad de Prisa (E).
- Edipresse (Suiza-España desde 2006), propietario de una parte de RBA Editores (Cataluña) y de una red de revistas para diversos segmentos de públicos: *Lecturas, Clara, Sorpresa, Cocina Fácil, Labores del Hogar, Rutas del Mundo...*
- En diciembre de 2009 RBA compra a Edipress el 33% de las acciones que tenía y pasa a controlar el 100% del grupo. Posee unas 40 cabeceras de revistas.
- En julio de 2010, MC Ediciones y Focus Ediciones, subsidiaria ésta de Edipresse Group, firmaron un acuerdo para fusionar sus actividades en España. Tras la operación, los actuales propietarios de MC Ediciones, sociedad absorbente, mantendrán un 70,1% de las acciones y el 29,9 pertenecerá a Edipresse Group.
- Con más de 70 cabeceras, MC Ediciones es uno de los principales grupos editoriales de revistas con cabeceras como *Casa Viva, Clio, Rutas del Mundo* o *Casa y Jardín*, entre otras. A partir de ahora se sumarán las revistas masculinas y de estilo de vida *FHM, DT, Stuff, NOX,* y *Revolution*, editadas y distribuidas por Focus Ediciones en España. (*www.elpublicista.es*).
- Hay dos grandes grupos de revistas en España: RBA y MC-Edipresse.

Antes de que Recoletos (propietaria de *Marca*, etc.) se uniera a Unedisa (editora de *El Mundo*) en 2007, fundó el diario gratuito *Qué!* con la colaboración de Bertelsmann e incluso de Godó. Tras la unión, *Qué!* no entró en la operación y finalmente cayó en manos de Vocento. Ya veremos toda esta dinámica.

En cuanto a Axel Springer, mientras *Bild* es un diario sensacionalista (el primero en ventas en Europa con una tirada de unos cuatro millones de ejemplares) *Die Welt* lo es de referencia. Una misma empresa busca sus «nichos» de mercado para hacer negocio. A comienzos de los años noventa, Axel Springer intentó traer a España la fórmula *Bild* y, con el apoyo de Prensa Española, editora de *ABC* y hoy en el interior del grupo Vocento, fundó el diario *Claro*, tras un considerable despliegue promocional y de inversión adicional en fichajes de periodistas. Sin embargo, la vida de *Claro* fue corta, tal vez debido a la presencia de las llamadas «revistas del corazón» (muy propias del periodismo español) y a que se da en los países de cultura latina –por lo general– un rechazo a la prensa amarillista-sensacionalista, al revés de lo que sucede en las culturas germana y anglosajona. El aspecto de *Claro* era el de un evidente diario popular, con grandes caracteres y temas anodinos.

De Vivendi y RCS ya se ha tratado bastante, sobre todo de la primera empresa, que en los últimos diez años ha gozado de una expansión y diversificación (y retracción) más que notables. Volveré otra vez sobre RCS en la parte de este libro dedicada a la estructura mediática española. También Vivendi volverá a aparecer con tal motivo.

Como también diré en su momento, Fininvest-Mediaset, el emporio de Berlusconi, es un buen ejemplo de cómo, en efecto, «el dinero no tiene ideología». Tras estar unido en la televisión española Tele 5 (televisión fundada por Berlusconi) a Vocento (grupo de tendencia conservadora, como el propio Fininvest), en 2010 Tele 5 y Cuatro, televisión del grupo Prisa, se han unido bajo la batuta de los italianos. Lo mismo ha sucedido en la plataforma Digital+ sólo que en este caso a los dos se les ha unido Telefónica.

Pearson es otro ejemplo de cómo funcionan los dueños del periodismo, de cómo «se cuelan» en su interior empresas ajenas a este campo profesional. Hace años estuvo conectado al sector petrolero y de cerámicas; tuvo una pequeña participación de Telefónica

(5 por ciento) y se desembarazó de uno de sus medios de referencia, el diario francés *Les Echos*, a favor de una empresa de venta de productos de lujo, ante la inquietud lógica de los trabajadores de dicho medio. Pearson hace años que está relacionado con España a través de las relaciones que ha tenido con Recoletos, en el que ha invertido y desinvertido, ha comprado y ha vendido acciones o las ha intercambiado con sus socios españoles, prácticamente hasta la unión Recoletos-Unedisa en Unidad Editorial. Pearson controla dos medios de referencia en el periodismo económico internacional: *The Financial Times* y *The Economist*, cuyas líneas han sido particularmente beligerantes con la situación económica española y con las políticas del presidente español, José Luis Rodríguez Zapatero, a raíz de la crisis de 2008.

Con News Corporation nos encontramos ante otro ejemplo similar al de Axel Springer en Alemania. Lo mismo edita el «sesudo» e histórico *The Times* que *The Sun*, el segundo diario más leído de Europa, tras *Bild*. La división de tabloides populares de Murdoch tuvo un papel decisivo en la creación entre el público inglés y mundial de una corriente de simpatía por Diana de Gales, la «princesa del pueblo», apelativo del que se apropió, hasta lograr aquel entierro real y espectacular cuando «Lady Di» falleció en accidente de coche en París en 1997. El entierro se convirtió en un espectáculo televisual y emocional de primer orden. Por otra parte, junto a esta línea más abierta, News Corp. mantiene una de las televisiones por satélite y cable más influyentes del mundo: BSKyB.

Media Capital es un grupo portugués propiedad de Prisa para el que la empresa española ha buscado comprador alguna que otra vez (de forma minoritaria está presente la banca estadounidense), con vistas a mitigar su crisis interna y su elevada deuda bancaria.

Por su parte, me ha parecido oportuno constatar el caso del grupo nórdico Schibsted al ser una potencia en prensa gratuita, dueño del diario *20 Minutos*, de implantación internacional, que en España se ha convertido a veces en el diario más leído, entre los de pago y los gratuitos. La lectura de prensa en España ha tenido y tiene a tres diarios en los tres primeros puestos: *20 Minutos, Marca* (deportivo) y *El País*. El grupo español Zeta decidió hacerse con el 20 por ciento de las acciones de *20 Minutos* en España pero la crisis lo ha obligado a desprenderse de ellas.

Edipresse es un grupo suizo pero que se ha aliado con grupos editoriales españoles como el catalán RBA o MC Editores. Así se han formado dos grandes grupos de ediciones de todo tipo de revistas para todos los gustos, aficiones y bolsillos. Si el lector consulta sus webs tal vez se asombre con tantas cabeceras y comprenda que cuando está en una tienda de prensa contemplando numerosos títulos, casi todos pueden pertenecer a estos dos dueños. Voy a aportar una ilustración oficial procedente de estas empresas en la que pueden observarse algunas cabeceras de MC-Edipresse.

Es sólo una muestra. Si el lector desea más, conecte con la web de RBA o de Edipresse. Se trata de empresas que estudian el mercado a fondo y le «adjudican» a cada segmento de público una revista de su gusto en las manos. Un esbozo sobre la evolución de estas empresas en 2009 y 2010 está contenido en el esquema anterior.

Como es lógico, en un libro de estas características –que no pretende ser exhaustivo pero sí riguroso– quedan muchos datos y aspectos sin desarrollar, pero sí me gustaría dejar sólo un apunte sobre el norte de Europa y su estructura mediática. Me parece que el panorama general de esta zona lo resume muy bien Juan José Fernández Sanz (2009):

> De los veinte primeros grupos nórdicos de comunicación, sólo cinco de entre ellos tienen alguna proyección internacional digna de mención fuera del área nórdica (Sanoma WSOY, Modern Times Group-Metro, Egmont, Bonnier y Schibsted, dicho sea por orden de su porcentaje de facturación en el exterior). Por supuesto que primero se han entrenado expandiéndose por el área nórdico-báltica, en la que desde hace dieciocho años, de modo creciente, cabe incluir a Estonia, Letonia y Lituania. Pero mercado limitado, en definitiva (32 millones de habitantes en total, de incluir los 7 millones de los tres bálticos), con el hándicap suplementario de sus múltiples lenguas y no exento de nacionalismos condicionantes. Es decir, que para participar en el juego global de la comunicación sin duda necesitarán más arrestos que los News International, Hachette-Filipacchi, Bertelsmann, Pearson y RCS, Prisa inclusive. Aunque la ley del reto y la respuesta están en juego; y los nórdicos han sabido inclinarla en ocasiones más difíciles a su favor (caso de Nokia, por ejemplo). ¿No es ésta, acaso, la más preparada como líder no ya de telefonía móvil sino de ordenadores multimedia –como en efecto lo son cada día más estos aparatos– para conectar a las gentes con su entorno?

Hay campos aún muy inexplorados en el estudio de las estructuras mediáticas, como por ejemplo la zona del norte de Europa. Y, volviendo a la idea del principio de este libro, cuando digo estructura mediática no me refiero sólo a una enumeración de grupos con sus respectivos productos, no, eso son simples datos diacrónicos, útiles, sin duda, pero no realmente estructurados (con otros elementos mediáticos y no mediáticos). Los datos diacrónicos son los más comunes en las investigaciones pero no deben confundirse los estudios sobre empresas informativas e industrias culturales con los de estructura de la información.

4

Estructura mundial de la información: algo sobre Japón

A mediados del siglo XIX, Japón era aún un país con muchas influencias de lo que en Europa conocemos como feudalismo. Era una zona cerrada al mundo occidental pero estábamos en el siglo de la expansión imperialista –en el contexto de las revoluciones industriales– y aquella parte del mundo era atractiva para los intereses occidentales. Las potencias industriales –con especial protagonismo de EE.UU.– invadieron el país y lo abrieron al mundo. A finales del siglo XIX e inicios del XX, Japón se convirtió a su vez en una potencia agresiva. Se anexionó Corea y emprendió guerras contra China y Rusia en las que resultó vencedora. Su tendencia expansionista terminó siendo aprovechada y estimulada por los militares y Japón entró en la Segunda Guerra Mundial con la agresión a Pearl Harbour.

Sin embargo, como ya se ha dicho, ser vencido en una guerra mundial resulta a medio y largo plazo más rentable que no participar en ella, con vistas a eso que llamamos estar en el carro del progreso. Desde la invasión occidental de mediados del XIX, Japón va a integrarse con rapidez en la cultura de mercado sobre todo gracias a la dinastía Meijí, una época muy proclive a las tendencias liberales europeas y estadounidenses. Los Meijí resultaron ser el «brazo político» de Occidente en Japón. Terminaron con los restos del antiguo régimen e impulsaron el respaldo a la filosofía y la literatura europeas. Por tanto, la base mercantil está ya conformada y de ahí surgió el desarrollo expansionista.

Tras la Segunda Guerra Mundial, la unión de lo público y lo privado, más la rentabilidad de la guerra de Corea (Estados Unidos necesita a Japón en esta guerra de los años cincuenta), más el hecho de que los propios EE.UU. se conviertan en cliente preferencial de los productos japoneses y abra sus puertas a las empresas niponas; todo esto, unido al carácter especial del ciudadano japonés (de mente grupal y disciplinada, procedente de épocas anteriores), produce el llamado «milagro japonés».

Japón apenas posee suelo cultivable y la mayoría de su superficie es además montañosa. ¿Por dónde desarrollarse? A través de la industria y la tecnología. A partir de 1945, aunque ya con antecedentes antes de la segunda gran guerra, lo público, lo gubernamental, «personificado» por el Ministry of International Trade and Industry (MITI), o Ministerio Internacional de Comercio e Industria, y lo privado, es decir, los grandes grupos financiero-empresariales o keiretsu o zaibatsu, van a unir sus fuerzas para propiciar lo que es en la actualidad ese Japón de las nuevas tecnologías extendidas por todo el mundo. Los keiretsus de hoy más conocidos se llaman Sony (dueño del canal temático de televisión AXN), Mitsubishi, Toyota, Honda, Hitachi, Toshiba, Sanyo, Matsushita, etc.

Japón exportó su modelo a su zona geopolítica y así nacieron los «dragones» o «tigres asiáticos» como Corea del Sur, Taiwán, Shanghai y otros. El capital japonés entró en EE.UU. La división de discos de la RCA fue comprada por la industria japonesa y no sólo los coches Honda japoneses sino los Kia y los Hyundai coreanos inundan el mercado automovilístico de los EE.UU. y de Europa. Se trata de productos muy competitivos en esa relación llamada calidad-precio.

En pocas palabras, aquel Japón que a principios del siglo XIX era terreno abonado para la mentalidad «caballeresca» de los samuráis, se convierte tan sólo en un siglo y medio después en una de las patas de la Tríada.

Desde el punto de vista estrictamente mediático, el desarrollo de este sector fue paralelo al desarrollo industrial desde mediados del XIX; en Japón se editan los dos diarios de mayor circulación en el mundo desarrollado; el sector público audiovisual de Japón (el grupo NHK, cuyos orígenes están hacia 1925) es muy importante –a diferencia de los EE.UU. y a semejanza de Europa– y sus agencias de información (Kyodo y Jiji Press) mantienen una presencia e infraestructura envidiables. Además, si examinamos las publicaciones japonesas se observa en sus contenidos la consolidación de aquel canon occidental que comenzó en la época Meijí. Por ejemplo, las mujeres y los hombres que aparecen en publicaciones de moda están «occidentalizados» mientras que, por otra parte, a los dibujos animados se les redondean los ojos. Da la impresión de que a Japón, a diferencia de los EE.UU., le importa mucho menos transmitir ideología a través de sus dibujos y sí mucho más el negocio. En el campo audiovisual (series, series de dibujos animados, cine...) se ha conformado un eje industrial Tokio-Los Ángeles que es una factoría de ficción sin descanso.

Entre sus producciones están las series inspiradas en el *manga* japonés, que en pocos años ha experimentado un crecimiento sorprendente en el mercado occidental. Hace algunas promociones, preguntaba en clase a mis alumnos si sabían lo que era el *manga* japonés y apenas nadie respondía afirmativamente. Hoy no tengo ni que plantear esa cuestión, se reirían de mí.

Asahi y *Yomiuri* son los nombres de los diarios de referencia con más difusión y visitas digitales de la prensa de los países desarrollados. Sus tiradas pueden alcanzar los ocho millones de ejemplares. Para comprobar la importancia de esta cifra, piénsese que si sumamos todas las tiradas de la prensa de pago en España, podríamos llegar, como mucho, a la mitad. En Japón la suscripción al periódico aún es relevante (como en los EE.UU.) aunque ya exista en ambos países una mayoría de ciudadanos que consulta más la prensa *on-line* que en formato papel.

En definitiva, las características mediáticas de Japón pueden resumirse en el cuadro siguiente:

Estructura mediática de Japón

- Contexto y perspectiva: Japón y su «apertura a la fuerza» (hacia 1850): los Meijí. Fase imperialista, Segunda Guerra Mundial, «milagro japonés»: Keiretsu o zaibatsu + MITI. Tríada.
- Prensa: *Asahi Shimbun*, *Yomiuri Shimbun* (más de 8 millones de ejemplares).

- Versión digital de Asahi: 2.000 millones de páginas visitadas al mes (2002).
- Importancia de las suscripciones y del manga.
- Audiovisual: NHK (ente público). Eje de producción Tokio-Los Ángeles.
- Agencias: Jiji Press y Kyodo News Service, creadas en 1945. Jiji transmite en japonés, inglés y español, con especial énfasis en las noticias económicas y financieras; Kyodo (con sede en Nueva York) no tiene ánimo de lucro y transmite en japonés, inglés y chino.

A pesar de ser uno de los países vencidos en la segunda gran guerra, el Japón actual tiene sus orígenes inmediatos tras aquella guerra. La paradoja es que la zona del mundo que las potencias occidentales abrieron a la fuerza al exterior a mediados del XIX con el objetivo de consolidar sus planes expansivos geopolíticos y mercantiles, después se iba a convertir en uno de sus rivales directos dentro de los campos tecnológico y financiero.

5

Algunas conexiones mediáticas internacionales en el espacio de la Tríada

Y no sólo en ese espacio sino que la mundialización nos va a obligar a salirnos un poco de él. Como se ha indicado, en este libro se colocan datos encima de la mesa para después buscar conexiones entre ellos sobre la base documental ya indicada en la introducción y en las fuentes documentales. Llevaremos a cabo de inmediato un ejercicio más en esta línea y después aparecerán otros cuando estudiemos América Latina y España. En la parte dedicada a Rusia, China y la India, los cuadros y el texto que se aporta van en la misma dirección.

Una vez descritas las claves de la estructura mediática en la Tríada, para mostrar algunas de sus articulaciones mediáticas hemos elaborado el cuadro siguiente.

Conexiones entre grupos internacionales		
Grupo A	*Grupo B*	*Conexión*
Bertelsmann (D)	Pearson (GB)	RTL*
Bertelsmann (D)	Sony (Japón)	BMG Sony
Bertelsmann (D)	Pearson (GB)	Producciones A/V (2000)
Bertelsmann (D)	Vivendi-NBC	Eventos deportivos (2001)
Times-Warner (EE.UU.)	Viacom (EE.UU.)	Nickelodeon
Times Warner (EE.UU.)	Axel Springer (D)	Cons. Admón**

Conexiones entre grupos internacionales

Grupo A	Grupo B	Conexión
News Corp. (GB)	Cisneros (VE)	Direct TV
Vivendi-NBC (F-EE.UU.)	Lagardère (F)	Le Monde, Pink TV (en Le Monde hasta 2010)
Televisa (MX)	Cisneros (VE)	Univisión***
NBC-Vivendi (EE.UU.-F)	News Corp. (GB)	General, Electric-General Motors
Socpresse (F)	Hachette (F)	Dassault-Lagardère****
Fininvest (I)	Prisa (E)	Digital+, Cuatro-Tele 5
Times-Warner (EE.UU.)	News Corp. (GB)	Tabletas digitales Apple*****
News Corp. (GB)	Rotana (Arabia)	Fox, The Times...
Time Warner (EE.UU.)	Sony (Japón)	HBO Latinoamérica (copropiedad, 2010)
Comcast-NBC (EE.UU.)	Sony (Japón)	Metro-Goldwyn-Mayer (en 2010).
Microsoft (EE.UU.)	Televisa (MX)	Televisa, etc. (en 2010)
Univisión (Grupo Saban, EE.UU.)	Grupo Google (EE.UU.)	YouTube (promoción de programas en Red) (2010)

Fuente: Elaboración propia según archivo personal.

* Hasta 2002.
** Es habitual hallar en los Consejos de Administración a ejecutivos de varias corporaciones o grupos. En el de NBC están presentes de GE y de GM (en 2006).
*** Hasta 2007-2008 en que la venden al Grupo Saban (USA).
**** Industrias «militares» francesas.
***** En 2010 Apple lanza estos soportes en la línea de Kindle. Times-Warner, News Corp., Condé Nast y Hearst se unen para venderlas en tiendas especiales.

De lo anterior se derivan los siguientes comentarios, que completan el contenido del cuadro:

Recuerdo que los grupos de comunicación, más que competir, colaboran entre ellos. Hasta 2002, Bertelsmann y Pearson mantenían una estrecha alianza mientras que los pactos entre la división discográfica de Bertelsmann (Bertelsmann Music Group, BMG) y Sony casi monopolizan la industria del disco en el mundo. Si a esta alianza se unen las actividades de Warner Music el monopolio es prácticamente total.

Como se observa en el cuadro, Sony es también copropietaria de medios en EE.UU., como derivación de aquella política inversora «agresiva» que el país nipón intensificó tras la Segunda Guerra Mundial (ya he hablado de ello). Así, en 2010, con Time Warner era dueño de la cadena temática HBO Latinoamérica y, con NBC-Comcast, de los estudios Metro-Goldwyn-Mayer, en seria crisis económica en el año citado.

Las alianzas y participaciones cruzadas entre grandes grupos de comunicación tienen como una de las finalidades principales la producción audiovisual. Éste es el caso de las retransmisiones deportivas proyectadas gracias a pactos entre grandes empresas, de la producción de series o de la copropiedad de cadenas de series de entretenimiento como es el caso de Nickelodeon, cuya titularidad se reparten Time Warner y Viacom.

Por otro lado, el caso de la plataforma de Murdoch, Direct TV, de EE.UU., es paradigmático de cómo un conglomerado pacta con los distintos grandes grupos mediáticos de América Latina, por ejemplo Cisneros, en Venezuela, para compartir la explotación y «glocalizar» la cadena. Al ser una televisión por satélite y cable y tecnología digital, News Corporation precisa de la colaboración de corporaciones como General Electric (GE) y General Motors (GM), que incrementan así su presencia en el campo mediático y conectan a News Corporation con otros conglomerados como NBC-Comcast –en 2011– y con NBC-Vivendi en 2011 y sobre todo antes, en 2010 y años anteriores, ya que, como se sabe de sobra, GE es la dueña de la NBC que ha estado o está aliada a Vivendi y Comcast.

A su vez, hasta 2010, Vivendi ha estado unida a Lagardère en Francia (unión a la que se sumó Prisa, desde España) en la propiedad del histórico vespertino francés de referencia *Le Monde*. La misma unión la hallamos en Pink TV, la cadena francesa destinada a un público homosexual que se fundó en 2006. En 2010, una operación coyuntural permitió el cambio de accionistas en *Le Monde*. Salió el trío Vivendi-Lagardère-Prisa y entró el trío de empresarios formado por Matthieu Pigasse, Pierre Bergé y Xavier Niel. El diario *El Mundo* del 28/6/2010 narraba:

> La propuesta del banquero [para comprar el diario] y propietario de la revista *Inrockuptibles*, Matthieu Pigasse; el industrial y mecenas

Pierre Bergé, y el fundador del operador de telefonía Free, Xavier Niel, era la única aún vigente, luego de que el 90% de los redactores del vespertino respaldasen tan mayoritariamente su propuesta. En un comunicado conjunto, el trío «BNP», como se les conoce ya, anunciaron el inicio inmediato de las negociaciones y subrayaron, ante todo, haberse unido para capitalizar *Le Monde* por considerarlo «un bien común».

Los redactores de *Le Monde* poseen un tanto por ciento de la propiedad del medio y un considerable peso en la elección de los propietarios capitalistas, llamémosles así. En realidad, los accionistas de peso son estos últimos y los periodistas han de confiar en que los dueños de mayor peso les permitan trabajar lo más a gusto posible.

En Francia se da además un fenómeno muy significativo y es la presencia en el mundo mediático de dos corporaciones conocidas por su actividad en el campo de la fabricación de armamento e industria pesada en general. El dúo Dassault-Lagardère se diversifica hacia el mundo de la comunicación porque poseen los grupos mediáticos Socpresse y Hachette; este último edita en España numerosas revistas, entre ellas *Diez Minutos*, una de las dos o tres con más audiencia entre las llamadas «revistas del corazón».

La mundialización propicia participaciones –cruzadas o no– entre emporios occidentales y de otros lugares del planeta, como es el caso del grupo Rotana, de Arabia Saudí, presente en el accionariado de News Corporation. Ya veremos más adelante cómo se prolonga el hecho en los casos de India, sobre todo, China y Rusia.

Por lo demás, Microsoft es pequeño accionista de Televisa, la empresa mexicana que mantiene una alianza con Prisa por medio de la firma Radiópolis/Radiorama. Y Prisa se alió en 2010 con Fininvest/Mediaset, de Silvio Berlusconi, en una unión aparentemente *contra natura*, como cuando el grupo español conforma asociaciones con Lagardère para controlar medios franceses. El dinero –en efecto– no tiene ideologías y más en un mundo donde lo que tenemos es un sólo sistema: el mercado, y un solo discurso mediático-periodístico esencial: el de mercado, unos hechos que originan iniciativas conjuntas entre empresas que se autocalifican como progresistas (Prisa) y otras que se estiman conservadoras (Mediaset, Lagardère). Sin embargo, el fondo esencial es el mismo para todas: el negocio, en una sociedad industrial con escaso pluralismo en sus medios masivos.

En el cuadro, el último peldaño nos informa de una alianza entre Univisión y YouTube. Constataré algunos detalles de la operación gracias de nuevo a los servicios de infoperiodistas.net:

Univisión se asocia con Youtube para ofrecer contenido en español

19.11.2009

Se trata de uno de los acuerdos más completos de programación de larga duración para YouTube, y lleva la programación de las tres principales cadenas de Univision a la comunidad de YouTube de habla hispana en Estados Unidos.

Univision Interactive Media, Inc. la división digital de Univision Communications Inc., la principal empresa de medios de comunicación en español de los EE.UU., anunció ayer, miércoles, su asociación con YouTube para ofrecer videos de Univision de corta y larga duración en el sitio Web de YouTube.com.

«Es un hito muy importante, ya que es la primera vez que un programa de Univision se encuentra disponible en Internet fuera de nuestros propios sitios, tanto en formato de corta como de larga duración», dijo Kevin Conroy, presidente de Univision Interactive Media, Inc. «Esta sociedad extiende nuestro alcance de manera excepcional y refuerza nuestra posición como el principal proveedor de videos en español para los hispanos en los EE.UU., con una programación sin precedentes en todo sentido.»

«Claramente, Univision se estableció como el principal proveedor de contenidos televisivos en español, aquí, en los EE.UU.», dijo Chris Maxcy, director de Asociaciones para Contenidos de YouTube. «Este acuerdo constituye un gran logro para nosotros y marca una de las asociaciones más completas para contenidos de larga duración que hayamos cerrado hasta ahora. Hay una gran demanda para ver contenidos en español en YouTube. Con esta nueva asociación, nuestra comunidad en los EE.UU. podrá mirar y disfrutar en nuestra plataforma los programas de corta y larga duración de las tres principales cadenas de Univision.»

La programación de Univision, TeleFutura y Galavisión se ofrecerá y se promocionará en el sitio Web de YouTube. El contenido se actualizará para incluir la mejor programación, así como también un extenso archivo con una colección de programas. Además de disfrutar de los mejores programas de Univision, los usuarios tendrán acceso a las principales categorías de contenido de videos, así como también a secuencias exclusivas de entrevistas a los famosos y a los eventos especiales, tales como «Premio Lo Nuestro a la Música Latina». Univision también utilizará la tecnología de punta para la identificación de contenidos (Content ID) para medir la participación de los usuarios más efectivamente y monetizar el contenido de Univision cargado por los usuarios de YouTube.

Esta asociación solidifica la posición de liderazgo de Univision Interactive Media, ya que ofrece oportunidades de auspicio únicas a los anunciantes de primera línea, con nuevos inventarios para mostrar avisos publicitarios. Esto fortalece a Univision Interactive Media como el medio ideal para que los anunciantes se conecten con los hispanos de los EE.UU. en todo momento, en cualquier lugar.

Desgraciadamente, la información no posee el valor estructural que necesitamos para hacernos una idea de lo que hay detrás. Al margen del papel interactivo que dejo en manos del receptor de esta obra, hay unos datos a tener en cuenta:

- Univisión, hasta hace poco (2007), era propiedad del Grupo Cisneros (Venezuela) y del Grupo Televisa (México), como se indica en el mismo cuadro.
- En 2007 pasa a ser controlada por el Grupo Saban (EE.UU.).
- Sin embargo, el peso de Televisa, sobre todo, y de Cisneros, sigue siendo muy fuerte porque sus contenidos de producción propia son esenciales para la cadena.
- Televisa no es sólo la familia Azcárraga sino un amplio grupo de grandes empresas que veremos después cuando analicemos el caso de América Latina.

Ideas clave de la segunda parte

1. Lamentablemente, la guerra hace avanzar tecnológicamente a las zonas y naciones del planeta. Es más «rentable» ser perdedor en una gran guerra mundial que no participar en ella.
2. La Tríada, es decir, Estados Unidos-Europa-Japón, aún mantiene la primacía en el sistema financiero mundial y, a la vez, en el mediático.
3. Su modelo económico está siendo imitado (a veces con ligeras mejoras, a veces de forma «salvaje») en los llamados países emergentes, como China, India, Brasil y Rusia.
4. Lo más destacable no es la presencia de conglomerados y grandes grupos mediáticos sino la alianza entre ellos.
5. No hay que olvidar que todas estas corporaciones, para llevar a término las operaciones multimillonarias que desarrollan, precisan de la banca y otras empresas inversoras.

TERCERA PARTE

Estructura de la Información Mundial: América Latina

1

Introducción y visión general

Aunque posea sus peculiaridades, América Latina sigue, en esencia, las pautas mediáticas de otras zonas del planeta, como Rusia o India. Observamos grandes grupos de comunicación privados y la penetración de los conglomerados o corporaciones extranjeras, así como la presencia, igualmente, de grandes grupos no latinoamericanos que no alcanzan la categoría de corporaciones. Ahora bien, los grupos latinoamericanos suscriben alianzas con los externos, de manera que, de nuevo, se configura una maraña donde los dueños del periodismo ofrecen una articulación evidente.

A su vez, la estructura mediática «nativa» de América Latina tiene presencia fuera del continente, sobre todo en España. Ofreceré aquí un ejemplo inductivo de lo que acabo de afirmar gracias a la colaboración de mi discípula la profesora doctora Rosalba Mancinas Chávez, a quien he solicitado expresamente que, partiendo de un medio de comunicación español, la cadena de televisión La Sexta, participada en buena parte por Televisa (México), nos demuestre cómo ese punto de enlace nos lleva a todo un universo socioeconómico-mediático en cuyo interior los periodistas faenan.

Por otra parte, la presencia en las pantallas audiovisuales de las famosas telenovelas, procedentes sobre todo de México y Venezuela, supone el desarrollo de una industria que compite desde hace décadas con las tradicionales series y películas de serie B de producción estadounidense.

¿Qué voy a ofrecer en esta parte de la presente obra? ¿Cómo voy a dividirla? Reflejo a continuación las partes que la conformarán o que ya la están conformando porque estas líneas se incluyen en la primera de ellas:

- Visión general.
- Visión por países.
- Conexiones y accionistas «extraños».
- Un caso inductivo: La Sexta y Televisa.

No emplearé muchas páginas para su desarrollo pero sí numerosas «fichas» donde el lector puede hallar lo más sustancial del tema. Voy a proseguir con esta primera parte y para ello me van a ser de gran utilidad los trabajos aportados por la citada Mancinas Chávez (2008, 2009), quien dedicó su tesis doctoral –dirigida por mí– a las estructuras mediáticas en México (ella es de esa nacionalidad) aunque terminó por centrarse en el caso del estado de Chihuahua. No obstante, empleó una clara metodología deductiva, de manera que, como suele decirse, abarcó del todo a la parte: mundo-América Latina-México-Chihuahua. En este sentido, me es de utilidad su visión general del continente latinoamericano.

1.1. Política, comunicación y concentración mediática

En la América de fines del siglo XIX se vivían dos realidades opuestas y a la vez independientes: la ciudad, con sus edificios cada vez más lujosos evocando a los más suntuosos del viejo continente, y el campo, en el que aún perduraban usos, costumbres y medios del pasado (Rubio Cordón, 1986). Estaba terminando una época de caudillismo, un largo período de inestabilidad política, originada por regla general en la existencia del caudillo clásico iberoamericano, un personaje tipificado por ciertas figuras de indudable proyección carismática sobre las masas, y una versión del caudillo que se ha venido empleando para designar al dictador, cuyo poder se extendía en un país y llegaba a niveles extralimitados. El caudillo se amparaba en la segmentación del poder, legitimando su presencia en el apoyo guerrero ofrecido por un entorno que acataba sin reservas sus decisiones, una especie de clientela personal. El hecho es que ningún caudillo modificó la realidad social vigente en la América Latina de la segunda mitad del siglo XIX. Pese a la retórica radical de sus proclamas y declaraciones, los caudillos actuaron conservando las estructuras socioeconómicas que sobrevivían a la tormenta revolucionaria, la etapa de luchas por lograr la independencia de los estados latinoamericanos (Martínez Díaz, 1983).

Después de la época de los caudillos vino la época de los dictadores. En México, Porfirio Díaz; en Venezuela, Juan Vicente Gómez; en Perú, Augusto Leguía, o Estrada Cabrera, en Guatemala. El dictador se diferenciaba del caudillo por cumplir su administración con el respaldo de los sectores privilegiados, los inversionistas extranjeros, y según la fórmula de orden y progreso, de corte positivista. En este período de dictadores, las empresas internacionales obtuvieron cuantiosas ganancias por el usufructo de concesiones, como las petroleras, logradas durante la dictadura de Gómez en Venezuela y Porfirio Díaz en México.

Los medios de comunicación surgieron en las ciudades latinoamericanas al mismo tiempo que iban surgiendo en el mundo. El contexto de los regímenes dictatoriales, dispuestos a todo por complacer a los monopolios y grupos financieros fue ideal para que se diera un verdadero desarrollo en vías de comunicación. La expansión del ferrocarril en el siglo XIX no fue un fenómeno exclusivo de Europa, en América las redes ferroviarias se incrementaron sensiblemente como uno de los elementos fundamentales de la política neocolonial. Por ejemplo, en México, entre 1876 y 1911 el gobierno dictatorial de Porfirio Díaz llegó a cubrir el territorio nacional con cerca de 20.000 km de vías ferroviarias.

La principal función que cumplieron los medios de comunicación durante la «primera modernidad» latinoamericana, considerada entre los años 30 y 50, fue configurar los populismos, especialmente en Brasil, México y Argentina. Dicha función respondió al proyecto político de constituir estos países en naciones modernas mediante la creación de una cultura y una identidad nacionales. Los medios, especialmente la radio, se convirtieron en voceros de la interpelación que desde el Estado convertía a las masas en pueblo y al pueblo en nación. En opinión de Martín Barbero (2006), el proceso que vivimos hoy en día es no sólo distinto sino en buena medida inverso: los medios de comunicación son uno de los más poderosos agentes de devaluación de lo nacional.

Después de esa etapa de consolidación de las naciones latinoamericanas, a mediados del siglo xx, se empieza a dar el proceso de conversión a la democracia de los estados con regímenes dictatoriales. El país que tardó más en consolidar su democracia fue México, donde se vivía desde la década de los treinta la llamada por Mario Vargas Llosa «dictadura perfecta» del PRI.

Los estados latinoamericanos atraviesan actualmente por un proceso de búsqueda de la democracia. En este proceso relativamente reciente, los medios de comunicación juegan un papel importante, pues se convierten en actores y arenas privilegiadas de los procesos políticos actuales, y debido a la creciente tendencia hacia la concentración de su propiedad y control, éstos contribuyen más a un orden de gobernabilidad de carácter autoritario, legitimando intereses y acciones de élites muy particulares, imponiendo decisiones sin la participación ciudadana. De esta manera, los medios se convierten en obstáculos para una gobernabilidad democrática. A su vez, con la concentración económica y política se consolida su poder fáctico generando una especie de círculo vicioso que parece no tener salida y que beneficia a unos pocos mientras conserva la fachada de «democracia» (Sánchez Ruiz, 2006).

Para la última década del siglo xx, gran parte de los países latinoamericanos se encontraron aplicando políticas de corte neoliberal. Algunas de esas políticas aplicadas fueron: la redistribución regresiva del ingreso, el ajuste del mercado de trabajo, la reasignación de recursos entre actores y sectores económicos, la apertura asimétrica al exterior, la liberalización de los mercados (mayormente el financiero) y el debilitamiento de la industria.

A principios de la década de los noventa se registró un crecimiento económico moderado de la región. Sin embargo, el crecimiento alcanzado no logró revertir los índices de pobreza. La pobreza y la desigualdad continuaban con números elevados: para 1990 se registraron 200 millones de pobres, alrededor de 70 millones por encima del promedio anterior al período de crisis de la deuda. No obstante, hubo algunos casos donde la pobreza manifestó un leve descenso, como en Chile, República Dominicana, Panamá, Uruguay y Brasil. Por el contrario, en Perú, México y Nicaragua, Venezuela y el Salvador la pobreza aumentó (Calvento, 2006).

En el análisis que hace de los efectos del neoliberalismo en América Latina, Mariana Calvento afirma:

Frente a este contexto de un nuevo modelo económico y de políticas sociales de corte neoliberal, la pobreza presentó una tendencia creciente. Esta tendencia se vio potenciada por las crisis de los últimos años de la década de los noventa. A fines de 1994 y comienzos de 1995, la crisis mexicana afectó la región, y en 1998 se produjo el contagio de la crisis asiática a Brasil. El continente logró recuperarse de sus crisis, pero las economías quedaron extremadamente expuestas a *shocks* externos por sus propias vulnerabilidades. La incorporación de medidas neoliberales en las economías latinoamericanas tuvo limitados efectos positivos: logró incrementar el crecimiento económico de la región a principios de los noventa.

El crecimiento económico no necesariamente implica desarrollo de un país. Esto sucedió en América Latina, donde a pesar del crecimiento que se dio con la incorporación de las prácticas neoliberales en los modelos económicos, no hubo una disminución de la pobreza, al contrario, desde 1990 hasta 1999, los índices presentaron una tendencia ascendente. Esto se vio favorecido, en parte, por las características que las políticas sociales adquirieron en el modelo implementado.

La conversión de los medios en grandes empresas industriales se halla ligada, en gran medida, a dos movimientos convergentes: la importancia estratégica que el sector de las telecomunicaciones entra a jugar desde mediados de los años ochenta en la política de modernización y apertura neoliberal de la economía, y la presión que, al mismo tiempo, ejercen las transformaciones tecnológicas hacia la desregulación del funcionamiento de los medios (Martín Barbero, 2006).

Néstor García Canclini (2004) afirma que ante la apertura e intensificación de comunicaciones internacionales en las últimas décadas, no se aprecia que el mercado «organice» nuevos esquemas de interculturalidad, ampliando el reconocimiento de las diferencias. De igual manera, habla de los marcos normativos nacionales e in-

117

ternacionales como mecanismos necesarios para una sociedad del conocimiento incluyente, aunados a soluciones técnicas que respondan a las necesidades nacionales y regionales, oponiéndose a la simple comercialización lucrativa de las diferencias subordinables a los gustos internacionales masivos.

Cuando se habla de la Sociedad de la información, no se debe generalizar el concepto a todo el planeta, incluyendo centenares de etnias y naciones. Por ejemplo, en Latinoamérica no se sobrepasa el 10% de usuarios de Internet, mientras el 67% se concentra en Europa y en Estados Unidos (García Canclini, 2004).

En cuanto al acceso de los latinoamericanos a las industrias culturales, Mastrini y Becerra (2006) recogen los siguientes datos:

> Cada año un ciudadano latinoamericano, en promedio, compra menos de un libro, asiste menos de una vez a una sala cinematográfica, adquiere medio disco compacto por el circuito legal y compra un diario sólo en 10 ocasiones. En cambio, el ciudadano latinoamericano accede cotidianamente a los servicios de la televisión abierta y a la radio.

América Latina presenta un doble retraso en el desarrollo de sus industrias info-comunicacionales: por un lado, en la utilización de las tecnologías y, por otro, en la situación de exclusión estructural de vastos sectores sociales a los productos y/o servicios de las industrias culturales (Becerra y Mastrini, 2004). Además del retraso tecnológico, el alto nivel de concentración de la propiedad y de centralización de las producciones latinoamericanas, conspira contra las expectativas de mayor disposición de los recursos de comunicación en el contexto, paradójicamente, de la construcción de sociedades de la Información.

No obstante lo anterior, en la «perdida década» de los ochenta, una de las pocas industrias que se desarrolló en América Latina fue la de la comunicación. Brasil y México se dotaron de satélites propios, la radio y la televisión abrieron enlaces mundiales vía satélite, se implantaron redes de datos, fibra óptica, antenas parabólicas, televisión por cable y se establecieron canales regionales de comunicación. Todo ese crecimiento se realizó siguiendo el movimiento del mercado, sin apenas intervención del Estado, más aún, minando el sentido y las posibilidades de esa intervención, esto es, dejando sin piso real al espacio y al servicio público, y acrecentando las concentraciones monopólicas (Martín Barbero, 2006).

Pasada la primera década del siglo XXI, un ejemplo importante es Internet, la Red de redes, que prometía ser el medio democrático por excelencia. Según Raúl Trejo Delarbre (2007), en la mayor parte de América Latina las tasas de acceso a la Red todavía son inferiores al 20% de la población. Los contenidos en español se han incrementado pero no tanto como los que se propagan en otras lenguas dentro de la Red de redes. La creación de tales contenidos para Internet ha quedado fundamentalmente supeditada al interés mercantil o al afán comunicativo de pequeños y a veces aislados grupos de usuarios. En pocos países latinoamericanos (Brasil y Chile destacadamente) ha existido una política estatal para impulsar el desarrollo tanto de la cobertura como de contenidos nacionales en Internet. Y si las políticas nacionales en ese terreno han escaseado, mucho mayor es la ausencia de políticas regionales para Internet.

Derivado de ese proceso de crecimiento tecnológico del que hemos venido hablando, encontramos los bajos niveles de acceso en América Latina, complementados con una estructura del sector mediático altamente concentrada, en la cual las cuatro primeras firmas de cada mercado dominan (promedio regional) más del 60 por ciento de la facturación del mercado y de la audiencia. Esta situación se agrava considerablemente si se considera que en varios países los grupos económicos más poderosos controlan las empresas más importantes del mercado y generan una concentración que tiende a formar conglomerados.

A la concentración mediática hemos de sumar la clara situación de dependencia informativa que se vive en América Latina, al utilizar como fuentes primarias de información agencias extranjeras para saber lo que pasa en el mundo, e incluso a veces, dentro de sus propias fronteras.

Enrique Sánchez Ruiz (2006) señaló en su ponencia de la IBERCOM 2006 que se tiene una idea equivocada de la producción audiovisual en Latinoamérica, pues se considera que tiene un alto porcentaje de exportación de contenidos, sin embargo la calidad de los contenidos deja mucho que desear y se concentra en unos cuantos grupos de comunicación. En los años 80 llegó a hablarse de un imperialismo revertido, por la gran cantidad de exportaciones que hacía Televisa al Spanish Internacional Network (SIN). La realidad es que los países de Latinoamérica siguen siendo importadores netos, compran mucho más de lo que producen, importando sobre todo productos estadounidenses. Otra realidad es que la presencia de la televisión latinoamericana en Europa es aún marginal y en EE.UU. sobresale tan sólo la producción de Televisa en Univisión.

Con el avance a pasos agigantados hacia un modelo de concentración en la propiedad de los medios de información se reduce la posibilidad de encontrar diversidad en los contenidos. Como una más de las dicotomías que se presentan y se han presentado en la modernidad y posmodernidad latinoamericana, los grandes cambios y la irrupción de las nuevas tecnologías han generado dos realidades: por un lado la gran concentración de los medios que disponen de las tecnologías y por el otro la proliferación de los medios regionales y de pequeños medios comunitarios, alternativos y populares. Sobre todo en Brasil y Argentina, donde se cuentan por centenares o millares de ellos, mientras en países como México apenas llegan a ser poco más de dos docenas.

En algunos casos, la concentración mediática se ramifica a otros campos complementarios de la comunicación y, como ya he dicho al referirme a otras zonas del planeta, los grupos no compiten entre sí, sino que llevan a término alianzas, invierten unos con otros y buscan relaciones con otros sectores políticos, económicos y financieros. «Mientras que los medios pequeños sobreviven o mueren por falta de recursos, generando, con el desencanto, una apatía hacia la información y un alejamiento de las cuestiones más inmediatas en el ciudadano rural, provincial o citadino local. Alentarlos es fundamental para los fines de democratización y pluralismo informativo, cívico y social» (Suárez, 1995). Por desgracia, esta situación viene de lejos, como se observa por el año de la cita.

Por otro lado, el aumento de las telecomunicaciones ha sido una oportunidad de negocio para unos cuantos empresarios representados en los conglomerados mundiales de la comunicación. Así, gran parte de la América Latina está dominada por América Móvil,[1] presidida por el Sr. Slim, de Teléfonos de México y Telefónica,[2] de capital español. También tienen fuerte presencia en las industrias culturales en Latinoamérica News Corporation, de Murdoch, Televisa con su amplia gama de revistas, TV Azteca con diversos servicios, y en general, el espacio está dominado por unos cuantos grupos de comunicación. Desarrollaré ese punto en el siguiente apartado, referente a los grupos mediáticos de América Latina, pero ahora procede constatar un cuadro con los grupos de comunicación más relevantes del continente y sus principales conexiones con España.

Estructura mediática en América Latina: grupos principales

Grupo	País	Conexión España
Televisa	México	Prisa e Imagina
Cisneros	Venezuela	Prisa/AOL/T-W
Bavaria	Colombia	Prisa
CEET	Colombia	Planeta y Telefónica
Garafulic	Bolivia	Prisa
Clarín	Argentina	Vocento y Telefónica*
Clarín	Argentina	Prisa**
O Globo	Brasil	Prisa

* *Hasta 2007.*
** *Acuerdo en 2009 para distribución de* El País *y otras colaboraciones.*

Datos a tener en cuenta como derivación del cuadro anterior:

- Televisa posee en México, junto con Prisa, una cadena de emisoras de radio (Radiorama/Radiópolis). A su vez, Imagina es un grupo español accionista mayoritario de la cadena de tele-

---

1. En su informe financiero de 2006, América Móvil presume de ser la compañía número uno en servicio de telecomunicaciones en América Latina y la quinta en el mundo. Disponible en versión electrónica en *www.americamovil.com / docs / reportes / 2006.pdf*
2. En su informe anual de 2006, Telefónica informaba de que sus ingresos provienen: 38% de España, 26% del resto de Europa y 35% de América Latina. Su interés en América Latina ha aumentado, precisamente por la ventaja del idioma y por el gran potencial de crecimiento en las telecomunicaciones.

visión La Sexta, de la que Televisa posee alrededor del 40 por ciento de las acciones.

- Cisneros es un aliado natural de Time Warner y de News Corp. en Venezuela. Y Times Warner es propietaria de CNN, quien, a su vez, posee la propiedad, compartida con el Grupo Prisa, de la española CNN+.
- Prisa es accionista de referencia de Garafulic y Bavaria/Caracol.
- Los grupos españoles Vocento y Telefónica respaldan o han respaldado como socios al Grupo Clarín.
- Planeta y Telefónica lo han hecho con el Grupo CEET (Casa Editorial El Tiempo).
- Prisa ha firmado alianzas con Clarín, lo cual explica la belicosidad de los mensajes de sus medios hacia la política mediática de la presidenta Cristina Fernández, como ya he demostrado en mi libro *La telaraña mediática*. Cuando Clarín se sentía atacado por las iniciativas antimonopolio de la presidenta, también se sentía atacado Prisa.
- Prisa ha impulsado proyectos satelitales con O Globo.

Las polémicas, luchas y debates en torno al muy excesivo control de la información por pocas empresas y/o personas en América Latina han sido constantes en los últimos años. Como una pequeña ilustración, ofrezco una información aparecida el 15 de septiembre de 2010 en la web *www.periodistas-es.org*, firmada por Aleida Calleja:

En Paraguay los oligopolios mediáticos son incompatibles con la democracia

MIÉRCOLES 15 DE SEPTIEMBRE DE 2010 23:05

PES

Aleida Calleja.– La organización VOCES Paraguay, Asociación de Radios Comunitarias y Medios Alternativos del Paraguay, expresa su más profundo rechazo e indignación por el anuncio de adquisición de más radios y un periódico por parte del grupo Vierci, dueño ya de varios medios de comunicación. De esta manera se materializa y profundiza uno de los principales atentados contra la democracia: los oligopolios de medios de comunicación.

Expresamos en este sentido nuestro más enérgico repudio ante la mirada complaciente del Estado Paraguayo y sus instituciones, cuyas acciones por la democratización de las comunicaciones y el acceso equitativo al espectro radioeléctrico quedaron sólo en los discursos. Se sigue privilegiando a los grandes grupos de medios, mientras se discrimina a las radios comunitarias reduciéndolas en unas pocas, pequeñas y pobres, al igual que hace quince años.

El principio 12 de la Declaración de la Comisión Interamericana de Derechos Humanos (año 2000) respecto de los efectos que puede tener la concentración de la propiedad de medios de comunicación sobre el pluralismo y la diversidad, destaca que: Los monopolios u oligopolios en la propiedad y control de los medios de comunicación deben estar sujetos a leyes antimonopólicas por cuanto conspiran contra la democracia al restringir la pluralidad y diversidad que asegura el pleno ejercicio del derecho a la información de los ciudadanos. En ningún caso esas leyes deben ser exclusivas para los medios de comunicación. Las asignaciones de radio y televisión deben considerar criterios democráticos que garanticen una igualdad de oportunidades para todos los individuos en el acceso a los mismos.

En aplicación de estos principios, en marzo de 2001 la CIDH elaboró un informe sobre derechos humanos en Paraguay que establece un antecedente para toda la región. En una de las tres recomendaciones planteadas al gobierno paraguayo por el actual Secretario Ejecutivo de la CIDH, se establece: «La necesidad de aplicar criterios democráticos en la distribución de las licencias para las radioemisoras y canales de televisión. Dichas asignaciones no deben ser hechas basándose solamente en criterios económicos, sino también en criterios democráticos que garanticen una igualdad de oportunidad al acceso de las mismas».

En 2004 la Relatoría Especial dedicó al tema un capítulo específico de su Informe Anual, donde indica como una de sus hipótesis: Desde hace algunos años se viene señalando que la concentración en la propiedad de los medios de comunicación masiva es una de las mayores amenazas para el pluralismo y la diversidad en la información. Aunque a veces difícilmente percibida por su carácter sutil, la libertad de expresión tiene un cercano vínculo con la problemática de la concentración. Este vínculo se traduce en lo que conocemos como «pluralidad» o «diversidad» en la información.

Finalmente Voces Paraguay lamenta que a pesar de los esfuerzos de las organizaciones de radios comunitarias del país la autorización de las verdaderas emisoras comunitarias, siguen postergadas, y en los casos que se ha avanzado la potencia otorgada es de sólo 50 vatios. El Derecho a la información y la democratización de las comunicaciones es una urgencia para la democracia, así cómo administrar en forma equitativa el espectro radioeléctrico, que es patrimonio de todos y todas los que habitamos esta Nación y no solamente de 7 grandes empresarios de la comunicación.

Amarc ALC llama al Estado paraguayo a que cumplan con sus compromisos en materia de libertad de expresión, de acuerdo a los estándares del Sistema Interamericano de Derechos Humanos para garantizar la pluralidad y diversidad en la radiodifusión y servicios audiovisuales, para lo cual es indispensable el reconocimiento del sector comunitario en condiciones de equidad e igualdad de oportunidades en el acceso a las frecuencias.

Sin democratización de las comunicaciones, no hay democracia.

Creo que en las líneas anteriores se muestran suficientes claves como para comenzar a entender el problema. Al mismo tiempo, nos puede ayudar a comprender las medidas antimonopolio que se han emprendido en Argentina, Bolivia, Brasil o Venezuela.

1.2. Los gobiernos transgresores del orden oficial

Arturo Merayo (2007: 23) sostiene: «al igual que en el resto del mundo, la década de los ochenta marcó para Iberoamérica el final de la participación estatal en la elaboración de políticas de comunicación. Esta suerte de renuncia dejó el campo libre a los inversores privados que rápidamente controlaron el mercado». Eran los nuevos tiempos donde la mundialización de la economía pisaba fuerte –como ahora– y la palabra privatización se volvió más sagrada aún de lo que ya lo era. Y como la comunicación es una actividad económica más, también fue presa de esa fiebre por apartar al Estado de todo lo que le estorbara a la Nueva Economía.

Sin embargo, en América Latina, sobre todo a partir de 1998, iba a comenzar un nuevo período histórico marcado por la llegada al poder político de corrientes y personas poco o nada proclives a obedecer el orden oficial del mercado. Son esos regímenes a los que los medios del mercado llaman despectivamente «populistas», unos regímenes que han contestado a la ortodoxia de los que mandan –para eso se lo habían prometido a sus electores– y han tenido y tienen que cargar con los ataques furibundos de las voces de sus amos: los medios de comunicación. No es que piense que estos nuevos dirigentes estén libres de toda culpa pero sí estoy seguro (porque lo he vivido en la propia América Latina) de que, como han tocado lo intocable, o sea, los intereses de los dueños del periodismo, han debido cargar con las consecuencias de su herejía.

124

Lo que han pretendido y pretenden los Lula da Silva (Brasil), Evo Morales (Bolivia), Rafael Correa (Ecuador), Hugo Chávez (Venezuela), Cristina Fernández (Argentina), etc., es legislar y limitar el poder de unas empresas que han campado siempre por sus respetos, sirviendo los intereses de sus accionistas que, miren por dónde, también son accionistas de otras empresas extrañas al periodismo y concretan alianzas con firmas externas. Lo veremos después con datos. Es decir, los políticos elegidos según nuestro sistema de valores democrático han chocado contra la estructura real de poder –que incluye el poder mediático como vocero de sus prebendas– y se ha producido el conflicto correspondiente. Ésta es la esencia indudable de la cuestión, luego se le pueden agregar todos los matices y consideraciones pertinentes pero lo que no se puede es relativizar una realidad tan evidente y demostrable. El arma mensajística utilizada para defenderse de las actividades de unos políticos elegidos democráticamente pero que no les han seguido el juego al que estaban acostumbrados, ha sido sostener que los gobiernos empleaban «leyes mordaza» o atacaban la libertad de prensa y de expresión, confundiendo –como es habitual– libertad de expresión y de prensa con libertad de empresa para hacer lo que ni siquiera el mercado recomienda: la excesiva concentración de poder en pocas manos.

En abril de 2006, varios cientos de brasileños se congregaron en un distrito de clase humilde al este de São Paulo para comenzar la celebración de una semana con un eslogan: «Desconéctese de la televisión». A tal fin, promovieron proyectos educativos para contrarrestar los contenidos que ofrecen las televisiones así como el excesivo tiempo que los niños pasan ante el televisor. Este gesto minoritario es todo un símbolo y a la vez un efecto del problema que suponen unas cadenas de televisión transmitiendo todo el día ideología de mercado aunque sea por medio de programas aparentemente inocentes. Si tales transmisiones se llevan a cabo prácticamente en régimen de monopolio o duopolio, parece razonable que alguien coloque un freno a la situación, no ya desde la ideología marxista o de izquierdas, sino incluso desde los propios principios mercantiles que también encierran una lucha teórica contra los monopolios. Pero atentar contra lo que ya lleva decenios asentado y se ha hecho fuerte, es peligroso.

México, que es de los pocos países no heréticos en lo que va de siglo xxi, intentó tocar los privilegios del duopolio Televisa-TV Azteca (que en realidad no es tal porque ambos tienen contactos entre ellos). Fue en el mismo año que la protesta de Brasil, en 2006. Raúl Trejo Delarbre (2007: 371) nos narra algo de la historia:

Un mes antes [del acto de Brasil], en México, la aprobación de las reformas a las leyes de Telecomunicaciones y Radiodifusión conocidas como Ley Televisa suscitó un enfrentamiento político en el que se manifestaron la fuerte influencia que los consorcios de la televisión consiguen tener sobre las decisiones del Congreso y el gobierno, pero, además, el creciente rechazo que algunos segmentos de la sociedad manifiestan a ese poder de las corporaciones mediáticas. Más de un tercio de los miembros del Senado se declaró en contra de tales reformas, después de un intenso debate que involucró a empresarios, académicos y dirigentes políticos. La Ley Televisa implica, entre otras cosas, un modelo de convergencia digital que beneficia únicamente a las empresas que disponían de licencias para transmitir por radio o televisión.

El Senado mexicano logró descargar algo los privilegios de la Ley Televisa pero luego llegó la ley de reforma electoral que perjudicaba seriamente los intereses de los monopolios mediáticos y de nuevo comenzó la guerra de éstos contra los atrevidos políticos que osaban atentar contra sus supuestos derechos inalienables. Gracias a la política, los empresarios mexicanos (que lo abarcan casi todo, desde una emisora de radio hasta otros negocios de lo más variado) ingresan un buen dinero, procedente de los partidos políticos mayoritarios (otro duopolio: PRI-PAN) y de las administraciones del Estado. Los mismos empresarios toman postura descaradamente por una u otra formación de manera que el periodismo pasa a un quinto lugar. Lo primero es el negocio.

Si en el «integrado» México han tenido lugar duros enfrentamientos a causa de lo que acabo de apuntar (más detalles: Reig y Mancinas, 2008), ya puede imaginarse el clima que se ha dado y se da en los díscolos países que se niegan a seguir la senda marcada por quienes hace siglos que detentan el mando. La presidenta de Argentina ha sido víctima de duras campañas mediáticas en el momento en que su actuación política ha afectado los intereses del

Grupo Clarín. En los últimos meses de su mandato (2010), Lula da Silva ha atacado a la prensa acusándola de parcialidad y poca fiabilidad. La conflictividad que siempre ha mantenido Hugo Chávez con los grupos mediáticos es bastante familiar pero el líder venezolano ha sabido comenzar a crearse una estructura mediática de poder con la cadena Telesur. Claro que, salvando las distancias, también los sondeos en Estados Unidos siguen dando como resultado que los ciudadanos no confían en su prensa como por ejemplo lo hacían en los años sesenta del pasado siglo.

El frente está abierto y seguirá así por un tiempo, siempre y cuando la disidencia política en relación con los caminos marcados por la ideología mercantil prosiga con su empeño de torcer los renglones de unas corporaciones articuladas donde los medios cumplen la función esencial de guardar el *establishment*.

2

Visión por países

Finalizada la visión general, vamos ahora a contemplar unas fichas que nos ofrezcan una idea de los grupos más relevantes que operan en los principales países latinoamericanos. Paralelamente, se extraerán algunas interpretaciones de los datos que se van a ofrecer, si bien los guiones ya son bastante elocuentes.

Estructura mediática en América Latina: Chile

Grupo Mercurio

Con la edición de los diarios de referencia nacional *El Mercurio de Santiago* y *Las Últimas Noticias,* además de 14 titulares más, es el grupo mediático más importante de Chile. Es líder también en edición de revistas.

COPESA (Consorcio Periodístico de Chile, SA)

- Segundo grupo de comunicación más importante en Chile.
- Edita *La Tercera*, *La Cuarta* y *La Hora*, diarios de circulación nacional.
- Cadena *Radio Zero*
- Cuenta con ediciones digitales de sus publicaciones.

Conexiones de COPESA

- Controla *CorpBanca*, organización financiera con ramificaciones importantes en Venezuela.
- Es propietario de la Universidad Andrés Bello.

Estructura mediática en América Latina: Ecuador

El Comercio

- Líder en edición de prensa y revistas.
- Posee Radio Quito, afiliada a la cadena SOLAR (Sociedad Latinoamericana de Radiodifusión), Radio Platinum, Ecuadoradio y en Internet elcomercio.com

Estructura mediática en América Latina: Brasil

Grupo O Globo
- El grupo más relevante de Brasil y uno de los «grandes» de América Latina.
- Propiedad sobre todo de la familia Marinho.
- Edita el periódico *O Globo*, con circulación nacional, el *Diario SP* y una gran cantidad de revistas.
- Posee Radio O Globo y Radio CBN (Central Brasil de Noticias), con unas 20 emisoras afiliadas.
- TV Globo, una cadena de más de 100 emisoras de televisión.
- Es propietario de la agencia nacional de información O Globo.

Conexiones de O Globo
Edita la revista *Época* con un acuerdo con la revista alemana *Focus*. Tuvo contactos con Direct TV, Televisa, Prisa y News Corp. para desarrollar la Plataforma Galaxy de TV por satélite.

Grupo Abril
- Con la edición de 150 títulos de revistas y el liderazgo en la producción de libros educativos, este grupo es la mayor empresa editorial de Brasil.
- En audiovisuales tiene MTV para Brasil y TVA, televisión de pago.

Conexiones de Abril
- Por un acuerdo con Lagardère, distribuye *Elle*.
- Participa junto con Folha en UOL (Universo on Line).

Grupo Fohla
La gran cantidad de diarios que edita se ve favorecida con la propiedad de la mayor planta de impresión en Latinoamérica, el Centro Tecnológico Gráfico Folha. Sus principales publicaciones son: *Folha de São Paulo, Ágora* y *Valor*.

Conexiones de Fohla
Junto con el grupo Abril, es creador de UOL (Universo On Line).

Estructura mediática en América Latina: Argentina

Grupo Clarín

Posee el diario *Clarín*, el diario deportivo *Olé*, la Agencia de Noticias DYN, el Canal 13 de Buenos Aires, Radio Mitre, Prima, proveedor de acceso a Internet, clarín.com y Audiotel en el área de telecomunicaciones.

Conexiones de Clarín

- Publica la edición argentina de *Elle*, en asociación con Lagardère.
- Junto con el diario *La Nación* de Buenos Aires y el grupo Vocento de España participa en la conformación de CIMECO (Compañía Inversora en Medios de Comunicación).
- Asociado con Buena Vista/Disney y Telefónica, posee Patagonik Film Group.
- Tiene relación con Galaxy Latin America con el servicio de televisión vía satélite (DIREC TV).
- Acuerdos en 2010 con Prisa (España) para distribuir conjuntamente *El País*, propiedad de Prisa, con sus publicaciones.

Estructura mediática en América Latina: Venezuela

Grupo Cisneros

- Inició sus negocios con Venevisión, la primera cadena de TV en Venezuela y primera red en Latinoamérica. Posee Venevisión Internacional y Venevisión continental.
- Cuenta con Eccelera, compañía creada para invertir en oportunidades de negocios en el área de telecomunicaciones.

Conexiones de Cisneros

Participación en Caracol TV, del Grupo Bavaria-Prisa; en Univisión (hasta 2007 en que vende a Saban) y en IAMP (Ibero American Media Partner). Se asoció a Hughes Electronics para construir Direct TV. Creó AOL Latin America.

Estructura mediática en América Latina: Colombia

Grupo Bavaria

Está incluido dentro del grupo Santodomingo, bajo la denominación de Comunican Multimedios. Inició con Caracol TV y Caracol Radio. Es el conglomerado mediático más importante de Colombia. Posee el diario *El Espectador* y la revista *Cromos*.

Conexiones de Bavaria

Posee el canal de televisión del país, Caracol TV, junto con el grupo venezolano Cisneros. Participa en UOL. Tiene inversiones en el ámbito televisivo en Perú y Portugal. En radio está vinculado al Grupo Prisa. Vinculación con la empresa aérea Avianca.

Grupo CEET (Casa Editorial El Tiempo)

- Edita los diarios *El Tiempo*, cabecera líder en circulación en Colombia; *Hoy* y *Portafolio*, una cadena de semanarios regionales, como *Boyacá 7 días*, *Llano 7 días* y *Tolima 7 días*; y un gran número de revistas.
- En el terreno audiovisual, tiene el canal de televisión CityTV.

Conexiones de CEET

- En 2007 Planeta se convierte en socio estratégico de referencia.
- Participa en Sky y TV Cable, así como en las filiales colombianas de Cinemark y Tower Records.
- Participa en las actividades del grupo germano Bertelsmann en Colombia.
- Tiene una alianza estratégica con el proveedor de Internet Terra (Telefónica, España).

Estructura mediática en América Latina: México

Grupo Televisa

El grupo Televisa es uno de los más importantes de Iberoamérica en el ámbito audiovisual. Entre sus productos se incluyen: producción y transmisión de programas de televisión, distribución de programas a nivel internacional, televisión por cable, televisión vía satélite, publicación y distribución de revistas, producción y distribución de discos, producción y transmisión de programas de radio, promoción de espectáculos deportivos y eventos especiales, producción y distribución de películas, servicios de doblaje y actividad en Internet.

Conexiones de Televisa

- Poseyó hasta 2007 Univisión en alianza con Cisneros. Desde 2007 Univisión es propiedad de Saban Capital Group (EE.UU.) aunque Televisa es básica en el servicio de contenidos.
- Conexiones con los conglomerados estadounidenses, sobre todo Time-Warner.
- Conexiones con News Corp. a través de SKY México.
- Con Prisa a través de Radiópolis.
- Con Imagina a través de La Sexta TV.
- Con Telmex (Carlos Slim), que es accionista de Televisa y posee un 12% aprox. de *The New York Times* (en 2010). Slim, a través de su empresa Inbursa, llegó en 2008 a un acuerdo de colaboración con La Caixa (España), una entidad financiera.
- Con Genomma Lab Internacional, un laboratorio productor de medicamentos que no requieren receta médica y de productos para el cuidado personal, anunció una asociación en el verano de 2009.
- Hasta 2010, Televisa y Telmex han poseído Volaris (líneas aéreas). La vendieron en el verano de ese año a capital privado de México y Estados Unidos.
- Conexión con el negocio del juego a través de su filial Apuestas Internacionales (Play City Multijuegos).

Grupo TV Azteca

Aprovecharé este grupo para constatar un ejemplo de diversificación de capital:

- Hunde sus raíces en 1906, cuando Benjamín Salinas Westrup funda Salinas y Rocha, una pequeña empresa dedicada al sector del mueble.
- En 1950 Hugo Salinas Rocha funda Elektra, una fábrica de aparatos receptores de radio.
- En 1952, Elektra era la primera fábrica de televisores de México.
- A principios de los 90, Ricardo Salinas y un grupo de empresarios poseen ya la cadena Azteca de TV. En 1994 empieza a competir con Televisa, bajo el liderazgo de Ricardo Salinas Pliego.

- En 1995, Elektra compra Hercali, una tienda de ropa.
- En 1996 Elektra crea Dinero Express, antecedente de sus servicios financieros.
- En 1998 TV Azteca alcanza los más elevados niveles de audiencia con las retransmisiones deportivas.
- En 2001 se crea oficialmente el Grupo Salinas, que supone el impulso de TV Azteca, incluso su penetración en los EE.UU.
- En 2002 el grupo crea el Banco Azteca.
- En 2004 se crea Seguros Azteca.
- Posee también el Club de Fútbol Veracruz y el Club de Fútbol Los Monarcas de Morelia.
- A finales de la primera década del siglo XXI, Elektra estaba también en el sector del automóvil. Gracias a una alianza con First Automobile Works Groupe (FAW Group), de China, socio de Volskwagen/Audi, Toyota y Mazda, Elektra comercializará coches chinos.

A pesar de su aparente rivalidad, los Salinas y los Azcárraga poseen lazos en común a través de fundaciones, por ejemplo.

Organización Editorial Mexicana (OEM)

- Propiedad de Mario Vázquez Raña desde mediados de los años setenta.
- Posee la cadena de diarios Los Soles, con unas 70 cabeceras.
- Más de 20 estaciones de radio agrupadas en ABC Radio.
- Agencia de noticias Informex.

Algunos negocios «similares»

- Cartones Ponderosa.
- Compañía Transportadora Federal.
- Compañía Fletera México (COFLEMEX).

Ideas básicas que se extraen de los cuadros anteriores:

- El lector, si desea ampliar datos, puede conectar con las webs oficiales de estos grupos.
- Por lo que a este trabajo se refiere, las fuentes de las que provienen los datos (recopilados a lo largo de la primera década del siglo XXI), son publicaciones especializadas (*Noticias de la*

Comunicación, Intermedios de la Comunicación, sitios que se reflejan al final del libro, en el apartado Internet), anuarios, tesis doctorales (como la citada de Rosalba Mancinas Chávez), otras publicaciones especializadas y diarios de referencia de información general y los especializados en información económica.

- Lo anterior quiere decir que algún dato corre el riesgo de que deba ser completado o matizado por los cambios coyunturales que, como tantas veces se ha dicho, no alteran el valor estructural del hecho.

- Se han reflejado algunas conexiones y actividades externas de los grupos para huir de la dinámica diacrónica que más arriba he denunciado. No obstante, en el apartado siguiente, el receptor podrá comprobar articulaciones aún más complejas.

- La tendencia de los grupos en América Latina es similar a la de Estados Unidos y Europa: colaboraciones entre ellos y con grandes grupos externos, es decir, sinergias, concentración-diversificación de capital. En definitiva, mundialización. Sin embargo, la politización empresarial es mucho más explícita en América Latina que en Europa o Estados Unidos.

3

Conexiones y accionistas «extraños»

Como he indicado anteriormente, la estructura mediática en América Latina sigue los pasos de la europea y de la estadounidense, es decir, los pasos de la dinámica mercantil. Es posible anotar varios ejemplos donde algunos grupos entran en contacto a través de lo que he llamado «conexiones extrañas» o «accionistas extraños», es decir, elementos de enlace ajenos a la comunicación y por supuesto al periodismo. Se trata, como digo, de un pequeño ejemplo pero ilustrativo de una dinámica mundial, tal y como hemos visto ya en el caso de la Tríada.

Grupos latinoamericanos y conexiones «extrañas»			
Grupo A	*Grupo B*	*Contacto*	*Conexiones «extrañas»*
Inbursa (MX)	Telefónica (E)	La Caixa	La Caixa (20% de Inbursa)
Carso/Inbursa (MX)	Televisa (MX)	Televisa	Telmex, Sanborns, Agua*
Televisa (MX)	Prisa (E)	Radiorama	Banesto (Grupo Santander)
Grupo Saban (EE.UU.)	Televisa (MX)	Univisión	Volaris (hasta 2010), Telmex
Carso/Inbursa (MX)	Televisa (MX)	Televisa	Genomma Lab. Int.**
Bavaria (CO)	Prisa (E)	Caracol	Banca, Avianca
Clarín (A)	Lagardère (F)	Elle	Airbus, Automóvil, Armas
Clarín (A)	Prisa (E)	El País	El Corte Inglés, Banca
Cisneros (VE)	News Corp. (RU)	Direct TV	Hughes Electronics (GM)

* Desde verano de 2009, Carso (Carlos Slim) gestiona una empresa de agua en Cd. Juárez, que trae el producto desde el desierto mediante un acueducto.
** Firmada una asociación en verano de 2009 entre Televisa y esta empresa.

- Inbursa/Carso son sociedades instrumentales de Carlos Slim, quien posee acuerdos de colaboración con La Caixa, en España, una entidad financiera que es accionista de referencia de Telefónica.
- La conexión explícita Carso/Inbursa-Televisa se ha difuminado a raíz de que todas estas sociedades vendieran las acciones que poseían en la compañía aérea Volaris.
- Telmex y Sanborns son empresas de Slim.
- La operación mediante la cual Televisa y Prisa creaban una cadena de radio (Radiorama) fue avalada por la banca, en especial por Banesto (Grupo Santander).
- Las relaciones entre Clarín y Prisa nos permiten articular a ambos grupos con accionistas de Prisa, tales como la banca (Caja Madrid, Santander, BBVA) o pequeños propietarios como El Corte Inglés.
- El resto de las conexiones ya se han indicado en líneas anteriores. Un pequeño vistazo nos permite observar de nuevo cómo distintos sectores de la producción operan en el interior del ámbito donde se ubica la actividad de los periodistas.

En 2010, la compañía Volaris –creada en 2006– es vendida a socios no especificados aún con claridad. Antes de dicha venta, las relaciones Slim-Azcárraga (a través de sus diferentes compañías) eran evidentes como lo indica el siguiente cuadro.

Inversionistas de Volaris, compañía de aviación de bajo costo

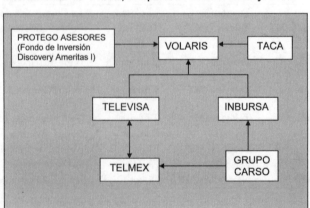

Fuente: Rosalba Mancinas Chávez, El poder mediático en México, *2008.*

La profesora Mancinas Chávez (2008) indica: «Volaris significa la unión de Televisa con Grupo Carso, de Carlos Slim, mejor conocido por ser el dueño del monopolio telefónico Telmex, a través de su grupo financiero Inbursa. Para empezar a funcionar Volaris recibió un préstamo de 540 millones de dólares por parte del brazo financiero en América Latina del Banco Mundial».

Veamos ahora un gráfico algo más complejo que también está contenido en mi libro *La telaraña mediática* (2010) y que viene al caso recordarlo. En él hay conexiones entre grupos españoles, latinoamericanos y de algunas otras zonas.

La interpretación que hacía en *La telaraña mediática* la reproduzco a continuación, con algún aspecto añadido:

PRINCIPALES GRUPOS DE COMUNICACIÓN EN AMÉRICA LATINA Y ALGUNAS ARTICULACIONES INTERNACIONALES (2005-2009)

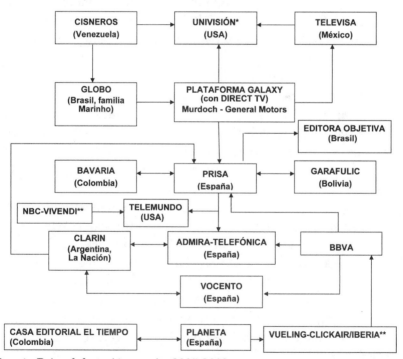

Ramón Reig, elaboración propia, 2005-2009.

* En 2007 el Grupo Saban –de EE.UU.– compra Univisión.
** Desde 2009, NBC se ha unido a Comcast (TV por cable). En 2009, Iberia y British Airways se han fusionado.

Según el gráfico relacionado con América Latina, el Grupo Cisneros, uno de los grupos mediáticos más importantes de América Latina, de origen venezolano, mantenía en 2005 la propiedad de Univisión –la cadena de televisión en español más vista de los EE.UU.– junto a otro gigante de la comunicación latinoamericana: el Grupo Televisa, de México, propiedad de la familia Azcárraga (la otra gran cadena hispánica es Telemundo, propiedad de NBC-Vivendi). En 2007, Univisión pasa a ser propiedad del Grupo Saban, de EE.UU., pero la cadena sigue dependiendo en gran medida de Televisa –sobre todo– y de Cisneros para sus contenidos.

Mientras que la familia Cisneros mantuvo buenas relaciones con el poder político español en la etapa gubernamental de Felipe González (1982-1996, llegó a poseer aquellos grandes almacenes llamados Galerías Preciados –hoy absorbidos por El Corte Inglés– expropiados a Rumasa-Ruiz Mateos, que consiguió por un precio simbólico), Azcárraga y su grupo fueron socios fundadores de referencia de la plataforma de televisión por satélite Vía Digital, junto a Telefónica, RTVE, Direct TV (EE.UU.), Grupo Zeta y una serie de pequeños accionistas entre los que figuraba el diario *El Mundo*. Esto sucedió ya bajo el impulso del gobierno del Partido Popular (PP), que estuvo en el poder entre 1996 y 2004. En la actualidad –ya se ha dicho– Vía Digital se ha unido a la plataforma del grupo Prisa, Canal Satélite Digital, en una nueva y única plataforma llamada Digital+ en la que participa Telefónica con un 21 por ciento (2009) y Fininvest (Berlusconi) con un 22 por ciento (desde 2010 y en 2011).

A mediados de los años noventa, se formó la denominada Plataforma Galaxy que, aunque no llegó a concretar sus actividades en pro del monopolio de la TV por satélite en América Latina, entre otras actividades, unió en el empeño a Cisneros, Televisa, Prisa, Direct TV (propiedad entonces de General Motors y hoy del magnate de la comunicación Rupert Murdoch, aunque GM mantiene una apreciable presencia), más al grupo brasileño O Globo, de la familia Marinho, en Brasil, país donde Prisa controla la editorial Objetiva.

En nuestros días, el entendimiento entre Cisneros y Direct TV prosigue. Siempre hay que tener en cuenta que estos poderes mediáticos –respaldados por bancos y gobiernos– procuran establecer alianzas en pro del beneficio: más que competir, colaboran entre ellos, lo cual no evita tensiones coyunturales entre sus socios.

A su vez, Prisa, que está unida a la CNN –una de las empresas de la Time Warner– a través, por ejemplo, de la cadena española todonoticias CNN+ (propiedad al 50 por ciento de Prisa y de la CNN), es socio de los grupos latinoamericanos Bavaria (Colombia) y Garafulic (Bolivia). Por otro lado, Prisa, Telefónica y otro grupo español de comunicación, Vocento, propietario de *ABC* y, hasta 2009, de una parte del accionariado de Tele 5, junto a Silvio Berlusconi, que mantiene la mayoría de la propiedad de la cadena, tienen todos ellos como accionista de referencia al Banco Bilbao Vizcaya Argentaria (BBVA). Al mismo tiempo, Vocento prolongó su influencia hasta 2007-2008 hacia el mundo mediático argentino (grupo Clarín, del que fue un relevante accionista), al igual que Telefónica (propietaria de Telefé). En 2009, Prisa ha firmado una alianza con Clarín para promoción mutua. Los mensajes de ambos grupos contra el gobierno de Cristina Fernández, al que califican de populista e izquierdista, se volvieron, en el citado año, especialmente agresivos, sobre todo cuando la presidenta impulsó medidas antimonopolio en el mundo mediático de su país.

A su vez, el Grupo Planeta (España) es accionista estratégico desde 2007 del Grupo Casa Editorial El Tiempo (Colombia). Planeta mantiene en España una línea aérea de bajo coste (Vueling) que en 2009 se ha unido a Clickair, filial de Iberia. Iberia posee entre sus accionistas principales a BBVA, Caja Madrid, El Corte Inglés y British Airways.

Por último, si antes hemos visto las interrelaciones que Univisión permitió entre Cisneros y Televisa, la otra gran cadena de televisión de habla hispana en EE.UU., Telemundo, es propiedad de NBC Comcast, hasta 2010 unida a Vivendi, el conglomerado francés una de cuyas propiedades es Canal+ Francia, accionista de referencia de Canal+ España, junto al Grupo Prisa.

La dinámica de análisis estructural deductivo-inductiva nos lleva lejos. Si la aplicamos a América Latina, concretamente a México, podemos obtener un resultado apasionante para nuestros estudios y demostraciones. He solicitado a mi colega la doctora Mancinas Chávez que me trace unas líneas inductivas originales para este trabajo, partiendo de la cadena de televisión española La Sexta.

Desde la fundación de dicha cadena, en 2005-2006, Televisa ha venido poseyendo una importante participación que en el último trimestre de 2010 llegaba al 40,5 por ciento. El testimonio de la profesora Mancinas cierra esta parte dedicada a América Latina. Con él les dejo. Lo ha desarrollado oralmente en una serie de conferencias pero nunca hasta ahora lo había redactado.

4

Un caso inductivo: La Sexta y Televisa

En marzo de 2006 surge La Sexta, una nueva cadena de televisión generalista en España. Aunque los accionistas de La Sexta han variado desde su creación, los dos principales se mantienen, éstos son GAMP Audiovisual, S.A. y el mexicano Grupo Televisa. Actualmente (2010), completa el grupo de accionistas Gala Desarrollos Comerciales, S.L.U.

GAMP surge con la unión de varias empresas españolas dedicadas al negocio de la comunicación –con apoyo bancario explícito, ya lo veremos más adelante– y Gala Desarrollos Comerciales es una sociedad de capital de riesgo, con presencia en empresas tan distintas como tiendas departamentales de lujo, inmobiliaria y energía eólica. Televisa es un conglomerado mediático mexicano, con implantación en Latinoamérica, Estados Unidos y España.

En la web de La Sexta, se ilustra con el siguiente gráfico la composición del accionariado:

Accionario de laSexta

GAMP Audiovisual, S.A.
51,658 %

laSexta

Grupo Televisa, S.A.B.
40,517 %

Gala Desarrollos Comerciales, S.L.U.
7,825 %

Con el fin de desarrollar un ejemplo de estructura mediática, partiremos de La Sexta para analizar todo el entramado de intereses que están detrás de un medio de comunicación. Desde su nacimiento, uno de los pilares fundamentales de La Sexta ha sido el Grupo Televisa; analizaremos pues este grupo, con el fin de llegar a la *Telaraña Mediática* (Reig, 2010) que hay detrás de La Sexta.

Televisa es una empresa con larga tradición en medios de comunicación. Surge en los años treinta, con la creación de la emisora de radio, XEW, por Emilio Azcárraga Vidaurreta, es pionera en el negocio de la televisión en los años cincuenta y logra consolidarse como grupo en 1955 con la unión de los tres canales de televisión nacionales existentes en el país: 2, 4 y 5 en la empresa denominada Telesistema Mexicano.

Durante más de una década, Telesistema Mexicano fue prácticamente la única empresa de televisión en México. Entre 1955 y 1967 sus competidores fueron algunas televisoras de provincia, pequeñas y débiles económicamente, y el canal 11 del Instituto Politécnico Nacional, con escasa cobertura. En 1967 surge el canal 8, como competencia de Telesistema Mexicano, pero en 1972 Televisión Independiente de México (TIM), concesionaria del canal 8, y Telesistema Mexicano (TSM) deciden fusionarse, dando lugar a una nueva empresa: Televisión Vía Satélite, S.A. (TELEVISA). A partir de esta unión, Televisa, como única empresa televisiva en el país, se hace aliada incondicional del partido en el poder (PRI) y consiguen entre los dos una hegemonía casi perfecta.

La última etapa de Televisa empieza a finales de la década de los noventa, con el liderazgo de Emilio Azcárraga Jean, cuando se aleja de la política y se adapta al nuevo estilo de hacer negocios en el mundo, se fortalece financieramente, busca alianzas, fusiones y los respaldos accionariales que le permitan convertirse en el conglomerado que es hoy.

Además de los negocios de comunicación entre los que se incluyen televisión abierta, televisión por cable y por satélite, Internet y editorial, Televisa se ha posicionado fuertemente en el sector del fútbol y en los negocios de apuestas. A continuación ofrecemos un listado de las empresas de Televisa con el fin de presentar una idea de la magnitud del Grupo.

Empresas del Grupo Televisa	
Televisión abierta nacional	Canal 2 – Cd. de México Canal 4 – Cd. de México Canal 5 – Cd. de México Canal 9 – Cd. de México
Televisión abierta regional	Canal 4 – Guadalajara Canal 12 – Hermosillo Canal 34 – Monterrey Canal 3 – Puebla Canal 24 – Tampico Canal 12 – Tijuana Canal 4 – Torreón Canal 2 – Veracruz
Televisa Networks-televisión de paga, producción de canales	American Network Bandamax Bandamax EU Canal de las Estrellas Latinoamérica Canal de las Estrellas Europa Clásico TV De Película De Película Clásico De Película EUA De Película Europa Australia Golden Golden 2 Golden Latinoamérica Ritmo Son Latino Ritmo Son Latino EUA Telehit Telehit EUA TL Novelas América TL Novelas Europa Unicable
Televisión de paga y telecomunicaciones-servicio de distribución	Cablevisión – cable Cablemás (socio) – cable TVI (Cablevisión Monterrey, socio) – cable Bestel – telecomunicaciones Sky – satélite

Televisión internacional	La Sexta (España, socio) –televisión abierta Tute (Estados Unidos, socio) –televisión de paga
Televisa Radio (sociedad con el grupo español Prisa y el mexicano Radiorama)	Bésame Estadio W La Ke Buena Los 40 Principales
Distribución de publicaciones	Intermex
Editorial Televisa	Arte Experto Automóvil Panamericano Autoplus Avengers Big Bang Blau Buen Hogar Caras Caras Golf Casaviva Cinemanía Cintas Club Nintendo Cocina Fácil Conozca Más Contacto Digital Cosmopolitan Dibujín Dibujado Dos Agujas EGM Embarazo y Parto En Forma Eres Eres Niños Fácil Fácil Familia Saludable ¡Fibra América!
Editorial Televisa	Furia Gente Hadas Harper's Bazaar Infashion Lola

Marie Claire
Maxi Tuning
Maxim
Menú Diario
Men's Health
Motociclismo
Muy Interesante
National Geographic en español
National Geographic Kids en
español
National Geographic Traveler
Nick
Novias
OK
Padres e Hijos
PC Magazine
Poder
Popular Mechanics
Power Rangers
Prestige
Prevention
Princesas
Rebelde
Runners
Saber Electrónica
Seventeen
Sólo para Ti
Spider-Man
Sport Life
Tú
TV y Novelas
Vanidades
Winnie Pooh
Witch
Wolverine
Women's Health
XBOX 360
XMen

Cine	Videocine – producción y distribuciones
Videos	Televisa Home Entertainment

Internet	Televisa Interactive Media
	Esmas.com – Portal
	Esmas Móvil – Distribución de contenidos por teléfono
	Gyggs – Comunidad virtual
	Tarabú – Distribución de música
	TV en Vivo – Distribución de señales de televisión
Fútbol	Club América
	Club Necaxa
	Estadio Azteca
	San Luis Fútbol Club
Apuestas	Apuestas Internacionales
	Multijuegos – Apuestas y sorteos
	PlayCity – Salas de apuestas
Licencias	Televisa Costumer Products
Asociaciones	Pantelion – Lions Gate
	Sky – News Corporation
	Más Fondos
	OCESA
	La Sexta
	Televisa radio – PRISA
	Univisión

Fuente: Elaboración propia con datos de Rueda de la Fortuna (http://ruedadelafortuna.blogspot.com), 2010.

De acuerdo con la información institucional, el listado anterior se resume en los siguientes esquemas, el primero, que ilustra las marcas propias de Televisa y el segundo, las asociaciones de Televisa con otros grupos, en México y en el extranjero.

Con los esquemas anteriores hemos demostrado que Televisa es un conglomerado mediático que no sólo domina el territorio mexicano con sus canales de televisión abierta, sino que incluye diversidad de productos que se distribuyen en México, América Latina y Estados Unidos. Resulta interesante descubrir estos datos, pero no es estructura mediática propiamente dicha sino que tiene que ver más con el estudio de empresas; definimos a la empresa en toda su magnitud desde sus propios datos institucionales mostrados en la página web. Lo interesante es descubrir los nombres de los principales consejeros del Grupo y vincular los distintos sectores industriales que convergen en el negocio de la comunicación.

El siguiente cuadro tomado del blog Rueda de la Fortuna de Francisco Vidal Bonifaz, detalla los nombres de los principales consejeros del Grupo Televisa y los relaciona con las empresas que representan.

Principales consejeros de Grupo Televisa, 2010

Nombre	Notas
Emilio Fernando Azcárraga Jean	Presidente del consejo de administración y principal accionista de la empresa
Pedro Carlos Aspe Armella	Co-presidente del consejo de administración de *Evercore Partners* y ex secretario de Hacienda (1988-1994)
Alberto Bailleres González	Presidente de *Grupo BAL*
Manuel Jorge Cutillas Covani	Inversionista privado. Ex presidente y ex director de *Grupo Bacardi Limited*
Carlos Fernández González	Director general y presidente del consejo de administración de *Grupo Modelo*. Miembro del consejo y socio de *Finaccess México*
Claudio X. González Laporte	Presidente del consejo de administración de *Kimberly-Clark de México*
Roberto Hernández Ramírez	Presidente del consejo de administración de *Banco Nacional de México*
Enrique Krauze Kleinbort	Director general de Editorial Clío Libros y Videos y Editorial Vuelta
Germán Larrea Mota Velasco	Presidente del consejo de administración y director general de *Grupo México*
Lorenzo Alejandro Mendoza Giménez	Director general, miembro del consejo de administración y presidente del comité ejecutivo de *Empresas Polar*
José Antonio Fernández Carbajal	Presidente del consejo de administración y director general de Fomento Económico Mexicano (*FEMSA*) y presidente del consejo de *Coca-Cola Femsa*

Michael Larson	Director de Inversiones de William H. Gates III
Fernando Senderos Mestre	Presidente del consejo de administración y presidente del comité ejecutivo de *Dine* y *Grupo Kuo*
Enrique F. Senior Hernández	Director administrativo del banco de inversión estadounidense Allen & Company

Fuente: elaborado con información de Grupo Televisa, Reporte Anual que se presenta de acuerdo con las disposiciones de carácter general aplicables a las emisoras de valores y a otros participantes del mercado, por el año terminado el 31 de diciembre de 2009, pp. 140-142.
Nota: Son los consejeros titulares nombrados en la asamblea general de accionistas del 30 de abril de 2010. Excluye a los consejeros que forman parte de la estructura de gestión de Grupo Televisa.

Fuente: Elaboración propia con datos de Rueda de la Fortuna (http://ruedadelafortuna.blogspot.com), 2010.

Como podemos apreciar en el cuadro anterior, detrás del conglomerado mediático que es Televisa, convergen una serie de sectores empresariales que conforman el entramado de intereses del que habla Ramón Reig cuando se refiere a la Telaraña Mediática y a los estudios de estructura de la información.

Es importante destacar, por ejemplo, la presencia de Pedro Carlos Aspe Armella, secretario de Hacienda en el sexenio del priísta Carlos Salinas de Gortari, co-presidente también de la firma Evercore Partners.

El Grupo Bal, presidido por Alberto Bailleres González, es un grupo financiero que incluye las tiendas de lujo El Palacio de Hierro, seguros GNP y Profuturo, el ITAM (educación superior), entre otros.

También podemos ver entre las empresas que están detrás del consejo de administración de Televisa a Bacardí y al Grupo Modelo (productor de la cerveza Coronita); el presidente de Kimberly-Clark en México, Claudio X. González Laporte, es otro miembro del mencionado consejo, igual que Roberto Hernández Ramírez, presidente del Banco Nacional de México (BANAMEX); el grupo México que preside Germán Larrea Porta es líder en minería en el país, además de tener entre sus negocios a Ferromex y Ferrosur, las dos empresas de ferrocarril de transporte que operan en México y tener una línea de infraestructura con negocios en México y el resto de América Latina.

Lorenzo Alejandro Mendoza Giménez es director general, miembro del consejo de administración y presidente del comité ejecutivo de Empresas Polar, el conglomerado venezolano que agrupa más de cuarenta empresas en el área de alimentos y bebidas, principalmente, aunque también tiene otras actividades económicas. Es distribuidor de Pepsi.

José Antonio Fernández Carvajal es presidente del consejo de administración y director general de Fomento Económico Mexicano (FEMSA), empresa líder en América Latina, integrada por: el embotellador de Coca-Cola más grande del mundo, tiendas de conveniencia OXXO y una importante inversión en Heineken.

Tenemos en el consejo de administración de Televisa una representación de Bill Gates, con Michael Larson, su director de inversiones. Otra presencia norteamericana es Enrique F. Senior Hernández, director administrativo del banco de inversión estadounidense Allen & Company.

Finalmente Fernando Senderos Mestre de Dine y Grupo Kuo, un conglomerado que agrupa negocios tan dispares como Herdez (alimentos) y Dynasol (alianza con la española Repsol).

Con esta descripción podemos visualizar que detrás de Televisa se encuentran intereses alejados del mundo de la comunicación. Tiendas departamentales, industrias derivadas de la celulosa, energéticos, transportes, minería, alimentos, la banca y todos los demás sectores mencionados se unen en el consejo de administración de un conglomerado mediático líder en idioma español, que exporta contenidos a los países sudamericanos, a Europa, a Estados Unidos y últimamente a Asia y África.

La reflexión obligada a partir de lo anterior es ¿quién decide y bajo qué criterio el mensaje que transmite Televisa y, volviendo al principio, La Sexta? Aparentemente está en manos de una empresa y se puede controlar, pero el estudio detenido de la estructura de la información nos lleva a descubrir un entramado complejo en el que, si hurgáramos más, descubriríamos que se va complicando conforme avanzamos. Es decir, si revisamos, por ejemplo, el consejo de administración del Grupo Kuo, sólo por mencionar un ejemplo, encontramos otra vez a Alberto Bailleres del Grupo BAL y a Carlos Gómez y Gómez del Grupo Santander. La telaraña se puede extender hasta el infinito, pero no es ése nuestro interés ahora, sino demostrar –con los datos anteriores– que existe una estructura económica ajena a los medios de comunicación, los verdaderos dueños del periodismo.

Ideas clave de la tercera parte

1. La estructura mediática en América Latina sigue las pautas propias de la mundialización de la economía con algunos rasgos específicos.
2. Por una parte, su cercanía a los Estados Unidos provoca que los grupos públicos de comunicación y medios de esta naturaleza o no existan o posean escasa relevancia, al menos antes de finales del siglo xx y primera década del xxi.
3. La politización empresarial es muy explícita y acentuada. Los medios están descaradamente unidos a las opciones políticas más relevantes (los bipartidismos). A su vez, son frecuentes los duopolios mediáticos.
4. Es habitual que los grandes grupos de comunicación mantengan alianzas con los conglomerados mundiales.
5. Los empresarios mediáticos latinoamericanos suelen poseer intereses variados fuera de la comunicación.
6. Por otra parte, la llegada al poder político de opciones contrarias o, al menos, muy críticas con el pensamiento mercantil, ha producido un choque entre dichas opciones y los monopolios mediáticos que se comportan abiertamente como la voz de sus dueños. Los nuevos poderes políticos están impulsando medios de comunicación públicos para poder hacer frente al bombardeo mensajístico pro mercantil.

CUARTA PARTE

Estructura de la Información Mundial. Los «países emergentes»: China, Rusia, India

1

Introducción. Entre la mundialización
y la desestructuración

El propósito de esta parte –elaborada a lo largo de 2009 y 2010 con la imprescindible aportación del investigador Antonio Javier Martín Ávila– es establecer un mapa estructural de la situación comunicativa en China, Rusia y la India, tres grandes potencias que de forma progresiva han ido tomando posicionamientos en el mercado mediático global.[1] Mientras que en la India los grupos informativos ejercen un papel muy similar al de los sistemas occidentales, en los que existe libertad económica y una puntual regulación gubernamental, en China y Rusia el panorama es distinto.

El régimen comunista chino mantiene un férreo control sobre determinados medios de comunicación básicos, sin contrapeso alguno. En Rusia, aunque disimulada por ser una democracia, según el concepto occidental, la situación es parecida. Desde el Kremlin se controla a ciertas empresas y empresarios que extienden sus tentáculos por las principales vías informativas, consiguiendo así influir en la opinión pública. En cualquier caso, en ambos países está aumentando la presencia de medios privados que ofrecen voces distintas a las habituales.

Los tres países tienen en común su atracción por el mercado

---

1. El lector puede consultar un trabajo similar a éste –mucho más breve– en el número de la revista *Telos* correspondiente al mes de abril de 2011.

(China incluida) y una diversificación del capital considerable, cada vez más conectado al mercado contemporáneo de Occidente. Es muy importante seguir el caso de China. Sus circunstancias la convierten en una rara avis al mantener en su interior un elemento más o menos estático en relación con el mercado (un régimen y Estado muy controladores) y, a la vez, una abundante población de millonarios que se encuentran a años luz del habitante del campo. Esta situación se acentuará en el futuro y en ello influirán factores como las inversiones y la actividad empresarial que China está llevando a cabo en África. Desde los puntos de vista estructural, marxista y mercantil, este estadio histórico es difícilmente sostenible y tendrá que cambiar o poco a poco o bruscamente.

Las fuerzas sociales emergentes y la mundialización chocarán cada vez con más fuerza con el estatalismo, si éste persiste en no someterse del todo a las fuerzas realmente mandatarias a escala internacional. El mercado exige un estado sustancialmente a su servicio, no un ente que intente limitar seriamente sus actividades. Las fuerzas productivas y las relaciones de producción, en efecto, como indica el aserto marxista, llega un punto en el que entran en conflicto.

Además, los tres países están desestructurados. Para lograr un equilibrio, necesitan formar una amplia clase media, sostén fundamental de toda democracia mercantil. Los tres carecen de tal basamento. Occidente se levanta sobre esa clase que, con la crisis de 2008, sobre todo, está experimentando serias dificultades y angustias en su interior. Pero China, Rusia e India ni la poseen aún. No obstante, sí se observa con claridad la realidad estructural mediática mundial o una tendencia clara a sumarse totalmente al sistema de medios multinacional.

2

China

En la estructura informativa de la República Popular de China ocupan un lugar muy importante todos aquellos medios que pertenecen al Gobierno y que se rigen por un auténtico sistema autoritario.

Hasta el año 2004, las actividades de producción y gestión de radio y televisión, así como la producción cinematográfica por compañías de capital extranjero pertenecían a la categoría de restringidas, es decir, que podía haber participación extranjera sin necesidad de un socio chino con un porcentaje mayoritario de participación. A partir de 2007, en cambio, estas actividades han pasado a estar prohibidas, de modo que las compañías con intención de invertir en China a través de un *joint venture* lo tienen más complicado, y deben procurar establecer buenas relaciones con el régimen comunista, caso del conglomerado anglo-estadounidense News Corporation.[1] Con esta medida se limita el número de compañías extranjeras que pueden intervenir en el mercado chino, y se preserva un margen de control para el Gobierno. Un caso curio-

---

1. El magnate de la comunicación y dueño de News Corporation, Rupert Murdoch, llevó a cabo, en la década de los noventa, una importante labor de acercamiento al régimen comunista chino para ganar su confianza y poder invertir en su mercado. Gran parte de esos contactos los ha hecho a través de su esposa Wendi Deng, de nacionalidad china. En la actualidad, News Corporation es la empresa extranjera con más privilegios en el mercado comunicativo chino.

so es el que se produce en los quioscos, donde apenas se pueden encontrar periódicos extranjeros. La mayor parte de las publicaciones internacionales disponibles en China son importadas de Singapur, Hong Kong y otras fuentes que han limitado los derechos de distribución a complejos turísticos y aeropuertos dentro del país.

A pesar de ello, la situación actual del gigante asiático dista bastante de la que existía décadas atrás. Los cambios económicos iniciados con el ex líder Deng Xiaoping, han hecho que muchos ciudadanos se planteen ciertos valores tradicionales a medida que han ido apareciendo nuevas ideas y conceptos. Hoy día, la influencia extranjera, sobre todo la estadounidense, es más visible entre la ciudadanía que en generaciones anteriores.

El Estado chino lleva a cabo, por tanto, una política económica que afecta directamente a los medios de comunicación en la medida que éstos son utilizados, o bien como portavoces del gobierno, o bien como negocios tutelados. Es en este último caso cuando pueden aparecer voces distintas a las oficiales, dependiendo de que el medio se arriesgue a hacerlo o no, ya que puede perder sus permisos y dejar de lucrarse en uno de los mayores mercados informativos del mundo.

2.1. CRFTG

El conglomerado mediático estatal China Radio, Film and Television Group –CRFTG– nació en el año 2001 con la intención de aglutinar a todas las estaciones de difusión, compañías e instituciones que controla el State Administration of Radio, Film and Televison –SARFT–, es decir, el organismo chino encargado de que el sistema informativo del país funcione bajo los intereses del Gobierno. Los grupos que componen CRFTG son: China Central Television, China National Radio, China Radio International, China Film Group Corporation y China Radio and Television Transmission Network Corporation Limited –China Broadcast Network–. El número de empleados de este conglomerado supera los 20.000, y sus ganancias rondan los 1,3 billones de dólares anuales.

La Televisión Central de China –CCTV– es la mayor empresa

audiovisual del país. Su conexión con los habitantes es casi total, llegando a más de 350 millones de hogares. En total, el mercado chino se compone de unas 3.250 estaciones de televisión, de las cuales 209 son controladas por CCTV. Casi 3.000 estaciones son de ámbito local, mientras que unas 30 son de ámbito regional y el resto nacional.

CCTV pertenece completamente al gobierno comunista chino, de hecho, se constituye como un sub-ministerio nacional. La principal diferencia que existe entre este grupo de carácter público y otros de las mismas características en países occidentales, es que en China, CCTV es utilizado como una auténtica vía de propaganda del Gobierno, que llega incluso a censurar cualquier contenido considerado como peligroso.

En todas y cada una de las relaciones internacionales que CCTV establece, juega un importante papel su filial China International Television Corporation –CITVC–, fundada en el año 1984. Desde entonces su crecimiento ha sido espectacular hasta convertirse en la compañía de medios de comunicación más grande y de mayores ganancias en China. La producción y administración de programación, la administración de derechos de audio y vídeo, la publicidad, el estudio de mercado, el desarrollo técnico, la inversión o los servicios de turismo, son algunos de sus múltiples negocios. CITVC es el agente internacional para gestión de los derechos de los programas de CCTV y el único organismo autorizado para la importación de programas extranjeros de televisión al gigante asiático a través de la tramitación de licencias. Esta compañía adquiere una media de 500 horas de programación televisiva y películas extranjeras cada año, de las cuales 20 horas son destinadas a los canales regionales que gestiona.

Es necesario, por tanto, que las empresas extranjeras de comunicación mantengan buenas relaciones con esta compañía subsidiaria si pretenden adentrarse en el negocio informativo chino. Así lo hace por ejemplo Venevision International, una filial del grupo venezolano Cisneros. CITVC y Venevision tienen firmados acuerdos para promover la distribución de contenidos en sus respectivos mercados.

Los canales de televisión de carácter nacional e internacional que aglutina CCTV son los siguientes:

- **Compañías de televisión. Nacionales:** *CCTV-1*, *CCTV-2*, *CCTV-3*, *CCTV-5*, *CCTV-6*, *CCTV-7*, *CCTV-8*, *CCTV-10*, *CCTV-11*, *CCTV-12*, *CCTV-News*, *CCTV-Children*, *CCTV- Music* y *CCTV-HD*.
- **Compañías de televisión. Internacionales:** *CCTV-4*, *CCTV-9*, *CCTV-E* y *CCTV-F*.

CCTV-1 es el canal generalista del grupo, y uno de los más vistos tanto fuera como dentro del país. Su programación mantiene una línea acorde con las exigencias del Estado, en la que se obvia cualquier tipo de crítica.

CCTV-News ofrece información nacional e internacional las 24 horas del día al puro estilo *CNN*, mientras que *CCTV-2* se centra en las noticias económicas y *CCTV-5* en los deportes.

CCTV también dedica un canal exclusivamente para la programación infantil, *CCTV-Children*, y otro para la música clásica y folklórica, *CCTV-Music*.

El canal internacional chino en castellano *CCTV-E* se emite en España a través de *Imagenio TV*, un sistema de televisión que oferta la compañía española Telefónica junto a sus servicios de telefonía fija e Internet. Lo cierto es que ésta no es la única conexión del grupo español con el Gobierno chino, ya que Telefónica posee acciones de China Netcom, una empresa de telecomunicaciones cercana al régimen popular de Hu Jintao.

En España, también mantiene relaciones con CCTV la corporación pública Radio Televisión Española –RTVE–. Ambas entidades llevan a cabo un intercambio de contenidos propios de cada país, parecido al de Venevision, pero a mucho menor escala.

CCTV tiene conexiones con plataformas de televisión de otros países para emitir sus canales internacionales. Es el caso de los acuerdos con NTV Plus, filial del grupo ruso Gazprom-Media; Direct TV, propiedad de la estadounidense Direct TV Group; o Sky Digital, que pertenece a British Sky Broadcasting Group (tanto Direct TV como Sky pertenecen al conglomerado News Corp., de Murdoch). La relación entre CCTV y Gazprom-Media, ligada al Kremlin, como veremos más adelante, deja patente la existencia de un lazo común entre los gobiernos de China y Rusia a través de sus estructuras mediáticas, una conexión que, como se ha visto, se completa con las relaciones entre China, News Corp., Telefónica, RTVE y Cisneros, entre otras.

Así pues, algunas de las relaciones de CCTV con otras empresas son las siguientes:

CCTV (Gobierno Chino)	CCTV4 y CCTV9	NTV Plus (Gazprom-Media/Rusia)
» »	CCTV4 y CCTV9	Direct TV (Direct Tv Group/EE.UU.)
» »	CCTV4 y CCTV9	Sky Digital (BSkyB/Reino Unido)
» »	CITVC	Venevision (Grupo Cisneros Venezuela)
» »	CITVC	RTVE (España)
» »	CCTV-E	Imagenio (Telefónica/España)
» »	CCTV-Children	Nickelodeon (Viacom/EE.UU.)

China National Radio y China Radio International controlan gran parte de las emisoras del país, y casi todas las del Gobierno a nivel nacional. Las cadenas de China National Radio son las siguientes:

- **Emisoras de radio:** *News Radio, Business Radio, Music Radio, Metro Radio, Zhonghua News Radio, Shenzhou Easy Radio, Huaxia Radio, Ethnic Minority Radio* y *Story Radio*.

Por su parte, China Radio International emite 290 horas de programación diaria por todo el mundo en 43 lenguas diferentes. La principal emisora es *CRI News Radio*, y además destacan otras en inglés como *Hit FM* y *Easy FM*.

Radio Beijing Corporation –RBC– es también una estación de radio de propiedad estatal que ofrece servicios independientes a otras empresas chinas. RBC tiene 12 canales especializados y 14 departamentos administrativos. Entre sus cadenas se encuentran *FM 1039, FM 89.6, iHome Radio* y *NET FM*.

En cuanto a China Film Group Corporation –CFGC–, hay que destacar que es el mayor grupo de China dedicado a la industria cinematográfica, una de las pocas entidades capacitadas para importar películas extranjeras y el mayor exportador de cine chino fuera de sus fronteras. Este monopolio posee junto a Hendgdian Group –conglomerado chino de empresas químicas y farmacéuticas– y Warner Bros. –Time Warner/EE.UU.–, la empresa Warner

China Film, que es uno de los primeros *joint ventures* realizados con presencia extranjera. Este negocio conjunto desarrolla productos audiovisuales y distribuye películas y series en lengua china. Otra operación conjunta de Time Warner en China es el canal generalista *CETV*, del que posee un 36% de sus acciones. El 64% restante es propiedad del grupo mediático con base en Hong Kong TOM Group Ltd., que a su vez pertenece al conglomerado Cheung Kong Holdings —empresas energéticas, distribución, telecomunicaciones, hoteles, etc.–. TOM Group cuenta con empresas informativas importantes, caso de *CUP*, *Business Weekly* y *Pixnet*. Tom Group Ltd. y Skype –eBAY/EE.UU.– poseen TOM-Skype, un *joint venture* encargado de gestionar el famoso programa de intercambio de información. Hay que mencionar también el empeño que los grupos News Corporation y Facebook Inc. están mostrando para liderar las redes sociales en la Red. Mientras que el gigante de Rupert Murdoch cuenta con *myspace.cn*, *xiaonei.com* y *zhanzuo.com*, Facebook Inc. ya ha introducido *zh-cn.facebook.com*, una versión simplificada al chino de su exitoso *Facebook*.

China Film Group Corporation tiene también un acuerdo con Sony Pictures –Sony Corporation/Japan–, establecido poco después de que naciera Warner China Film. Algunas de las compañías de este grupo subsidiario de CRFTG son:

- **Compañías distribuidoras de cine:** *China Film Import & Export Corporation*, *China Film Coproduction Corporation*.
- **Compañías productoras de cine:** *China Film Corporation*, *Beijing Film Studio*, *China Youth Film Studio*, *China Film Co-Production Corporation*, *China Film Equipment Corporation*, *Movie Channel Production Center*, *Beijing Film & Video Laboratory* y *Huayun Film & TV Compact Disk Co., Ltd.*

El último grupo que compone CRFTG es China Radio and Television Transmission Network Corporation Limited –China Broadcast Network–. Su actividad se centra en el negocio audiovisual e Internet. Precisamente el sector de la información a través de la Red es el que más fuerte ha crecido en los últimos años. En la actualidad, con 221 millones de usuarios, China está disputando a

Estados Unidos ser el mayor mercado mundial de Internet. Dado el espectacular aumento de este medio, el Gobierno chino está teniendo un especial seguimiento de los contenidos que se ofrecen y no duda en prohibir todos aquellos que considera peligrosos. El más claro de los ejemplos se pudo contemplar en los Juegos Olímpicos de Pekín en 2008, donde un gran número de páginas estabas censuradas a los periodistas extranjeros.

Otros medios importantes del Gobierno en el mapa estructural informativo chino son el periódico *People's Daily* y la agencia de noticias Xinhua News Agency. La publicación *People's Daily* pertenece al Comité Central del Partido Comunista, o lo que es lo mismo, se constituye como un órgano estatal más. Su circulación supera los tres millones de ejemplares y tiene ediciones, además de en chino, en inglés, francés, español, japonés, ruso y árabe. La información que publica está especializada en noticas domésticas e internacionales relacionadas con China.

Bajo el nombre de *People's Daily* se incluye la información de otras 10 cabeceras más: *People's Daily Overseas Edition, East China News, South China News, Market Daily, International Financial Daily, Jiangnan Times, Global Times, Securities Times, Health Times* y *Satire and Humor*, así como de 6 magazines mensuales: *The Earth, News Front, Listed Companies, Times Trend* y *People Forum. People's Daily* es además el responsable de *Global Times*, diario de carácter muy nacionalista que se púplica de lunes a viernes en chino e inglés.

Por su parte, Xinhua es la principal agencia de noticias del país, y una de las dos que controla el Gobierno –la otra es China News Service–. Está considerada como el mayor centro de información de China, ya que prácticamente todas las noticias que se difunden en los medios chinos pasan por ella. Su servicio *on-line* ofrece noticias en 6 idiomas distintos y recibe más de 80 millones de visitas diarias. Xinhua, además de agencia de noticias, es editora de cabeceras de prensa, y posee más de 20 periódicos y una docena de magazines. Entre sus periódicos más destacados se encuentran *Xinhua Daily Telegraph, Xinhua Business Weekly, Economic Information Daily* o *Reference News*. Este último es el de mayor circulación en China, superando en algunos cientos de miles de ejemplares a *People's Daily*. Lo cierto es que la forma en la que Xinhua y *People's Daily* tratan la información sirve de guía orientativa para el resto de periódicos que componen el mercado chino.

Otros periódicos que también tienen relación con el Estado, ya sea a través de la dirección nacional o de los gobiernos regionales, son: *China Daily* –China Daily Group/Partido Comunista Chino–, *China Youth Daily* –Liga Comunista Joven de China–, *Guangzhou Daily* –Guangzhou Daily Newspaper Group/Comité municipal de Guangzhou– o *Shanghai Daily* –Wenhui Xinmin United Press Group/Gobierno popular de Shanghai.

2.2. Shanghai Media & Entertainment Group –SMEG–

El conglomerado mediático Shanghai Media & Entertainment Group –SMEG– es el más grande de China junto a CRFTG. Ambos gigantes de la comunicación están controlados en mayor o menor medida por el aparato político del régimen comunista, con los sistemas de censura y propaganda que ello implica.

Las empresas que aglutina Shanghai Media & Entertainment Group son las siguientes:

- **Compañías de televisión:** *Dragon TV, STVN, CBN, Channel Young, Drama Channel, Sports Channel, Documentary Channel, News & Entertainment Channel, Culture & Arts Channel, Music Channel, Local Opera Channel, HAHA Kids Channel, Toonmax Channel* y *Eastmovie Channel.*
- **Compañías de televisión. Vídeo Digital:** *SiTV.*
- **Emisoras de radio:** *SMG-Radio-News Channel, SMG-Radio-Traffic, SMG-Radio-Culture &Arts, SMG-Radio-Local Opera, SMG-Radio-News, SMG-Radio-City, SMG-Radio-Music Channel Hit, SMG-Radio-Music Channel Charming, SMG-Radio-CBN Channel, SMG-Radio-VOP Channel* y *SMG-Radio-Classic.*
- **Publicaciones en prensa. Periódicos:** *CBN Daily* y Radio & Tv Weekly.
- **Publicaciones en prensa. Magazines:** *The Shanghai Television, Movie Story,* Shanghai film Pictorial, *Movie Recent work* y *Cartoon King.*
- **Compañías de Internet:** *eastday.com, The Shanghai Oriental*

Broad Band Ltd. Company, Shanghai Oriental Data Broadcast Ltd. Company y Shanghai Donghua Broadcast and TV Network Ltd. Company.

- **Compañías de televisión móvil e interactiva:** *The Oriental Pearl Mobile Television, Shanghai Oriental Dragon Mobile Telecommuniction Ltd. Company y Shanghai Interaction Television.*
- **Compañías de cine. Productoras y estudios:** *Shanghai Animation Film Studio, Shanghai Film Translation and Production Studio, Shanghai Science and Education Film Studio, Shanghai Film Studio International Cooperation Movie Company, The Shanghai Movie Technology Factory, Shanghai Film Studio Digital Media Ltd. Company, Shanghai Motion Magic Digital Studio y Shanghai Film Studio Tour.*
- **Compañías de cine. Distribuidoras y salas proyección:** *Shanghai United Circuit, Shanghai Paradise Film Ltd. Company y Shanghai Oriental Film and TV Issuance Company.*
- **Compañías de performances y teatros:** *Shanghai Farce Troupe, Shanghai Pingtan Troupe, Shanghai Acrobats, Shanghai Dramatic Arts,* Shanghai Philamonic Orchestra, *Shanghai Huaiju Opera Troupe, Shanghai City Dande Troupe, Shanghai Light Music Ensemble, Shanghai Puppet Troupe, Shanghai Circus School, Majestic Theatre, Lyceum Theatre, Shanghai Art Theater y Wan Ping Yi Yuan Theater.*
- **Compañías hoteleras y de viajes:** *Shanghai International Convention Center –Oriental Riverside Hotel, Shanghai Crown Plaza Hotel and Resort, Seventh Heaven Hotel, The Oriental Pearl Tv Tower, Shanghai Oriental Green Boat Managing Centre y Shanghai Oriental Pearl International Travel Agency.*
- **Compañías inmobiliarias:** *SME Industry Co. Ltd.*
- **Compañías desarrollo tecnológico:** *SME Technology Development CO. Ltd., Shangai Broadcasting Laboratory, Shanghai Motion Magic Digital Studios, Shanghai Mingzhu Broadcasting TV Science & Technology Co. Ltd., Shanghai Oriental Data Broadcasting Co. Ltd., Oriental Broadcast & Tv Technology Company, East China Broadcast Network Co. Ltd y SMG Audio Technology Co. Ltd.*
- **Compañías gestión internacional:** *STR International Holdings Co. Ltd.*

Este gran abanico de compañías se aglutinan en 9 grupos subsidiarios de SMEG: Shanghai Media Group, Shanghai Film Group

Corporation, Shanghai Oriental Pearl Group, SMEG Performing Arts Center, SMEG Special Events Office, STR International Holdings Co. Ltd., SME Technology Development Co. Ltd., SME Industry Co. Ltd. y Shanghai Film Archive. Todas ellas forman una extensa telaraña muy útil para las pretensiones de control del Gobierno chino.

El grupo de SMEG más interesante a la hora de estudiar la estructura mediática de China es Shanghai Media Group, que posee más de 140.000 millones de dólares en activo inmovilizado y alrededor de 5.200 empleados. Además, emite 252 horas de televisión y 234 horas de radio al día, repartidas entre noticias, entretenimiento, deporte, finanzas y música, y produce series de televisión, documentales y dibujos animados. Shanghai Media puede convertirse en el mayor productor, distribuidor y suministrador para las comunidades chino-hablantes de todo el mundo en los próximos años.

Sus canales de televisión más destacados son *Dragon TV,* con una programación generalista; *STVN,* que mezcla información con programas de entretenimiento; y *CBN,* centrado en información financiera y de negocios.

CBN Daily es el principal diario de Shanghai Media Group, con una circulación de 300.000 ejemplares. Su contenido, que se centra en información financiera, pretende equipararse al de las grandes cabeceras mundiales. Por su parte, *The Shanghai Television* se encuentra entre las revistas más vendidas rondando las 400.000 unidades semanales. Esta publicación se centra en el mundo de la televisión y el cine.

Las emisoras de radio *SMG-Radio-News Channel* y *SMG-Radio-Traffic* son las más populares de Shanghai Media Group. Mientras que la primera cumple un servicio informativo continuo, *SMG-Radio-Traffic* proporciona la actualidad del tráfico durante 18 horas al día. En esta última cadena coopera la policía de Shanghai.

SMEG está inmerso en la plataforma de vídeo digital *SiTV* junto a China Telecom y China Netcom. Esta plataforma, emitida a través del sistema iPTV –también conocido como Web-TV–, emite más de 100 canales

En el apartado de relaciones internacionales, SMEG tiene acuerdos con CNBC Asia –NBC Vivendi Universal/EE.UU.– para el intercambio de contenidos informativos y de entretenimiento. La televisión autonómica de Cataluña *TV3*, también ha colaborado junto a SMEG en actividades de producción cinematográfica. La multinacional estadounidense Viacom es otra de las pocas empresas extranjeras que tienen negocios en China. Concretamente comparte algunos proyectos de producción de series y películas con SMEG, y suministra programación infantil del canal *Nickelodeon* a CCTV.

2.3. Phoenix Satellite Television

El grupo Phoenix Satellite Television Holding Ltd., también conocido como Phoenix Satellite Television, cuenta con varios canales televisivos de relevancia en el mercado audiovisual chino. Entre sus principales características destaca el hecho de que es una de las pocas compañías comunicativas de carácter privado con la capacidad de emitir información sobre acontecimientos no cubiertos por los medios del Estado. Esta cuestión tiene mucho que ver con su accionariado, ya que un 16% es de propiedad pública. El resto se lo reparte la empresa Today's Asia Ltd. –37,5%–, la compañía de telecomunicaciones China Mobile Hong Kong Company Ltd. –19,9%– y el conglomerado comunicativo estadounidense News Corporation –17,6%–, a través de su filial Xing Kong Chuan Mei Group Co. Ltd.

Phoenix Television produce sus contenidos en Hong Kong para estar menos controlado por las restricciones estatales y tener más libertad de información. A pesar de esto, sólo una cuarta parte de la audiencia china tiene acceso a sus emisiones. Las personas que conectan con los canales de Phoenix Television suelen ser de clase alta y, por lo tanto, capacitadas económicamente para poder contratar sus servicios. Con cerca de 1.000 empleados, sus beneficios en 2008 alcanzaron los 179. 000 millones de dólares. Los 5 canales que produce son:

> • **Canales de televisión:** *Phoenix Chinese Channel, Phoenix Info-News Channel, Phoenix Movies Channel, Phoenix News & Entertainment Channel* y *Phoenix North America Chinese Channel*.

El buque insignia de Phoenix Satellite Television es el canal *Phoenix Chinese Channel*. A través del satélite Asia Sat 3S se extiende por China, Hong Kong, Taiwán, Japón, el Sudeste asiático,

Australia, Nueva Zelanda, Oriente Medio, el Norte de África y Rusia. Su programación cubre un amplio repertorio de producciones chinas y del extranjero que incluyen información general, deportes, música, series dramáticas y películas. *Phoenix InfoNews Channel* ofrece a los espectadores información desde un punto de vista más global que otros medios chinos. Lo cierto es que, aunque abogan por una mayor libertad en el movimiento de contenidos, siguen condicionados por las presiones administrativas. Este canal tiene la particularidad de ser el único que televisa semanalmente la reunión del consejo estatal del Gobierno chino. Por su parte, *Phoenix News & Entertainment Channel*, también llamado *Phoenix CNE Channel*, es un canal generalista que ofrece programas informativos, de entretenimiento y regionales, además de series y espectáculos musicales. *Phoenix Movies Channel* se centra en el cine y emite más de 280 títulos de películas mensualmente. El 80% de los largometrajes son producciones asiáticas, y el resto, mayoritariamente provienen de Hollywood. También cubren acontecimientos cinematográficos importantes como grandes estrenos, ceremonias o festivales.

El último canal de Phoenix Satellite Television es *Phoenix North America Chinese Channel*, ideado para los ciudadanos de origen asiático que residen en Estados Unidos, México y Canadá. De carácter generalista, es emitido a través de las plataformas de televisión por satélite Direct TV –Direct TV Group/EE.UU.– y EchoStar –EchoStar Corporation/EE.UU.

Otros canales que emiten desde Hong Kong son *Asian Television Ltd. –ATV–* y *Television Broadcasts Limited –TVB–*. Este último fue el primer canal de Hong Kong en emitir en abierto y actualmente es el más importante de los que cubren aquella zona del continente asiático. *TVB* cuenta además con los canales *TVB Jade*, *TVB Pearl*, *J2*, *iNEWS* y *TVB HD Jade*. En lo que a *ATV* se refiere, hay que destacar que es el principal rival de *TVB*, aunque este último gana con más de un 50% de la audiencia. En el accionariado de *ATV* participa Phoenix Satellite Television con un 46%, a través de su filial Vital Media Holdings Ltd., dedicada también al negocio de los medios de comunicación. Otros canales que gestiona esta cadena en Hong Kong son *ATV Home*, *ATV Home América*, *ATV World*, *HD ATV*, *CTI International* y *CCTV-4*. Tanto *ATV Home* como TVB emiten en lengua cantonesa.

2.4. STAR Group

El grupo STAR Group, propiedad del conglomerado estadouniden-se News Corporation, nació en el año 1991 con la intención de con-vertirse en el principal promotor de la televisión por satélite en Asia. Su inversión en este mercado tuvo que ver también con el es-pectacular proceso de crecimiento de la industria mediática en el continente oriental. Es por ello que los 5 canales que STAR Group ofrecía inicialmente se han transformado en la actualidad en más de 60 servicios en 13 lenguas diferentes.

Con sede en Hong Kong, Star Group extiende sus productos au-diovisuales por 63 países –dos terceras partes son asiáticos–, y lle-gan a 400 millones de espectadores. Respecto a las emisiones en China, Star Group controla más de 10.000 horas de programación, y posee además la mayor filmoteca contemporánea de ese país con más de 600 títulos. Los canales de televisión de STAR Group que operan en China son:

- **Compañías de televisión. China:** *Channel V*, *ESPN*, *Phoenix Movies Channel*, *STAR Movies*, *STAR Sports* y *XING KONG*.

El resto de canales que STAR Group oferta en Asia y otros países son los siguientes:

- **Compañías de televisión:** *Channel V* –diferente formato–, *ESPN* –diferente formato–, *Plus*, *STAR Channel*, *STAR Gold*, *STAR one*, *STAR Jalsha*, *STAR Utsav*, *STAR Pravah*, *STAR World*, *STAR Vijay*, *STAR News*, *STAR Cricket*, *STAR Majha*, *STAR Ananda*, *Phoenix Channel*, *Phoenix Infonews Channel*, *Asianet*, *Asianet Suvarna*, *Asianet Sitara*, *Asianet Plus* y *ANTV*.

El conjunto de canales *ESPN* es propiedad de ESPN Star Sports, o lo que es lo mismo, un *joint venture* entre STAR Group y ESPN Inc. –ABC-Disney y Hearst Corp./EE.UU.–. Esta empresa conjun-ta ofrece la mayor red deportiva de Asia con 17 cadenas.

Otro canal que surge como resultado de un *joint venture* es *Chan-nel V*, propiedad de STAR Group y de los grupos comunicativos tai-landeses Truevisions y GMM Media. El origen de *Channel V* está en un canal de música en Tailandia. Hoy día se produce en diferentes formatos dependiendo del país de emisión. En China, este canal organiza dos de los eventos musicales más importantes: Chinese Music Awards y Summer Shake.

STAR Group tiene también un negocio conjunto con Twentieth Century Fox, otra compañía subsidiaria de News Corporation. Ambas poseen Fox STAR Studios, que se dedica a la producción y distribución de películas y series de ámbito regional, nacional e internacional.

Además de tener lazos de unión con Twentieth Century Fox, STAR Group mantiene convenios con otras importantes productoras como Universal –NBC Vivendi Universal/Comcast/EE.UU.–, Sony Pictures –Sony Corporation/Japón– o Paramount Pictures –Viacom/EE.UU.–. El objetivo de estos acuerdos es nutrir de grandes producciones a la cadena *STAR Movies*.

News Corporation, a través de Star Group, es propietaria del 17,6% de Phoenix Satellite Television, tal y como se vio en el apartado anterior. Algunas de las relaciones de Star Group con otras empresas son las siguientes:

STAR Group (News Corporation)	ESPN STAR Sport	ESPN Inc. (ABC-Disney y Hearst Corp./EE.UU.)
» »	Fox STAR Studios	Twentieth Century Fox (News Corporation/EE.UU.)
» »	Channel V	Truevisions y GMM Media (Tailandia)
» »	STAR Movies	Universal (NBC Vivendi Universal/EE.UU.)
» »	STAR Movies	Sony Pictures (Sony Corporation/ Japón)

2.5. Un intento de penetración en Estados Unidos

La dinámica del capital chino ha entrado de lleno en los parámetros occidentales, tal y como dije antes. A mediados de 2010, la agencia Efe lanzó desde Pekín un teletipo que mostraba la «agresividad» mercantil china, en este caso para adquirir una cabecera histórica en los Estados Unidos: *Newsweek*. La noticia de Efe supone lo que puede ser el inicio de una etapa expansionista de la estructura mediática oficial china con vistas a influir en el público occidental a través de medios de comunicación propios. La noticia era ésta:

Fracasa el intento de un grupo chino para comprar la revista *Newsweek*

Efe | Pekín

Actualizado **viernes 18/06/2010 11:43 horas**

Uno de los grupos mediáticos más importantes de China, el China Southern Daily Group, ha intentado sin éxito comprar la revista *Newsweek*, la segunda publicación semanal más leída de Estados Unidos, según ha informado hoy el oficial *China Daily*.

El grupo de la sureña provincia de Cantón, que posee uno de los diarios más independientes y prestigiosos de China –el *Southern Metropolis Daily*– es el **primero del gigante asiático que intenta comprar una publicación en el extranjero**.

Newsweek, propiedad del diario *The Washington Post* y que posee corresponsalía en Pekín, está en venta desde el pasado mes de mayo, cuando sus dueños reconocieron que estaba siendo deficitario debido al auge de las publicaciones en Internet y la caída de los ingresos por publicidad.

«Con versiones en nueve lenguajes, la plataforma de *Newsweek*, con recursos para la comunicación global e influencia, está en línea con nuestros objetivos», reconoció Xiang Xi, editor jefe de *Southern Weekly*, una de las revistas del conglomerado mediático chino.

Pese a que **el Gobierno chino lleva ya varios años recomendando una mayor influencia en los medios de comunicación mundiales**, ya sea mejorando los medios locales como adquiriendo extranjeros, los responsables de China Southern Daily Group aseguraron que su intento de adquisición del *Newsweek* fue una decisión privada y sin presiones de Pekín.

Setenta compañías se han mostrado interesadas en adquirir el *Newsweek*, la principal rival de *Time* en el mercado estadounidense, según informaciones en la prensa extranjera.

De acuerdo con Xiang, que no dio detalles sobre las razones de que *Newsweek* haya rechazado la oferta china, el movimiento de su compañía es sólo **el comienzo de una ofensiva para intentar adquirir otros medios en el mercado internacional**.

Las medidas «servirán para que el mundo entienda mejor China, y para que China comprenda más sobre el mundo», ha comentado al *China Daily*.

La interconexión entre poder político y mediático es en este caso manifiesta, algo que, de forma clara pero no tan directa, se va a poder apreciar también en el caso de Rusia, con sus lógicas peculiaridades.

3

Rusia

La situación de la estructura informativa en Rusia guarda un cierto paralelismo con la de China. Dos décadas después de la disolución de la URSS y de su régimen comunista, se sigue observando una fuerte presencia del Estado en los medios de comunicación. Por tanto, la mayor diferencia entre China y Rusia es que este último país cuenta con un sistema democrático, en teoría, aunque en ocasiones no sirva para mucho, sobre todo cuando las altas élites del Gobierno mantienen la sartén por el mango.

Los mayores grupos de comunicación de Rusia están controlados por el Estado, ya sea de forma total o a través de una participación accionarial importante. Desde la llegada del presidente Vladimir Putin en el año 2000, a pesar de difundir un discurso inicial diferente, se ha llevado a cabo un seguimiento especial de los medios con la intención de reunirlos en torno al poder y ejercer una acción informativa unilateral. Tras las elecciones del 2008, y la subida al poder de Dmitri Medveded, la política mediática ha continuado en la misma dirección sin mostrar síntomas de un posible cambio.

3.1. Gazprom-Media

Las principales cadenas de televisión, estaciones de radio y cabeceras de prensa han sido absorbidas progresivamente por compañías afines al gobierno, tejiendo una estructura informativa que, a pesar de contar con presencia privada y extranjera, queda a merced del Kremlin. El papel más importante en los medios de comunicación rusos, y prácticamente en el resto de ámbitos relativos a la economía, lo juega el conglomerado Gazprom. Este gigante, centrado en la extracción y comercialización de gas y otros hidrocarburos –situado entre las tres compañías energéticas más importantes del mundo junto a Petrochina y ExxoMobil–, aglutina negocios de todo tipo, ya sean bancarios, fondos inversión, industria pesada o medios de comunicación, y factura un total de 110 trillones de dólares anuales con unos 450.000 trabajadores en todo el mundo. Cuando redacto estas líneas, Gazprom está dirigida por Víctor Zubkov, anterior jefe del gobierno ruso, y actual viceprimer ministro de Rusia. Zubkov relevó en el cargo a Dmitri Medvedev, que pasó directamente a la presidencia del gobierno.

En su accionariado destaca la presencia estatal, que cuenta con un 38,4 % a través de la Agencia Federal Rusa para la Dirección de Propiedad Federal, conocida como Rosimushchestvo. El gobierno también participa en Gazprom a través de Gazprombank, que es filial de la propia multinacional y tiene un 41,2% de sus acciones. Precisamente Gazprom controla a Gazprom-Media, su división mediática, a través de Gazprombank –negocios en la banca–, a quien la vendió en 2005. El gigante gasístico controla a su filial bancaria de forma directa con un 62,6% de sus acciones. El resto las poseen otras de sus filiales como Gazfond y Gazprom Export. En el accionariado de Gazprom también está presente la compañía energética alemana E.ON Ruhrgas AG con un 2,5%.

Es importante, pues, a la hora de analizar la estructura mediática en Rusia, comenzar por el brazo mediático de Gazprom. Un capítulo decisivo en la formación de Gazprom-Media fue el ocurrido en el año 2001, cuando el imperio mediático privado Media-Most, propiedad del magnate Vladimir Gusinski, quedó absorbido por Gazprom tras una polémica decisión de la justicia rusa. Importantes medios como la cadena de televisión *NTV*, una de las más críticas con el gobierno, la emisora de radio moscovita *Eco*, o la editora de publicaciones *Seven Days*, pasaron a formar parte de Gazprom-Media, que realizó importantes cambios en la política de sus editoriales.

La filial de Gazprom se ha convertido progresivamente en uno de los mayores holdings de Rusia y Europa, con unos ingresos totales en 2008 de 1.624 millones de dólares, un 28% de beneficio más que el año anterior. Los medios que aglutina son los siguientes:

- **Compañías de televisión:** *NTV* y *TNT*.
- **Compañías de televisión. Satélite:** *NTV-Plus*.
- **Compañías de Internet:** *Rutube*.
- **Estaciones de radio:** *Echo of Moscow, First Popular Radio –Popsa–, Radio NEXT, City-FM* y *Detskoe radio*.
- **Publicaciones en prensa. Magazines:** *Itogi, 7 Days TV-Program, Caravan of Stories' Collection* y *Caravan of Histories*.
- **Publicaciones en prensa. Diarios:** *Tribuna, St. Petersburg's Chas Pik* e *Izvestia*.
- **Compañías de cine. Productoras:** *NTV-Kino*.
- **Compañías de cine. Salas de reproducción:** *Crystal Palace* y *Obtyabr*.
- **Compañías publicitarias:** *Gazprom-Media*.
- **Compañías bienes inmuebles y propiedades:** *Telebasis, Komstek* y *SMS*.

NTV es una de las principales cadenas de televisión en Rusia. Si no fuera por la gran participación del Estado, podría considerarse como la mayor cadena no-estatal del país. Su audiencia alcanza los 120 millones de televidentes sólo en Rusia, y puede verse en Oriente Medio, Europa, Estados Unidos, Canadá y Australia. *NTV* cuenta con sedes por toda Rusia y los países del Este, así como en Nueva York, Washington, Bruselas, París, Londres, Berlín y Jerusalén. Su contenido es una mezcla de programas informativos, espectáculo y entretenimiento. Cuando esta cadena era propiedad del magnate Gusinski, su línea editorial mostraba –con crudeza– las intervenciones del ejército ruso en Chechenia y proyectaba un programa de entretenimiento con guiñoles que criticaban la actuación política de Putin. Son dos de los factores que originaron su intervención por parte de Gazprom. Gusinski, que posee un alto cargo en el Congreso Internacional Judío, fue primero encarcelado, acusado de fraude al Estado (le debía dinero a Gazprom) y luego hubo de huir de Rusia. Se había formado en las filas del antiguo Partido Comunista de la Unión Soviética (PCUS), al igual que Putin, quien llegó a ser responsable del KGB, el servicio de espionaje soviético.

La televisión por satélite NTV Plus es la compañía líder de subscripción digital en Rusia. Sus abonados superan el millón y medio, estando repartidos por las regiones de Rusia y Ucrania. Entre su oferta, que supera la centena de canales, hay producciones rusas e internacionales, y algunas de elaboración propia. *NTV* establece relaciones con un gran número de empresas comunicativas a las que compra los derechos de emisión de sus canales. Algunos de estas relaciones son las siguientes:

NTV Plus (Gazprom-Media)	CCTV4 y CCTV9	CCTV (Gobierno chino)
» »	MTV Rus. y VH1	Rus Wayfarer Media Ltd. (Prof Media/Rusia)
» »	CNN International	Turner Broadcasting. (Time W. Company/EE.UU.)
» »	BBC World News	British Brdt. Company Ltd. (Gobierno británico)
» »	Eurosport	TF1 (TF1 Group/Francia)
» »	Sci Fi Channel	NBC (Vivendi-Universal-NBC/ EE.UU.-Francia)

Estas relaciones ponen en evidencia la conexión de Gazprom, a través de su filial mediática Gazprom-Media, con un gran abanico de empresas comunicativas privadas y públicas de todo el mundo.

Por su parte, la estación de radio *Echo of Moscow* es una de las más sintonizadas en Rusia. Su audiencia ronda el millón de personas semanalmente, y llega a cuarenta ciudades del país. La emisora, que se difunde también en Chicago, es de carácter informativo, aunque un tercio de su contenido es música. *Echo de Moscow* cuenta con su propia agencia de noticias, que además de nutrir de información a la emisora, distribuye noticias entre sus clientes.

Gazprom-Media cuenta también con un amplio repertorio de publicaciones en prensa. A raíz de la absorción de Media-Most, pasó a controlar la editorial *Seven Days*, la cual publica magazines de prestigio como *Itogi* –noticias locales y nacionales, deportes, negocios, empleos y acontecimientos–, y diarios de relevancia como *St. Petersburg's Chas Pik* –información general–. Sin embargo, la cabecera más importante de Gazprom-Media es el diario *Izvestia*, una histórica publicación originaria de la época comunista. Gazprom compró al grupo Prof-Media el 50,17% del diario, que en esos momentos era uno de los más críticos con el gobierno de Putin. En la actualidad tiene una difusión de más de 300.000 unidades, y a pesar de haber cambiado su línea editorial, continúa siendo uno de los más relevantes.

Otro diario importante en el sistema comunicativo ruso es *Kommersant*, que cuenta con una tirada de 175.000 ejemplares y unos beneficios netos de más de 10 millones de dólares. La Casa Editorial Kommersant, que publica esta cabecera, es propiedad del conglomerado industrial ruso Metalloinvest. Su presidente, Aliser Usmanov, es además una pieza clave en la dirección de Gazprominvestholding, compañía filial de Gazprom dedicada al metal y otros negocios industriales. Antes de ser comprado por Metalloinvest en el 2006, *Kommersant* jugaba un importante papel portavoz de los partidos opositores al gobierno. A partir del cambio, su ideología es más afín al Kremlin. Se aprecia, por tanto, una clara relación de *Kommersant* con el Gobierno ruso a través de las empresas metalúrgicas Metalloinvest y Gazprominvestholding. Donde se aprecia una nueva relación entre periódico y Estado es en el diario *Rossiyiskaya Gazeta*, que es propiedad directa del Kremlin. En ocasiones, cuando informa sobre decretos, documentos o leyes, cumple funciones de diario oficial.

3.2. VGTRK

Un grupo también cercano al Gobierno, en este caso de forma total al ser una compañía pública, es All-Rusia State Televisión and Radio Company –VGTRK–, que reúne 7 cadenas de televisión –2 internacionales–, 5 estaciones de radio, una agencia de información, y más de 80 cadenas y estaciones de radio locales. Esta propiedad estatal participa también, con un 32%, en la cadena paneuropea *Euronews*, así como en producciones cinematográficas y exportaciones de películas. Su composición es la siguiente:

- **Cadenas de televisión. Nacionales:** *Rossiya –Rusia TV* o *RTR–, Bibigon, Kultura, Sport* y *Vesti.*
- **Cadenas de televisión. Internacionales:** *RTR Planeta* y *RTR Planeta Sport.*
- **Estaciones de radio. Nacionales:** *Radio Kultura, Radio Mayak, Radio Orfey, Radio Rossi* y *Vesti FM.*
- **Agencias de noticias:** *RIA-Novosti.*

Su canal *Russia TV*, también conocido como *Channel 2*, es la segunda televisión más vista del país por detrás de *Channel One*, cadena que se tratará un poco más adelante. La programación y la línea política de estas dos cadenas líderes son muy similares, por lo que se han convertido en competidoras directas. Sus beneficios por publicidad, unos 1.000 millones de dólares, son los mayores de todo el mercado televisivo ruso.

Vesti-FM es una estación de radio que emite información las 24 horas del día. Ofrece noticias de forma continua alternadas con boletines, comentarios de expertos y reportajes especiales.

La agencia de noticias estatal *RIA-Novosti* es una de las primeras fuentes de información del Gobierno ruso, y de gran parte de los medios cercanos a él. Trabaja con información de todo tipo y en distintos idiomas. Otra agencia rusa apegada al gobierno y con importantes conexiones internacionales es ITAR-TASS. Ambas empresas informativas tienen su origen en la antigua Unión Soviética. Entre las agencias privadas independientes o, como mucho, de capital mixto, destaca INTERFAX, con importantes delegaciones en Asia, sobre todo en China.

VGTRK, que es conocida también como RTR o RTR Group, tiene acuerdos con varias compañías extranjeras que emiten sus canales por todo el mundo. Es el caso de Asia Satellite Communications, que a través de su plataforma AsiaSat 2, lleva los programas de VGTRK hasta Asia y Oceanía. La compañía de satélites AsiaSat, que opera por todo el mundo, es propiedad de General Electric y CITIC Group.

Otros importantes canales de televisión en los que existe participación gubernamental son *Channel 1*, *TV Center* y *Zvezda*. El primero de ellos es el más visto del país, llegando al 98% de los hogares rusos. Frances Serra[1] afirma, además, que es la principal fuente de información, si no la única, de buena parte de la población rusa en el interior y el exterior, mediante sus transmisiones por satélite.

---

1. Francesc Serra Massansalvador es español, doctor en Relaciones Internacionales por la Universidad Autónoma de Barcelona y máster en Estudios Internacionales por el CIDOB. Es profesor de Relaciones Internacionales y Política Internacional Europea en la UAB desde 1996. Sus áreas de investigación se centran especialmente en los conflictos nacionales en el espacio de la antigua URSS y en las relaciones entre Rusia y la UE.

El 51% de su accionariado es propiedad del Estado, estando el resto repartido en compañías bancarias como ORT Bank Consurtium –24%–, o RastrKom 2002 –14%–. Por su parte, *TV Center* es propiedad de la administración moscovita, y se centra en una audiencia mayor de 40 años interesada en los aspectos locales. En cuanto a *Zvezda*, tiene como rasgo más importante su pertenencia al Ministerio de Defensa Ruso, que también tiene su lugar en la estructura comunicativa del país.

3.3. Prof-Media

Este holding cuenta con la más importante diversificación de medios de comunicación privados en Rusia. Su volumen de beneficios, que se acerca a los 500 millones de dólares, está entre los que más crecen cada año. Prof-Media es propiedad del conglomerado Interros, una de las principales sociedades de inversión del país, que se mueve en sectores como la metalurgia y la minería –MMC Norilsk Nickel–, finanzas –Rosbank–, agricultura y alimentación –Agros Group–, o bienes inmobiliarios y turismo –Rhoza Khutor Companies–. Los medios de comunicación que acumula son los siguientes:

- **Cadenas de televisión. Satélite:** *TV3 Network, MTV Rusia, VH1 Rusia y 2x2 Tv Channel.*
- **Compañías de Internet:** *Rambler* y *Video24.*
- **Estaciones de radio:** *AutoRadio, Humor FM, Radio Energy –NRJ–* y *Radio All.*
- **Publicaciones en prensa. Magazines:** *Itogi, 7 Days TV-Program, Caravan of Stories' Collection* y *Caravan of Histories.*
- **Publicaciones en prensa. Magazines:** *Afisha Moscow, Afisha St. Petersburg, Afisha Universe, Afisha-Mir, Afisha-EDA,* Afisha Guidebooks y Bolshoy Gorod Magazine.
- **Compañías de cine:** Central Partnership Sales House y Video24.

Prof-Media posee los canales *MTV Rusia* y *VH1 Rusia*, tras hacerse con el total del accionariado de WasfarerMedia Ltd., un *joint venture* que compartía con Viacom. Sus otras dos televisiones, *TV3 Network* y *2x2 TV Channel*, se centran en el entretenimiento.

Mención importante merece también su presencia en Internet a través de Rambler Media, grupo creador de varios portales con bastante éxito. Es el caso de *rambler.ru*, que recibe más de 20 millones de visitas mensuales.

En lo relativo a las publicaciones de prensa, Prof-Media destaca en la actualidad por ser propietario de PH Afisha, líder en el mercado de revistas de entretenimiento y diversión. En 2007, un año después de hacerse con PH Afisha, Prof-Media vendió Komsomolskaya Pravda Editors, la mayor compañía de prensa en Rusia, a Media Partner, una filiar de la compañía energética ECN Group. El diario *Komsomolskaya Pravda*, de carácter sensacionalista, es hoy, junto al diario *Trud*, uno de los más vendidos. *Trud* es propiedad de Media3, que a su vez es filial del PromSvyazCapital Group, un conglomerado centrado en diversas actividades económicas. Otras publicaciones importantes de Media3 son las revistas *Extra M Media* y *Argumenty I Fakty*. De carácter privado es también el periódico *Novaya Gazeta*, publicado los lunes, miércoles y viernes de cada semana. En él trabajó la periodista rusa Anna Politkovskaya antes de su muerte. Actualmente su accionariado es compartido por el ex presidente ruso, Mijaíl Gorbachov, que tiene un 49%, y por una plataforma de periodistas, con un 51%.

Prof-Media posee también Central Partnership, a través de la cual coordina Central Partnership Sales House, dedicada a la explotación de estudios cinematográficos, y Video24, una página web dedicada al mundo del cine. Central Partnership es la encargada de distribuir los productos de Paramount Pictures. Se aprecia por tanto una nueva relación comercial entre el brazo mediático de Interros y Viacom. Otra de las empresas asociadas a Prof-Media es Gazprom-Media, que compra los derechos de algunos de sus canales para emitirlos a través de *NTV Plus*.

3.4. Independent Media Sanoma Magazines

Independent Media es un importante grupo comunicativo ruso que centra su actividad en la publicación de revistas. En el año 2005, la subsidiaria del grupo finlandés Sanoma WSOY, Sanoma Magazines, adquirió Independent Media, dando lugar a Independent Media Sanoma Magazines –IMSM–. En la actualidad lanza más de 50 publicaciones que acumulan unos 10 millones de lectores en Rusia y Ucrania. IMSM posee Fashion Press, un *joint venture* con el holding norteamericano Hearst Corporation, que publica revistas como *Robb Report, Cosmopolitan* o *BAZAAR.*

Junto a la compañía italiana Mondadori, propiedad del conglomerado Fininvest, IMSM publica la revista *Grazia.* Además, forma parte junto a Dow Jones Company, propiedad de News Corporation –EE.UU.–, y Pearson Overseas Holding Ltd. –Reino Unido–, del *joint venture* Business News Media, editor del diario de negocios *Vedomosti.* IMSM también cuenta con el 50% de la editorial de libros Alpina Bussines Books, y con los diarios *The Moscow Times* y *St. Petersburg Times.* El primero está editado por su filial United Press, y el segundo por Neva Media. El grupo Prof-Media cuenta con el 25% de las acciones del diario *St. Petersburg Times.*

3.5. CTC Media

CTC Media es uno de los grupos comunicativos privados con más fuerza en el mercado ruso. Tiene en su poder los canales de televisión *CTC TV, Domashny* y *DTV* y las productoras *Costafilm* y *Soho Media.* Posee además *Channel 31* en Kazajstán y varias compañías de televisión en Uzbekistán y Moldavia. CTC Media es fruto de un *joint venture* entre Alfa Group –conglomerado ruso que participa en actividades industriales, financieras, energéticas, etc.–, que posee un 26%, y Modern Times Group AB –filial mediática del conglomerado sueco Investment AB Kinnevik–, con un 40%. El valor aproximado de CTC Media en el mercado es de 430.000 millones de dólares, y en la actualidad cotiza en el Nasdaq estadounidense.

Los contenidos de sus canales no tratan temas políticos para evitar posibles represalias. Lo cierto es que existe una relación de CTC Media con el Gobierno ruso a través de Alfa Group y Gazprom. Ambos conglomerados tienen negocios conjuntos en la compañía energética TNK-BP. *Domashny* se centra en programas femeninos de carácter familiar, y *DTV* en el mundo del cine. *CTC TV*, por su parte, es un canal de entretenimiento enfocado a un público joven, con una potencia de señal capaz de llegar a 100 millones de personas en todo el país.

Para cerrar el capítulo referido a la estructura mediática rusa, hay que hacer referencia al canal de televisión privado *REN-TV*. Su importancia radica en la presencia de un grupo extranjero en su accionariado: Bertelsmann a través de *RTL*. Este gigante mediático alemán posee el 30% de la cadena. El resto de acciones están repartidas entre la metalúrgica Severstal –35%– y la energética Surgutneftegaz –35%–. *REN-TV* y *CTC TV*, tienen la característica común, no muy habitual en el mercado televisivo ruso, de tener presencia extranjera en su accionariado. En el mercado de prensa ocurre lo contrario. Al anterior caso del grupo finlandés Sanoma WSOY en las publicaciones de Independent Media, se le unen otros como el del grupo alemán Axel Springer, que cuenta con una filial en Rusia llamada Axel Springer Rusia, y edita revistas como *Forbes* o *Newsweek*; o el de Bertelsmann, que vuelve a introducirse en el mercado ruso a través del grupo Gruner + Jahr Rusia, con publicaciones como *Geo* o *Gala*. El grupo francés Lagardère también está presente en este mercado a través del *joint venture* entre Hachette Filipacchi Shkulev e Intermedia Group. De esta forma publican revistas como *Star Hit*, *Elle*, *Marie Claire* o *Maxim*.

3.6. Los dueños rusos de dudosa reputación

En su edición digital, el diario español *El País* publicó lo siguiente (*www.elpais.com*, 26/3/2010):

> El grupo irlandés Independent News & Media Plc (INM) anunció ayer la venta de sus periódicos londinenses *The Independent* y *The Independent on Sunday* al magnate y ex espía ruso Alexander Lebedev por el precio simbólico de una libra esterlina (1,11 euros). Además, los propietarios salientes pagarán a los entrantes 9,25 millones de libras (10,31 millones de euros) a lo largo de los próximos 10 meses, aunque Lebedev asume a cambio las deudas de los dos diarios.
>
> La crisis de *The Independent*, con la que ha convivido prácticamente desde su nacimiento en 1986, se ha exacerbado en los últimos años por la apari-

ción de nuevos modelos de competencia en el periodismo, como Internet y los diarios gratuitos, y se ha convertido en insuperable con la caída del mercado publicitario por la recesión.

Alexander Lebedev, que en enero del año pasado compró el vespertino *The Evening Standard*, ha acabado transformando esta cabecera en un diario gratuito.

Hijo de un prestigioso profesor de tecnología, Alexander Lebedev, de 50 años, empezó su carrera en la Administración y llegó a ser agente del KGB. Hizo su fortuna, evaluada en 3.100 millones de dólares (2.300 millones de euros) por la revista *Forbes* en 2008, a través de la banca. Con su llegada, *The Evening Standard* desplazó hacia el centro su derechista línea editorial.

La noticia es especialmente significativa porque pone de relieve algo que siempre he defendido. Tras la caída de la URSS, no se ha levantado, en esencia, una nueva estructura de poder, como sucedió tras la caída del zarismo. Se ha dado un cambio de sistema productivo sobre la base de los mismos elementos humanos que antes controlaban el país en nombre del comunismo, reciclados hacia el mercado con el apoyo occidental. Y el cambio de sistema productivo exige un remedo de democracia para ser aceptado en los organismos internacionales. En realidad, estamos ante una dictadura legalizada internacionalmente, por eso los medios de comunicación occidentales no son especialmente agresivos con Rusia, sencillamente porque sus dueños respaldan a esta «nueva» Rusia no comunista aunque la observen con reparos.

En esta dinámica, llegan a coexistir dos o más estados en uno: el oficial y el o los paraoficiales, como los que se derivan de los lobbies legales y de los ilegales (mafias). Aún no se ha producido una total simbiosis entre estos diferentes estados para, sobre ella, levantar el país socialmente estable, mantenido sobre esa amplia clase media de la que antes hablaba. Sólo una clase media con poder adquisitivo más o menos amplio –y, por tanto, timorata y conservadora de su estatus, permeable a los mensajes mediáticos hegemónicos y/o cómplice con ellos– puede dar sentido y solidez a una democracia mercantil.

La empresa de *The Independent* ha continuado su expansión en Reino Unido, donde se fundó el citado diario en 1986. El portal *www.infoperiodistas.info* publicaba en 2010 esta información:

El grupo «The Independent» lanza «I», el diario conciso

20.10.2010

El próximo 26 de octubre empezará a publicarse en el Reino Unido un nuevo periódico independiente que se llamará simplemente *I*. Este medio de comunicación, el cual se editará de lunes a viernes, es una idea del grupo Independent Print, que pertenece al hombre de negocios ruso Alexander Lebedev.

Es el primer diario inglés de los últimos 25 años, será dirigido por Simon Kelner, y costará sólo 24 céntimos de euro (20 peniques) y según sus responsables está destinado a lectores de todas las edades que quieran un diario concreto, a quien interesa un resumen de los acontecimientos principales. De esta manera el nuevo periódico se complementaría con otro famoso diario.

Alexander Lebedev, gerente del grupo Independent Print, propietario también del *The Independent*, ha afirmado su compromiso con «una prensa libre y vibrante» y con las «aventuras de tipo mediático» que unen lo innovador con la calidad periodística.

Su hijo, Evgueny Lebedev, presidente del grupo editor, declaró por su parte estar «muy orgulloso de lanzar *i*, que será el primer periódico de calidad en salir en Gran Bretaña desde que comenzó a publicarse *The Independent* en 1986» y aseguró «Mi padre y yo creemos en una prensa libre como herramienta fundamental de una democracia y ambos creemos que los periódicos tienen un futuro, y muy importante». Por su parte, Simon Kelner afirmó: «Con el lanzamiento de *i*, estamos haciendo otra vez algo radical y nuevo, estamos creando un periódico para hoy que conserva las cualidades esenciales de *The Independent*».

La diversificación y extensión de capitales origina esta penetración rusa en Reino Unido. Lo curioso es que la dinámica del mercado ha propiciado que *The Independent*, un diario liberal que se fundó para contrarrestar al tradicional *The Times*, en cuya constitución estaba el grupo Prisa, ahora sea propiedad de un empresario de dudosa reputación. Lebedev es dueño del diario *Nóvaya Gazeta*, es empresario agroindustrial, posee el 15% de las acciones de Aeroflot (líneas aéreas rusas) y, a través de la Corporación de Reserva Nacional (NRK), tiene el 78,19% de las acciones del banco Nazionalnii Reservnii Bank (NRB).

4

India

La situación mediática en la India, a diferencia de China y Rusia, se asemeja bastante a la que existe en los países occidentales. En este país se aprecia una notable intromisión de compañías extranjeras en el negocio de la comunicación, ya sea formando *joint ventures* o estableciendo sus propias sociedades. La enorme población de la India –1.000 millones de personas, aproximadamente– y el progresivo aumento del poder adquisitivo en sus habitantes, son manjares muy atractivos que los inversores no han obviado. La nacionalidad predominante de los conglomerados extranjeros que operan en la India es la estadounidense. Este hecho es lógico si se tiene en cuenta que gran parte de los mayores oligopolios mediáticos mundiales son de Estados Unidos, y, de una u otra forma, se extienden por todos los mercados, caso de Times Warner, Viacom o News Corporation.

Una de las características de la economía india en las dos últimas décadas ha sido su liberalización, dando lugar a una mayor flexibilidad de las telecomunicaciones y provocando la aparición de nuevas tecnologías de la información y de una potente industria del entretenimiento. Ana Fiol[1] aprecia que la política desregulado-

---

1. Ana Fiol es periodista argentina, docente universitaria, investigadora y escritora. Es investigadora del Forum Sector, World Association for Christian Communication –WACC–, que ha llevado a cabo, entre otros muchos, un programa de consultas regionales con académicos, trabajadores de medios y legisladores, sobre la estructura de propiedad, el control y las posibilidades de acceso ciudadano a los medios de comunicación.

ra del gobierno ha conducido al fortalecimiento del mercado informativo y a la diversificación de las opciones del consumidor indio, dando lugar a la creación de un sistema al más puro estilo capitalista occidental.

Otra de las características importantes del país surasiático es la gran mezcla de culturas que aglutina. Se estipula que puede haber unas 400 lenguas diferentes, aunque sólo 22 están reconocidas por la Constitución. Por este motivo, hay que tener presente en todo momento el gran abanico de medios especializados en una determinada lengua que no pertenecen a grandes grupos, ni juegan un papel importante en la estructura mediática de la India

Un ejemplo que pone de manifiesto esta situación se encuentra en los centenares de cabeceras de prensa que se publican en casi todas las lenguas reconocidas constitucionalmente. El Estado indio tiene como idiomas oficiales el hindi y el inglés, ambos predominantes en los medios.

4.1. Prasar Bharati

El grupo Prasar Bharati es la mayor corporación de medios públicos en la India, aunque su extensión llega también, de momento, hasta Pakistán, Bangladesh, Bután y Nepal. Establecido en el año 1997 con la intención de equipararse a los sistemas públicos informativos de los países desarrollados, lleva a cabo sus funciones a través de Doordarshan Television Netwok y All India Radio.

Al igual que otros medios públicos regionales de la India, Doordarshan y All India Radio han sufrido una profunda comercialización que ha supuesto un progresivo alejamiento del ámbito estatal, y la imposición de un servicio público de radiodifusión. Las cadenas y actividades que engloba Doordarshan son las siguientes:

- **Cadenas de televisión. Nacional:** *DD National, DD News, DD Sport, DD India, DD Bharati, DD Urdu*, 4 canales de uso gubernamental y 2 canales de actividades parlamentarias –*DD RS* y *DD LS*–.
- **Cadenas de televisión. Regionales/Satélite:** *DD North East,*

*DD Oriya, DD Podhigai, DD Punjabi, DD Sahyadri, DD Sapta-
giri, DD Bangla, DD Gujarati, DD Chandana, DD Kashir y DD
Malayalam.*
- **Cadenas de televisión. Internacional:** *DD India International.*
- **Compañías de planificación de medios:** *Development Communication Division –DCD.*

Doordarshan es una de las mayores compañías del mundo en
cuanto a términos de infraestructuras, estudios y transmisores se
refiere, lo que le permite llegar a casi toda la población del país.
Asociada a Doordarshan se encuentra Development Communication Division –DCD–, una compañía encargada de coordinar las actividades de producción internas de la cadena y comercializar sus
productos. Además realiza actividades de *marketing* para ministe-
rios gubernamentales y empresas del sector público. En cuanto a
All India Radio, cuenta con las siguientes estaciones:

- **Estaciones de radio. Servicios Regionales:** estaciones agru-
padas en *North Regional Service, East Regional Service, North
East Regional Service, West Regional Service* y *South Regional
Service.*
- **Estaciones de radio. Servicios Externos:** estaciones agrupa-
das en *North East Asia, East & South East Asia, Australia & New
Zealand, Mauritius & East Africa , West & North West Africa, West
Asia, Uk & West Asia, East Europe* y *Neighbouring Countries.*
- **Estaciones de radio. Música:** *Vividh Bharati FM* y *FM Clas-
sical Music Channel.*
- **Estaciones de radio. Otras:** *National Channel, FM Rainbow
Channel* y *FM Gold Channel.*

Al igual que ocurre con Doordarshan, la compañía All India Radio cuenta con una potente infraestructura que la sitúa entre las
más grandes del mundo. Su cobertura llega al 91,79% del territorio, y abarca el 99,14% de la población. Tiene la capacidad de cubrir
24 lenguas y 146 dialectos gracias a sus servicios regionales.

Prasar Bharati ha establecido acuerdos con las plataformas Sky
TV –British Sky Broadcasting/GB– y DirectTV –DirectTV Group/

EE.UU.–, para la difusión de algunos de sus canales. El grupo indio tiene además proyectos en común con otras empresas indias y extranjeras para desarrollar nuevas tecnologías. Un ejemplo es el acuerdo con la compañía finlandesa Nokia –Nokia Corporation–, a través del cual han implantado en la India el sistema DVB-H de televisión en móviles y otros aparatos.

4.2. Network 18

Network 18 es uno de los mayores grupos comunicativos de la India. Sus actividades se reparten entre canales de televisión, prensa, Internet, producción de películas y contenidos para móviles. El 51% de las acciones del grupo son propiedad de Raghav Bahl, un multimillonario indio. Los medios de comunicación que posee están reunidos en las compañías TV18, Viacom 18, Global Broadcast News –GBN–, también conocido como ibn18 Broadcast, y Web 18. Network 18 aglutina los siguientes medios:

- **Cadenas de televisión:** *CNBC-TV18, CNBC Awaaz, NewsWire18, CNN-IBN, IBN-7, IBN-Lokmat, MTV India, Nick India, VH1 India, Colors, HomeShop 18* y *Educomp 18 channel.*
- **Productoras de cine y TV:** *Studio 18* y *Cell 18.*
- **Portales en Internet:** *moneycontrol.com, ibnlive.com, cricketnext.com, commoditiescontrol.com, tech2.com, poweryourtrade. com, easymf.com, compareindia.com, yatra.com* y *bookmyshow. com.*
- **Compañías de prensa. Publicación e impresión:** *InfoMedia18.*
- **Compañías de** *marketing***:** *Sport18.*
- **Agencias de noticias:** *CRISIL MarketWire.*
- **Instalaciones:** centro nacional de medios National Stock Exchange-TV18.

En el accionariado de *TV18* están presentes, además de Network 18 con un 51%, algunas instituciones privadas y públicas de la India. En total cuenta con 3 canales: *CNBC-TV18* –inglés–, *CNBC Awaaz* –hindi– y *NewsWire 18.* Los dos primeros, fruto de un *joint venture* con CNBC Asia –NBC Vivendi Universal/EE.UU.–, son líderes de información económica, mientras que *Newswire18* ofrece información financiera a tiempo real. Network 18 adquirió este último cuando se hizo con CRISIL MarketWire, la primera agencia india de noticias financieras a tiempo real. La reputación de esta compañía es tal, que la Bolsa Nacional de la India llegó a un acuerdo con TV18 para crear el centro nacional de medios National Stock Exchange-TV18 y potenciar así la información bursátil.

TV18 es el principal accionista de Global Broadcast News, compañía que participa en tres *joint ventures*. En el primero de ellos está aliado con Turner International –Time Warner/EE.UU.– para producir la cadena *CNN-IBN*. En el segundo tiene lazos con el periódico Lokmat –Lokmat Group/India–, y ambos producen *IBN-Lokmat* en lengua maratí. Por último, *GBN* posee el canal *IBN-7* junto a la compañía india Jaghram Pakrasam Ltd., que será tratada en el siguiente apartado.

La compañía Viacom18 es fruto de un *joint venture* entre Network18 y la norteamericana Viacom. Gracias a esta unión, Network 18 ofrece canales como *MTV India*, *Nickelodeon India* o *Colors*. Este último se ha convertido en uno de los más vistos entre la población india de lengua hindi, y compite directamente con otros como *Zee TV* –Zee Network/India–, *STAR one* –News Corportation/EE.UU.– o *Sony Entertainment Television* –Multi Screen Media Pvt. Ltd., un *joint venture* de Sony Entertainment International, Capital International Japan, y otras empresas indias/Japón.

Network18 cuenta con una fuerte presencia en la Red a través de todos los portales que aglutina Web18. Además, gracias a un acuerdo con Forbes Media –Axel Springer/Alemania–, Network18 publica la revista *Forbes India*.

Otros negocios que tiene Network18 son el de la gestión y explotación de derechos deportivos a través de *Sport18*, y el de la producción y distribución de películas, series y contenido audiovisual con *Studio18* y *Cell18*.

4.3. Independent News & Media

Un lugar importante en la estructura informativa de la India ocupa también el grupo comunicativo irlandés Independent Media & News

–INM–, propietario del 21% de Jaghram Pakrasam Ltd. Esta última compañía, de origen indio, es la editora del periódico en lengua hindi *Danik Jagran*, que es el más vendido en ese país, el más leído en todo el mundo –15,7 millones de lectores–, y uno de los medios indios más prestigiosos en cuanto a fiabilidad y rigor informativo se refiere. El diario se publica a través de 32 ediciones diferentes, que se reparten en 11 estados del país, y se acompañan de suplementos como el *Jhankaar, Yatra, Sangini, Josh* o *Nai Rahein*.

Jaghram Pakrasam Ltd. diversifica su actividad empresarial a través de negocios en la impresión y publicación de periódicos y revistas, Internet, soluciones de *marketing* y contenidos para móviles. Las compañías y organizaciones del grupo que operan en la India son las siguientes:

- **Compañías de televisión:** *IBN-7 –joint venture* con GBN.
- **Publicaciones de prensa. Periódicos:** *Danik Jagran, i-NExt* y *City Plus.*
- **Publicaciones de prensa. Magazines:** *Sakhi.*
- **Emisoras de radio:** *Radio Mantra.*
- **Compañías promotoras de eventos y contenidos:** *Jagran Solutions.*
- **Compañías de diseño y mobiliario:** *Jagran Engage.*
- **Compañías de contenidos en Internet y móviles:** *J9, khojle.in, MMI Online* y *jagram.com.*
- **Compañías de *marketing* y consultoras:** *Jagran International* y *JRC.*
- **Compañías de viajes:** *Jagran Yatra.*
- **Organizaciones sociales:** *Jagran Pehel* y *Jagran Foundation.*

Entre las diferentes empresas que constituyen este grupo indio, además de *Danik Jagran*, destacan otras como el diario *i-Next,* que ha conseguido hacerse un hueco entre los más leídos del país a pesar de haber nacido en 2006. Dicho diario está dirigido a un público joven de entre 18 y 35 años –50% del total de la población india– a través de 9 ediciones bilingües.

Jaghram Pakrasam Ltd. tiene también una fuerte presencia en la Red gracias al negocio que comparte con Yahoo India: *jagram. com.* Este espacio de noticias en lengua hindi es uno de los más visitados y con más proyección del panorama cibernético indio.

En cuanto a Independent News & Media, es importante apuntar que lanza el periódico *Evening Herald* en Irlanda, y *The Independent* en el Reino Unido. Es dueño además de *Londoncareers Magazines*, la mayor revista de empleo londinense.

El grupo participa con un 40% en APN News & Media Ltd., uno de los principales grupos de comunicación en la zona de Australasia, y es editor de *The New Zealand Herald*, el diario más vendido en Nueva Zelanda. En Sudáfrica publica 17 diarios y semanales de pago, y 14 diarios gratuitos, con lo que se sitúa en una buena posición dentro del mercado de la prensa en este país. En total INM tiene más de 10.000 empleados en todo el mundo, publica unas 33 millones de copias a través de sus 200 cabeceras, y cuenta con 100 millones de lectores que le aportan cerca de dos mil millones de dólares anuales en beneficios.

El segundo periódico de más audiencia en la India es el *Dainik Bhaskar*, con 12,8 millones de lectores, casi 4 menos que *Dainik Jagram*. El diario *Bhaskar* es propiedad del grupo indio Dainik Bhaskar Group, que posee periódicos como *DNA* –un *joint venture* con el conglomerado Essel Group–, *Divya Bhaskar* o *Bussines Bhaskar*; emisoras como *MY FM*; compañías de gestión y distribución de contenidos audiovisuales como *3D Syndication* –también en *joint venture* con Essel Group–; y compañías de contenidos para móviles como *Meramobi* –un *joint venture* con el grupo estadounidense Pitroda Group–. Cuenta también con negocios en el ámbito de la industria textil, la educación o los servicios inmobiliarios.

4.4. Zee Entertainment Enterprises Ltd. (Zee Network)

El siguiente grupo puede considerarse como uno de los más importantes en la estructura informativa de la India. Zee Entertainment Enterprises Ltd. o Zee Network, es propiedad de Essel Group, un conglomerado indio que abarca multitud de negocios en distintos sectores económicos. Sus empresas se reparten en actividades de la comunicación, el entretenimiento, las infraestructuras, la educación, la mensajería o las tecnologías, y reúnen a más de 8.000 empleados.

La oferta de Zee Entertainment Enterprises Ltd., centrada mayoritariamente en canales de televisión por satélite, cable e Internet, se extiende por 167 países, con un alcance estimado de 500 millones de espectadores. Las más de 80.000 horas de producciones propias que ha emitido lo convierten en el mayor creador de contenidos en lengua hindi del mundo. Todas estas cifras se traducen en unos beneficios brutos en 2008 superiores a los 300.000 millones de dólares. Las compañías que forman Zee Entertainment Ltd. son:

- **Compañías de television. Satélite:** *Zee TV, Zee Next, Zee Cinema, Zee Music, Zee Sports, TEN Sports –50% de las acciones–, Zee Premiere, Zee Action, Zee Classic, Zee Smile, Zee Jagran, Zee Trendz, Zee Café, Zee Studio, Zee Aflam y Asian Sky Shop.*
- **Compañías de televisión. Cable:** *Siticable.*
- **Compañías de cine. Productoras:** *Zee Limelight y Zee Motion Pictures.*
- **Compañías de música. Discográficas:** *Zee Records.*

El canal referencia del grupo es *Zee TV*. Sus contenidos sólo se emiten en lengua hindi y están basados en el entretenimiento general. Desde su nacimiento en el año 1992 ha conseguido crear una marca fuerte y reconocida en el sector televisivo indio. Tal y como se señaló en epígrafes anteriores, *Zee TV* compite directamente con canales como *STAR One* –News Corporation/EE.UU.–, *Colors* –Network 18/India–, o *Sony Entertainment Television* –Multi Screen Media Pvt. Ltd./Japan.

TEN Sports es un canal de deportes muy importante en la oferta de Zee Entertainment Enterprises Ltd. El grupo indio se hizo con el 50% de Taj Television Ltd., que además de producir *TEN Sports*, cuenta con instalaciones de estudios digitales y servicios de transmisión integrados. Algunos de sus clientes son Direct TV –Direct TV Group/EE.UU., o YesTV –Yes Television Asia/Hong Kong–. Esta última compañía produce y distribuye canales de televisión en abierto y de pago por toda Asia. Algunos de sus canales propios son *Goal TV* y *All Sport Network*, ambos dedicados al deporte. El otro 50% de Taj Television Ltd. es propiedad de Bykhatir Group, un conglomerado originario de los Emiratos Árabes que tiene empresas en actividades de construcción, servicios inmobiliarios, equipos deportivos o telecomunicaciones entre otros.

En el mundo de la comunicación, además de Zee Entertainment Enterprises Ltd., Essel Group posee Zee News Ltd. Anteriormente, ambas compañías estaban unidas, sin embargo, ahora operan por separado. Los canales de televisión de Zee News Ltd. son los siguientes:

- **Compañías de televisión:** *Zee News, Zee Bussines, Zee Bangla, Zee Gujarati, Zee Kannada, Zee Marathi, Zee Punjabi, Zee Tamil, Zee Telegu, Zee 24 Tass y 24 Ghanta.*

La función que desempeña Zee News Ltd. dentro de Essel Group es la de una compañía especializada en noticias e información de todo el mundo y de las regiones indias con lenguas más importantes, tal y como se puede apreciar en algunos de los nombres de sus canales.

El negocio de la televisión por cable está bien cubierto gracias a Dish TV, que, junto a Siticable, es la empresa más importante de Essel Group en este sector. A través de esta plataforma televisiva, el conglomerado indio establece relaciones comerciales con otras empresas y grupos mediáticos internacionales para la emisión de canales y contenidos. Algunos ejemplos son los acuerdos con las multinacionales estadounidenses ABC-Disney y Hearts Corporation para la emisión del canal deportivo *ESPN*, o con el gigante japonés Sony Pictures para la emisión de *Animax.*

Essel Group participa también en un *joint venture* junto a Turner International –Time Warner/EE.UU.– denominado Zee Turner. El principal objetivo de esta unión es la distribución de los productos Turner por toda la India y otros países vecinos como Nepal o Bután. De esta forma, canales como *Cartoon Network*, *Pobo*, *HBO* y *CNN*, o películas y series propiedad de Time Warner, se difunden por las diferentes plataformas audiovisuales de Essel Group y por su cadena de cines Fun Multiplex Pvt Ltd. Algunas de las relaciones que establecen los grupos y empresas del conglomerado Essel Group con otras compañías son las siguientes:

Zee Network (Essel Group)	Zee Turner	Turner Int. (Time Warner/EE.UU.)
» »	Taj Television/Ten Sports	Bykhatir Group (Emiratos Árabes)
Dish TV (Essel Group)	ESPN	ABC-Disney y Hearst Corp (EE.UU.)
» »	Animax	Sony Pictures (Sony Corporation/Japón)
» »	Nickelodeon	Viacom (EE.UU.)

Essel Group es accionista de United News India –UNI–, una de las dos principales agencias de noticias del país asiático, a través de su compañía Media West Pvt. Ltd. UNI cuenta con cerca de 600 periodistas repartidos por la India y por sus corresponsalías internacionales en ciudades como Washington, Londres, Dubai, Islamabab, Singapur o Sydney. La otra gran agencia es Press Trust of India –PTI–, de tipo no lucrativo, y con una gran red de conexiones a otras agencias internacionales como Associated Press o Agence France-Presse. Entre sus clientes fijos se encuentran *All India Radio*, *Doordarshan*, *Times of India* o *Indian Express*.

4.5. HT Media Ltd.

HT Media es uno de los grupos con más tradición de la India. Actualmente cuenta con importantes cabeceras que lo sitúan en una posición relevante en el sector de la prensa. Los beneficios del grupo rondan los 300 millones de dólares anuales, y las empresas que aglutina son las siguientes:

- **Compañías de prensa. Periódicos en inglés:** *Hindustan Times*, *Mint*, *HT Next* y *Metro Now* –*joint venture* con Times Group.
- **Compañías de prensa. Periódicos en hindi:** *Hindustan*.
- **Compañías de prensa. Magazines:** *Nandan* y *Kadambini*.
- **Cadenas de radio:** *Fever 104 Fm*.
- **Compañías de Internet:** *hindustantimes.com, livemint.com, desimartini.com y shine.com*.
- **Compañías de organización de eventos y soluciones de marketing:** *HT Events* y *HT Marketing Solutions*.
- **Compañías de impresión:** 19 imprentas por todo el país.

El periódico *Hindustan Times* es una de las principales cabeceras indias de información general en inglés. Fundado en el año 1924 por

Mahatma Gandhi, hoy día tiene una difusión de 1,7 millones de unidades y unos 3,5 millones de lectores. HT Media publica también *Hindustan*, periódico dirigido a los hablantes en lengua hindi.

Por su parte, *Mint* es uno de los diarios de referencia en cuanto a información económica se refiere. Su reputación se debe, en gran medida, a que en él colabora directamente *Wall Street Journal* –Down Jones/News Corporation/EE.UU.–, una de las publicaciones financieras más prestigiosas del mundo. Se establece, por tanto, una conexión entre HT Media y News Corporation, dueño de *Wall Street Journal*, a través de *Mint*. Puede afirmarse que HT Media, con *Hindustan Times* y *Mint*, domina el sector de las publicaciones de prensa en inglés.

A través de su filial HT Music & Entertainment Company Ltd., en la cual participa Virgin Radio –Virgin Group/Reino Unido–, este grupo indio posee la emisora *Fever 104 FM*. Su programación se centra en éxitos actuales de todo el mundo.

HT Media tiene presencia en Internet con Firefly e-ventures Ltd., una subsidiaria que aglutina páginas como *hindustantimes. com*, *livemint.com*, *desimartini.com*, *54242.in* y *shine.com*. La primera de ellas se encontraba en 2007 entre las 10 webs más visitadas del mundo según *Forbes*, y actualmente recibe una media de 100 millones de visitas al mes, y más de 2 millones al día.

Otras empresas con las que HT Media mantiene relaciones son la germana Hurbert Burda Media, editora de un gran número de revistas como *Playboy*, *Elle* o *Focus*; la británica Velti, centrada en el desarrollo de tecnologías y contenido para móviles; y la israelí Redmatch, dedicada a la creación y mantenimiento de productos *on-line*.

4.6. The Times Group –Bennett, Coleman & Co. Ltd

El grupo comunicativo indio The Times Group, también conocido como Bennett, Coleman & Co. Ltd, cuenta con varias empresas dedicadas a la información. Desde que comenzara sus actividades en el año 1841, ha conseguido establecerse como un referente en el mercado de aquel país gracias a los diferentes medios que posee. Times Group cuenta con más de 7.000 empleados y factura cerca de

1.000 millones de dólares anuales. Las empresas que Times Group aglutina son las siguientes:

- **Compañías de televisión:** *Zoom, Times News* y *ET Now.*
- **Compañías de prensa. Periódicos en inglés:** *The Times of India, The Economic Times* y *Mumbai Times.*
- **Compañías de prensa. Periódicos en hindi:** *Navbharat Times.*
- **Compañías de prensa. Periódicos en maratí:** *Maharashtra Times.*
- **Compañías de prensa. Magazines:** *Femina, Hello* y *Filmware* –todos en *joint venture* con BBC Magazines.
- **Cadenas de radio:** *Radio Mirchi, Absolut Radio, Absolut Xtreme* y *Absolut Classic Rock.*
- **Compañías de música. Tiendas:** *Planet M.*
- **Compañías de Internet:** *timesjobs.com, simplymarry.com, magicbricks.com, indiatimes* y *timesofmoney.*

Las dos principales cabeceras del grupo son *The Times of India* y *The Economic Times*. El primero de ellos es el periódico en lengua inglesa más vendido en la India. Su difusión diaria sobrepasa los 3 millones de ejemplares, consiguiendo una audiencia de más de 13 millones de lectores. *The Times of India* cuenta con 22 ediciones diferentes repartidas por ciudades de todo el país. Algunos de los suplementos que lo acompañan son *ZIG WHEELS, Times Ascent, Education Times* o *Times Wellness*.

En cuanto a *The Economic Times*, es el periódico económico con mayor tirada de la India, y el segundo del mundo, sólo superado por *The Wall Street Journal* –News Corporation/EE.UU.–. El color rosado del papel y la información financiera de *The Economic* consiguen atraer alrededor de unos 600.000 lectores diarios. Tanto esta cabecera como *The Times of India* compiten directamente con *Hindustan Times* y *Mint*, ambas del grupo HT Media Ltd., por los lectores indios de lengua inglesa.

Los periódicos *Navbharat Times* y *Maharashtra Times* están dirigidos a los lectores de lengua hindi y maratí, respectivamente. Ambos periódicos disfrutan de una buena posición en sus mercados.

The Times Group y BBC Magazines, una división del grupo británico British Broadcasting Corporation –BBC–, poseen un *joint venture* denominado Worlwide Media que se centra en la publicación de revistas. Fruto de ello es *Femina,* que trata temas relacionados con el género femenino, o *Filmware*, dedicada al mundo del cine y las estrellas.

En el ámbito radiofónico, *Radio Mirchi* es la empresa propiedad de The Times Group que opera en la India. Esta cadena cuenta con una amplia red de estaciones repartidas por 33 ciudades, e incluso por algunos metros del país. Sus emisiones, de carácter generalista, tienen gran éxito en ciudades como Delhi o Mumbai, donde alcanzan audiencias cercanas al 50%. *Absolut Radio*, *Absolut Xtreme* y *Absolut Classic Rock* son cadenas de radio que operan en el Reino Unido y que pertenecen a Times Infotainment Media Ltd. –TIML–, una filial de The Times Group.

Times Business Solutions –TBSL– es una de las dos filiales de The Times Group encargadas de desarrollar sitios webs. Páginas como *timesjobs.com,* especializada en ofrecer y seleccionar trabajadores; *simplymarry.com*, dedicada a temas matrimoniales; y *magicbricks.com*, relacionada con la venta y alquiler de viviendas, son un ejemplo del trabajo de TBSL. La otra subsidiaria que desarrolla contenidos para Internet es Time Internet Limited –TIL–, creadora de *indiatimes.com*, uno de los mayores portales indios de información general, y de *timesofmoney.com*, dedicado a transferencias y actividades monetarias.

Finalmente, este grupo mediático cuenta con tres canales de televisión: *Zoom, Times News* y *ET Now*. Los dos últimos canales son fruto de un *joint venture* entre The Times Group y Reuters Group Ltd. –Thomson Reuters/Canadá/Reino Unido–. Ambos se centran en contenidos informativos, y en el caso de *ET Now*, que nació en junio de 2009, en información económica. Por su parte, *Zoom* es un canal dedicado al entretenimiento.

4.7. Tata Sky

La plataforma de televisión por satélite Tata Sky surgió en el año 2004 tras un acuerdo de *joint venture* entre el oligopolio indio TATA Group y el grupo británico British Sky Broadcasting Group –BSkyB–, propiedad de News Corp.

TATA Group es uno de los mayores conglomerados de la India y del mundo. Cuenta con 93 compañías en 7 sectores diferentes: información y comunicación, ingeniería, materiales, servicios, energía, productos de consumo y química. Sus mayores empresas son Tata Steel, Tata Motors, Tata Consultancy Services, Tata Power, Tata Chemicals, Tata Tea, Indian Hotels y Tata Communications, y exportan sus productos, junto a las demás, en 140 países diferentes. Este gigante indio obtiene unos beneficios anuales de 62.5 billones de dólares y reúne a 350.000 trabajadores en todo el mundo.

En cuanto a BSkyB, aunque no posee las dimensiones de TATA Group y sólo se centra en el negocio de los medios de comunicación, también tiene un papel importante en la estructura informativa y económica de varios países en los que tiene negocios. Su sistema de televisión por satélite Sky TV se expande por Gran Bretaña, Irlanda, Italia, Nueva Zelanda y la India. En el año 2008, sólo en Gran Bretaña contaba con 9 millones de abonados. Ese mismo año obtuvo unas ganancias de 8.000 millones de dólares. Casi el 40% del accionariado de BSkyB es propiedad de News Corporation, que una vez más, y no será la última que tratemos, se encuentra inmerso en un negocio en medios de comunicación de este país.

De esta forma, el poder económico de TATA Group y la experiencia de BSkyB, han dado lugar a una de las plataformas con más abonados del país. Teniendo en cuenta las relaciones y negocios que cada uno de estos grupos establece con otras compañías, es importante conocer más concretamente algunos lazos de su empresa conjunta, es decir, de Tata Sky. Son los siguientes:

Tata Sky (TATA Group & BSkyB)	Zee TV	Zee Network (Essel Group/India)
» »	CNN-IBN	GBN (Network18/India & Time Warner/EE.UU.)
» »	Animal Planet	Discovery Comunications Inc. (EE.UU.)
» »	BBC World	British Broadcasting Corporation (Reino Unido)
» »	Pix	Sony Pictures (Japón)
» »	Doordarsham	Prasar Bharati (India)

4.8. Star Group India

Esta empresa, propiedad de News Corporation, juega un importante papel en el mercado indio de televisión por satélite. Su oferta es similar a la que ofrece Star Group desde Hong Kong, por ello, teniendo en cuenta que en el capítulo relativo a China ya se trató a este otro grupo propiedad de News Corporation, las siguientes líneas se centrarán en las características de Star Group India. Los canales que STAR Group India posee son los siguientes:

- **Canales de televisión:** *STAR Plus, STAR Movies, STAR World, STAR One, STAR News, STAR Gold, STAR Utsav, STAR Vijay, STAR Jalsha, STAR Sports, CHANNEL V, ESPN, STAR Ananda, STAR Majha, Asianet, Asianet Plus, Suvarna y Sitara.*

Algunos de los canales de Star Group India son negocios compartidos con otras empresas. Por un lado, *Asianet, Asianet Plus, Suvarna, Sitara* y *STAR Vijay* pertenecen a STAR Jupiter, un *joint venture* entre STAR Group y el grupo indio Jupiter Entertainment Ventures. Por otro lado, *STAR Ananda, STAR Majha* y *STAR News* son propiedad de Media Content and Communications Services –MCCS–, un negocio entre STAR Group India y ABP Pvt Ltd. Esta última compañía es a su vez propiedad de Ananda Editors, un grupo mediático indio que lanza periódicos como el *Ananda Bazar Patrika*, el más vendido en lengua bengalí, y revistas como *Businessworld*, con gran prestigio en el terreno de los negocios.

Otros *joint ventures* en los que STAR Group está presente son Hathway Cable, junto al grupo de empresas del multimillonario indio Rajan Raheja, y STAR DEN, donde comparte negocio con DEN Digital Entertainment Networks Pvt. Ltd. Hathway Cable es uno de los mayores operadores multiservicio del país, mientras que STAR DEN es una plataforma de distribución de canales de televisión que opera en la India y en algunos países de su entorno.

Ideas clave de la cuarta parte

1. Primero, recordemos algo crucial. La estructura mediática de cualquier país es un aspecto clave a la hora de establecer una valoración general sobre ámbitos tan importantes como la política, la economía, las corrientes sociales o la cultura. A la hora de considerar los medios de comunicación como auténticos líderes sociales, teniendo en cuenta el importante papel que han ejercido para el desarrollo de las democracias y su gran capacidad de influencia en los ciudadanos, es necesario contar también con todos aquellos elementos que están detrás y que provocan distintas formas de actuar según sus intereses.

2. Una de las primeras conclusiones que se obtienen al analizar cualquier estructura mediática, aplicable a China, Rusia y la India, es que el auténtico poder no lo poseen los líderes políticos, ya sean elegidos democráticamente o constituidos dictatorialmente, sino un conjunto de fuerzas que ejercen gran presión. Esas fuerzas, en muchos casos, tienen forma de grandes multinacionales con una capacidad económica igual o superior a la de muchos países del mundo.

3. Para comprender mejor esta idea, a pesar de que cada vez resulta más simple, lo más adecuado es ofrecer ejemplos. Si comenzamos por la India, el país de los tres analizados que más se asemeja a los modelos económicos occidentales, puede observarse como un oligopolio, TATA Group, con negocios en casi todos los sectores, tiene la suficiente capacidad para influir en las decisiones del gobierno indio. Esto es debido a los centenares de conexiones que establece con otras empresas y gobiernos extranjeros, el gran volumen de capital que genera o los miles de empleados que dependen de sus actividades.

4. En el caso de Rusia, además del importante poder que siguen manteniendo el ejército y algunos oligarcas, el papel de Gazprom es fundamental. Todo el sistema ruso es una fusión entre los intereses económicos de Gazprom y los políticos del Gobierno, aunque cada vez dichos intereses se diferencian menos. Gazprom-Media cumple una función pro gubernamental muy importante que refuerza la ejercida por el grupo público VGTRK.

5. En China, aunque la mayor fuerza la establecen los miembros más tradicionales del Partido Comunista Chino, cada vez se nota más la influencia de las corrientes capitalistas. Poco a poco CCTV va estableciendo alianzas con compañías extranjeras para incorporar nuevos productos que aumenten sus beneficios. Los medios que controla el Gobierno se han convertido en auténticos gigantes de hacer dinero, y eso no se puede desaprovechar. Las empresas son elegidas a dedo para entrar en el mercado chino, pero entran.

6. También hay que destacar la estrategia seguida en Asia por News Corporation, el conglomerado propiedad de Rupert Murdoch. Su filial STAR Group se extiende por casi todo el continente. Si precisamos un poco más, dicha estrategia es especialmente relevante en la India, donde además de tener presencia a través de empresas propias, como la citada STAR Group, se adentra en otros negocios relacionados con la comunicación, caso de la colaboración con el diario *Mint* –HT Media Ltd./India–. Así pues, News Corporation ha sido uno de los grupos que mejor ha aprovechado las reformas económicas acontecidas en algunos países asiáticos, como la India, así como la relativa apertura de otros sistemas políticos, caso del comunista en China, donde además tiene buenas relaciones con sus líderes.

7. De forma general, el predominio de los conglomerados comunicativos norteamericanos es arrollador. Algunos como Viacom o Time Warner están presentes en los 3 países analizados.

8. En realidad, los seis grandes conglomerados mediáticos que se han visto con anterioridad están presentes en estos países: Time-Warner, NBC Vivendi Comscast, News Corp., Bertelsmann, Viacom y ABC-Disney. Junto a ellos, se observa la presencia del capital italiano (Mediaset/Berlusconi), irlandés y español.

9. Obsérvese bien que la comunicación es una actividad mercantil más. Pero hay otras actividades mercantiles occidentales –conectadas o no a la comunicación– presentes en estos países. He aquí la causa de fondo por la que los medios occidentales no cuestionan en exceso la dictadura que sufre la actual Rusia, ni los abusos y distancias sociales en la India, ni las

actuaciones ilícitas de las multinacionales en aquel país, mientras que, al mismo tiempo, se procede a la crítica establecida en el «guión» contra el régimen chino pero cuidando de no dañar seriamente la imagen del país. Y si los medios no son insistentemente proclives a denunciar a los poderosos es sencillamente porque esos poderosos son los dueños del periodismo, al que reducen a actividades secundarias, por regla general, es decir, coyunturales, no estructurales.

10. Por otro lado, todos estos intereses occidentales presentes en estos y otros países son el germen potencial de posibles enfrentamientos armados de cualquier tipo, en los que Occidente participaría o se vería «obligado» a hacerlo, como es una constante histórica contemporánea en particular e histórica en general.

QUINTA PARTE

Estructura de la Información en España

1

Sistematización.
Dos tendencias mediáticas similares

Es una constante en este libro plantear unas claves para estudiar la estructura mediática mundial –de las zonas más significativas– y de España. Se trata de claves personales, planteadas por tanto por quien firma, siempre con una finalidad sincrónica. Esta última parte del presente trabajo va a seguir, por supuesto, la misma línea. Si el lector desea datos diacrónicos le recomiendo, al igual que puede hacer para otros grupos de comunicación, conectar con las diferentes webs oficiales, con las webs que se ofrecen en las fuentes documentales o con anuarios de comunicación, tales como los que edita –en el caso de España– la Asociación DirCom, la Fundación Telefónica (perezosa en años recientes para esta labor) o la Asociación de la Prensa de Madrid. También puede acudir a revistas especializadas como *Noticias de la Comunicación* e incluso al archivo de la desaparecida (en 2010) *Intermedios de la Comunicación*.

Mi metodología es estructural y selectiva: intenta reflejar ideas esenciales para comprender el fenómeno, huyendo de excesivos detalles y datos que podrían evitarle al lector una asimilación correcta. Mi metodología es el fruto de veinte años viviendo, observando y estudiando el hecho, veinte años como docente e investigador universitario y casi otros veinte más como periodista, antes de acceder a la universidad, donde indago en los entresijos del oficio que ejercí al cien por cien desde 1975 a 1991, año de mi llegada a la universidad.

Para plantear las claves de la Estructura de la Información en España desarrollaré los siguientes puntos:

- Grupos principales. Características.
- Desglose.
- Otros grupos relevantes.
- Conexiones entre grupos españoles.
- Expedientes contra la concentración.
- Conexiones entre grupos españoles y extranjeros.
- Análisis sectorial.
  - Sector editorial y de prensa.
  - Configuración de la Estructura Audiovisual de la Información en España (1923-2010).
  - Internet.
  - Publicidad y comunicación en España en el contexto mundial.

Se trata de ofrecer, primero, una muestra general por grupos para después llevar a cabo un ejercicio de articulación estructural y terminar esbozando puntos relevantes referidos a los distintos sectores mediáticos. Una perspectiva histórica inmediata de cuanto se va a explicar la tiene el lector en otro libro mío (Reig, 1998). Ahora se pretende re-analizar datos e imprimirles un grado de interrelación mayor. Se observará entonces esa constante –ya señalada– en el mercado mediático nacional e internacional: que los grupos, más que competir, colaboran entre ellos. Por tanto, el pluralismo real o esencial, al final resulta un espejismo y se limita a ofrecer dos visiones de un mismo sistema de dominio: el mercantil. El axioma es éste: todo se puede relativizar y/o rechazar menos que la economía de mercado es el menos malo de los sistemas. Se puede criticar pero no cuestionar a fondo ni con insistencia. Las críticas aisladas, además, son necesarias para reforzar la propia imagen de pluralidad que los medios se auto-otorgan.

Como es habitual en la dinámica mercantil, la concentración de poder mediático ha sido una constante en España en la primera década del siglo XXI, así como la penetración de capital extranjero. Sobre el asunto de la concentración se ofrece la información que sigue, aparecida en noviembre de 2010:

Bieito Rubido pronostica que sólo quedarán dos grupos de comunicación

10.11.2010

www.infoperiodistas.info

El director de *Abc*, Bieito Rubido, pronostica que sólo quedarán en el futuro dos grandes grupos de comunicación en España, uno de centro derecha y otro de centro izquierda. En una entrevista que publica la revista de la Academia de Televisión, Rubido asegura que «en unos años, todos los medios de comunicación tenderán a la concentración», según ha recogido la agencia Servimedia.

«Quedarán fundamentalmente dos grandes grupos», aventura. «Un grupo de comunicación multimedia en el centro derecha y un grupo de comunicación multimedia en el centro izquierda. No hay sitio para tantos operadores y habrá un proceso de selección: inevitablemente habrá fusiones y desapariciones.» A su juicio, existe «una clarísima burbuja mediática en España» en la que «son inviables muchas empresas».

Sobre la salud actual del periodismo, dice que es una profesión «cruel». «A los que nos gusta, nos apasiona», afirma, «pero es una profesión donde existe uno de los mayores grados de frustración.» «Tenemos muy elevadas nuestras expectativas y tenemos que fomentar que el periodista entienda con más humildad su trabajo. No somos los salvadores de nada, ni vamos a redimir a la sociedad, somos unos humildes contadores de historias. Esa actitud de arrogancia ha sido muy nociva para la profesión periodística», añade Rubido.

Respecto a la información sobre la programación televisiva que incluyen los diarios, es partidario de acabar con el espacio actual que se dedica a las parrillas. «A mí me cuesta mucho creer que la gente consulta los horarios de televisión en la prensa, pero hay expertos que dicen que sí. Ante la avalancha de canales, nosotros tenemos que hacer una información de apuestas. Creo que el lector nos va a agradecer más que juguemos ese papel y no que le demos una parrilla que muchas veces, por la contraprogramación, no se corresponde con la realidad.»

«Nadie se atreve a hacer ese cambio, pero llegaremos a hacerlo.» El responsable de *Abc* recuerda que el diario *The Washington Post* suprimió en su día la página de cotizaciones de bolsa «y no recibió ni una sola protesta». «Hoy, con los nuevos dispositivos, el seguimiento de la programación se hace a través de la pantalla. Nosotros, más pronto que tarde, suprimiremos esas páginas.»

Las líneas que se acaban de reflejar no sorprenden a ningún ciudadano que siga la dinámica mediática en España, caracterizada por una vergonzosa bipolaridad política concretada en medios que giran en torno a la línea socialdemócrata mientras que otros lo hacen alrededor de la derecha liberal-conservadora-ultraconservadora (este último apelativo es, en parte, un neologismo que encierra a las tendencias fascistas más adaptadas al *marketing* político). Lo vergonzoso llega cuando la realidad de las tendencias políticas en los medios evita que tales medios sean eso, elementos elaborados de manera rigurosa por profesionales del periodismo que trabajan sin presiones, caiga quien caiga, obedeciendo a las constituciones y no a partir de orientaciones políticas. Elementos para informar a la sociedad y por tanto reforzar la democracia; servicios públicos, no privados.

Ténganse en cuenta dos factores. Uno, que las tendencias políticas se han alejado de la realidad social. Dos, que las dos orientaciones mediáticas indicadas son sustancialmente iguales, representan palancas con las que el poder del mercado proyecta su ideología, una ideología que es aceptada por ambas y apoyada. Las medidas del presidente socialdemócrata español José Luis Rodríguez Zapatero (PSOE) tomadas en 2010 y 2011 en relación con la crisis de 2008 responden a unos ajustes que no figuraban en su programa electoral, al revés, el presidente hubo de «traicionar» sus promesas electorales (prefirió hacerlo en lugar de dimitir y narrar a sus ciudadanos lo que estaba ocurriendo) y suprimir medidas sociales derivadas de tales promesas antes que enfrentarse a la estructura mercantil mundial. Y esas medidas fueron no sólo aplaudidas desde la llamada derecha sino que ésta lo apremiaba para que insistiera en las mismas y las llevara más lejos, todo para, en gran parte, recuperar el dinero público entregado a la misma estructura mercantil para que superara la crisis que había creado. Por regla general, los medios vinculados a «los dos capitalismos» se limitaron a lanzar, sobre todo, mensajes justificativos del comportamiento oficial.

Ya cuando Rodríguez Zapatero logró vencer electoralmente a su opositor Mariano Rajoy, líder del Partido Popular (PP, conservador), en 2008, los medios se situaron al lado de una tendencia u otra como hemos reflejado en un trabajo la doctora Rosalba Mancinas Chávez y yo mismo (Reig y Mancinas Chávez, 2010c). En ese trabajo reproducíamos el siguiente cuadro:

Tendencias de los principales medios de comunicación en las elecciones generales españolas de 2008

Medio	Tipo	Accionistas	Tendencia
El País	Prensa	Prisa-Banca	PSOE
SER	Radio	Prisa-Banca	PSOE
Cuatro	TV	Prisa-Banca	PSOE
Público	Prensa	Imagina	PSOE
La Sexta	TV	Imagina-Televisa	PSOE
RNE	Radio	Pública	PSOE
TVE	TV	Pública	PSOE
El Mundo	Prensa	Fiat-RCS	PP
COPE	Radio	Iglesia	PP
La Razón	Prensa	Planeta	PP
Onda Cero	Radio	Planeta	PP
Antena 3	TV	Planeta/RTL	PP
ABC	Prensa	Vocento	PP
Tele 5	TV	Berlusconi/Vocento	PP-PSOE

En realidad, lo que se acaba de reflejar es una evidencia. Basta con analizar durante unos días a estos medios de comunicación para comprobarlo. Por supuesto, todo tiene sus matices, sus peculiaridades, un aspecto que no puedo abordar aquí aunque sí lo he hecho, en parte, en otros trabajos (Reig, 2010a, por ejemplo). No obstante, por la naturaleza de este texto, me veo ahora obligado a simplificar la cuestión –sin que por ello pierda validez el argumento– y el resultado es el que se ha podido leer. El receptor de este libro puede de nuevo interaccionar sobre el cuadro para comprobarlo por sí mismo con ejercicios propios de observación participante y elaboración de trabajos mediante los cuales pueda confirmar mis tesis, puntualizarlas o revocarlas.

Como veremos más adelante, ya se han producido cambios significativos en la estructura de propiedad de estos medios. El más destacado: Berlusconi y la norteamericana Liberty son propietarios de referencia del grupo Prisa, de forma directa o indirecta, junto a los accionistas españoles de la familia Polanco y la banca que los apoya.

Lo que acabo de indicar nos enlaza con el otro factor, la penetración de capital extranjero, que está ligado a la concentración de poder. En el cuadro anterior es visible dicha penetración, que seguiremos viendo después en partes posteriores de esta obra.

2

Grupos principales. Características

En el siguiente cuadro constato los grupos de comunicación a mi juicio más importantes de España:

Grupos españoles de comunicación*

- Grupo Prisa.
- Unedisa-Recoletos (unidos en 2007).
- Vocento (resultado de la unión en 2001 de Prensa Española y Grupo Correo).
- Grupo Planeta.
- Telefónica-Admira.
- Grupo Zeta.
- Grupo Godó.
- Grupo Prensa Ibérica o Moll.
- Grupo Mediapro-Globomedia (Imagina). Nacido en 2006.
- Grupo RTVE.
- Grupo Voz.
- Grupo Joly.

* La mayoría mantiene conexiones entre ellos.

Después añadiremos otros grupos también destacables, algunos en ascenso claro como el Grupo Intereconomía. Pero por ahora vamos a quedarnos con estos. Casi todos ellos tienen una característica común: nacen a partir de soportes de comunicación en papel (diarios y revistas). Es lógico, la comunicación y el periodismo (sobre todo en épocas contemporáneas) han devenido a través de la generación prensa, generación radio, generación televisión y era digital. Por tanto, es natural que la diversificación del capital haya pasado desde lo escrito a lo audiovisual y a lo digital. Grupos que hunden sus raíces en el siglo XIX con la llamada «prensa de masas» han desembocado con posterioridad en las siguientes generaciones, ya indicadas.

Son excepciones a esta característica general los grupos puramente audiovisuales, como es el caso del Grupo RTVE o del Grupo Imagina (propietario de la cadena de televisión La Sexta, que apareció en 2006), si bien está vinculado a él el diario *Público* que nació con posterioridad a La Sexta, en 2007. Por su parte, Telefónica es un caso especial porque no es habitual que una empresa de telecomunicaciones haya poseído tanta presencia en los medios. Ello se debe a razones políticas relacionadas con las pugnas de las dos derechas o, como prefieren llamarse a sí mismas, el centro-derecha y el centro-izquierda. Veremos esto un poco después cuando tratemos de Telefónica.

Como observaremos en un cuadro posterior, es otra característica las conexiones entre grupos. En efecto, de facto, estamos hablando de negocios que se reparten el papel político correspondiente al centro derecha y al centro izquierda (ambos a su vez con matices diferenciadores); no estamos tratando de lo que llamé en su día *pluralismo esencial* sino que nos enfrentamos a lo que denominé *pluralismo aparente*, algo que, por desgracia, ha ido en aumento desde que formulé y demostré estos conceptos en mi tesis doctoral, defendida en 1994 y editada, casi toda ella, en dos libros (Reig, 1994 y Reig, 1995).

Creo que lo que existe realmente en el mundo de la comunicación periodística española es un reparto de papeles en el gran teatro mercantil: unos juegan el papel de las derechas y otros el de las izquierdas que aceptan el mercado, con lo cual, a mi juicio, pierden su carácter real de izquierdas para pasar a ser derechas sonrientes (Vicente Romano), centro izquierda o, como las denominé yo, «izquierdecha» (Reig, 2001). Por encima de todo está el negocio y, si es necesario, grupos de uno y otro signo formulan alianzas o incluso se producen uniones a primera vista *contra natura*, en una dinámica que, en gran medida, permanece oculta a los receptores.

Por supuesto, la unión entre grupos afines es más común, como se muestra en el cuadro: el grupo vasco Correo con el madrileño/

sevillano Prensa Española (unidos en 2001 con el nombre de Vocento) o el Grupo Recoletos (cercano al Opus Dei) con Unedisa (*El Mundo*) en 2007, conformando Unidad Editorial. Eso no significa armonía y paz en el seno de estos grupos. En el primero de los citados se han producido reyertas importantes entre sus socios (los Ybarra y los Luca de Tena, sobre todo, véase Pascual Serrano, 2010b). El segundo depende accionarialmente del capital italiano de las familias Agnelli y Rizzoli, enfrentadas a Berlusconi, quien se unió en 2009 a Prisa, defensor de la socialdemocracia española, sobre todo desde que Felipe González se alió con don Jesús de Polanco, fundador de Prisa.

Como he dicho, un soporte de papel es el origen de casi todos los grupos. Dicho origen se resume en el siguiente cuadro:

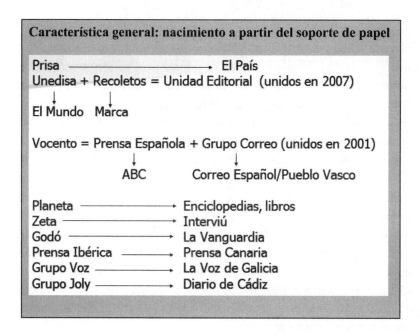

Ahora, de inmediato, cuando proceda al desglose de los grupos, deslizaré unos apuntes sobre los soportes escritos que se acaban de nombrar.

3

Desglose

Se suele considerar al Grupo Prisa como el más destacado en el panorama español. Desde luego, si es por su proyección externa el primer puesto es el justo. En los últimos dos años atraviesa por una situación financiera tan grave que lo ha llevado a la quiebra técnica, con una deuda que rondaba los 5.000 millones de euros. Dicha deuda procede, sobre todo, de su brazo audiovisual. Por ello, cerró la red de televisión local Localia y cuando se termina de escribir este libro (en diciembre de 2010) ha anunciado la clausura de CNN+. Al mismo tiempo, ha debido maniobrar con los bancos acreedores (como el Santander, BBVA o HSBC) presionando con su poder mediático para evitar la quiebra, y ha acudido al capital italiano (Mediaset, de Berlusconi) y norteamericano (Liberty, de Estados Unidos) para salvar el desastre que hubiera supuesto su desaparición.

Como es la norma, Prisa extiende sus tentáculos a donde puede y se alía con quien cree conveniente. Voy a reproducir un esquema de sus poderes y avatares:

Grupo Prisa

- Orígenes en *El País* (1976) con la entrada de Jesús de Polanco (fallecido en julio de 2007).
- Prensa: *El País*, *Cinco Días*, *As*. División de prensa local (se

está desprendiendo de ella). En 2006 vendió *Odiel Información* a empresarios de la construcción de Huelva (Urbano) y al Grupo Gallardo; en 2007 vendió el 100% de *El Correo de Andalucía* y el 75% del diario *Jaén* al Grupo Gallardo (siderurgia) y el 100% de *La Voz de Almería* a Novotécnica; *Rolling Stone, Cinemanía, Claves de la Razón Práctica, Gentleman, El Globo* (semanario de información general en los años 80, desaparecido).

- Radio: Unión Radio (SER+A3 Radio); 40 Principales, Máxima, Radiolé, Cadena Dial, M-80. *Atención segmentación de audiencia.*
- Televisión: Cuatro, Digital+, Localia, Documanía, Cinemanía, CNN+... En 2008, Telefónica vende sus acciones a Prisa en Digital+ que en 2009 estaba en venta. A finales de 2008, Prisa decide cerrar la cadena Localia por falta de rentabilidad.
- Editoriales: Alfaguara, Taurus, Santillana, Aguilar...
- Internet: Inicia.
- Sondeos: Demoscopia.
- Música: Gran Vía Musical.
- Cine: Sogecine. Sogepaq.
- Otros: Crisol (libros), agencias de viajes Crisol. En 2009 cierra Crisol Libros (abril).
- Contactos accionariales: BBVA, Caja de Madrid, Banesto, Bankinter, BSCH, El Corte Inglés, Vivendi-NBC (C+ Francia), Times-Warner.
- Proyección externa: Times-Warner (CNN+); Vivendi-NBC (Sogecable/C+); Bavaria/Caracol (Colombia); Televisa/Radiópolis (México); Garafulic (Bolivia); Radio Continental (Argentina); Iberoamerican Radio Chile (IARC); Media Capital (Portugal); Le Monde (Francia), Grupo Expresso (I), Fininvest (I).
- A mediados de 2008, Unión Radio controlaba más de 1.200 emisoras de radio en: España, EE.UU., México, Colombia, Costa Rica, Panamá, Argentina y Chile, y anunció su expansión por Perú, Venezuela y los propios EE.UU.
- Fue accionista de: *Público* (Portugal), *La Prensa* (México); *The Independent* (GB); *La Repubblica* (Italia).
- En verano de 2009 forma la empresa PRISA IBN International, con IBN (USA), para promoción de productos audiovisuales en

España, Portugal, América Latina y EE.UU. Talos Partners, el brazo financiero de IBN, compró además una participación inicial del 4,5% del capital de PRISA.

- A principios del otoño de 2009 anuncia la venta del 25% de Santillana a DLJ South American Partners, un fondo de capital privado que invierte en empresas privadas de Latinoamérica, con especial foco en Brasil, Chile y Argentina.

- En noviembre de 2009 vende a Telefónica el 21% de Digital+ por 470 millones de euros.

- En diciembre, Cuatro y Tele 5 (Fininvest) anuncian su fusión, que alcanza a Digital+. Prisa entra en T-5 con un 20% del capital, aproximadamente. Fininvest controla un 22% de Digital+ y se unirá a Telefónica (que tiene un 21%). En conjunto, Fininvest posee un 78% de la nueva televisión (Tele 5 más Cuatro) y Prisa un 22%.

- En 2010 poseía alianzas con *El Economista* (México), *La Nación* (Argentina) y *El Caribe* (República Dominicana) para distribuir *El País* junto a estos medios.

- En marzo de 2010 el grupo anuncia que entra a formar parte de su accionariado la compañía Liberty Acquisition Holdings (EE. UU.), que toma un 50% y deja a la familia Polanco con un 35%.

- En abril de 2010 anuncia una alianza con L'Expresso (I) para controlar *Le Monde* (70% del capital entre ambos, aprox.). El resto del capital lo tiene Lagardère y los redactores de *Le Monde*, que pierden su control (lo ejercían desde 1944) a causa de la deuda acumulada por el diario.

- En abril de 2010 vende el 25% del Grupo Santillana de Ediciones, del que era propietario al cien por cien, al fondo de capital privado DLJ South American Partners. *www.infoperiodistas.info*, 30/4/2010.

- En junio de 2010 sale del accionariado de *Le Monde*. He aquí una información sobre el hecho digna de ser anotada por la riqueza de elementos estructurales de poder que encierra:

«El Consejo de Vigilancia del Grupo Le Monde ha dejado el control del vespertino en manos del trío de empresarios formado por Matthieu Pigasse, Pierre Bergé, y Xavier Niel, por una ajustada mayoría de 11 votos y 9 abstenciones, sobre un total de 20 votos, informó la emisora France Info».

«El grupo France Télécom, el semanario *Nouvel Observateur*, y el grupo español Prisa –ya propietario del 15 % de *Le Monde*–, retiraron pocas horas antes de conocerse la decisión su oferta de compra.»

«La propuesta del banquero y propietario de la revista *Inrockuptibles*, Matthieu Pigasse; el industrial y mecenas Pierre Bergé, y el fundador del operador de telefonía Free, Xavier Niel, era la única aún vigente, luego de que el 90% de los redactores del vespertino respaldasen tan mayoritariamente su propuesta. En un comunicado conjunto, el trío "BNP" como se les conoce ya, anunciaron el inicio inmediato de las negociaciones y subrayaron, ante todo, haberse unido para capitalizar *Le Monde* por considerarlo "un bien común".»

«El equipo formado por Orange, marca de France Télécom, Nouvel Observateur y Prisa se había comprometido a retirarse si no contaban con el apoyo de la redacción.»

«Esta convicción está en el corazón de nuestra iniciativa», aseguraron el empresario y mecenas Pierre Bergé, ex presidente de la Opera Nacional de París y cofundador de la firma Yves Saint Laurent; el banquero y propietario de la revista *Inrockuptibles*, Matthieu Pigasse; y el fundador del operador de telefonía Free, Xavier Niel.

«Pierre Bergé, Xavier Niel y Matthieu Pigasse convencieron el viernes masivamente a la redacción y al resto del personal de *Le Monde*, porque ofrecieron garantías editoriales de independencia absoluta, explicó.»

www.elmundo.es, 28/6/2010.

- En el último trimestre de 2010 se hace efectiva la entrada del fondo de inversiones Liberty Acquisitions Holding (EE.UU.).
- En diciembre de 2010 anuncia el cierre de CNN+.

www.elmundo.es, 10/12/2010.

Numerosos textos analizan el fenómeno del diario *El País* y Jesús de Polanco (Imbert, 1986; Frattini y Colías, 1996; Martínez Soler, 1998; De Pablos, 2001a; Seoane y Sueiro, 2004; García Viñó, 2006). En pocas palabras, *El País* se concretó en 1976, con la idea de dotar a España de un diario liberal. Entre sus fundadores e impulsores estaban personalidades tan dispares como José Ortega Spottorno (liberal, hijo de José Ortega y Gasset), Manuel Fraga (ex ministro de Franco), Ramón Tamames (entonces en el Partido Comunista) o José María de Areilza (de ideología liberal, monárquico y miembro de la nobleza).

En 1975 murió Franco; antes, ya se estaba gestando *El País* pero no apareció hasta 1976. La comunión entre Polanco y el primer director del diario, Juan Luis Cebrián, sería crucial para el desarrollo del Grupo Prisa. Cebrián iba a unir sus intereses con los de Felipe González. El diario perdería poco a poco independencia y hasta seriedad como diario de referencia, como ha demostrado el profesor De Pablos (2001a). Aun así, se ha mantenido y se mantiene como uno de los diez diarios más importantes del mundo. También otros semejantes a él, en otros países, han «popularizado» sus contenidos. Pero *El País* y el Grupo Prisa han formado además su propia nómina de intelectuales y escritores, como ha demostrado García Viñó (2006).

El País es un diario de información general, *Cinco Días* es económico y *As* pertenece al campo del periodismo deportivo. Es interesante para ser indagado el caso de los diarios económicos. A pesar de sus escasas tiradas (*Cinco Días* está en torno a los 10.000 ejemplares para toda España) siguen en el mercado. El de mayor difusión es *Expansión* (del Grupo Unidad Editorial), cuya tirada es de unos 40.000 ejemplares. En realidad, son diarios económicos que promocionan la economía de mercado, ligados a la publicidad explícita e implícita. No son diarios estructurales sino, sobre todo, coyunturales.

Prisa desarrolló una división de periódicos locales de los que se ha ido desprendiendo poco a poco a favor de empresas «amigas». Una de ellas es el Grupo Gallardo, que, aunque se dedica sobre todo a la siderurgia, posee también una pequeña división mediática. En Andalucía, que es el caso que mejor conozco, los diarios locales de Prisa tenían además (y tienen tras la salida de Prisa) presencia de empresarios y ex políticos de la región cercanos al PSOE. El presidente del Consejo Editorial de *El Correo de Andalucía*, decano de la prensa andaluza, cabecera que en 2007 era de Prisa, es José Rodríguez de la Borbolla, ex presidente de Andalucía con el PSOE. En 2010 este diario era del Grupo Gallardo y supongo que lo seguirá siendo cuando este libro esté en la calle.

Por lo demás, es significativo el intento de consolidar un semanario de información general que Prisa emprendió en los años ochenta del pasado siglo. Lanzó *El Globo*, que no llegó a cuajar. A su vez, el grupo mantiene *Claves de la Razón Práctica*, una revista de pensamiento (mensual) donde la línea intelectual socialdemócrata es clara. Se trata de eso que se denomina «publicación de prestigio» porque, desde luego, no posee apenas gancho mercantil.

En la división radio, Prisa es una auténtica potencia mediática tanto en España como en América Latina. En 1992, Polanco, máximo accionista de Prisa, y Godó, del grupo del mismo nombre, unieron sus fuerzas en lo que se llamó desde entonces Unión Radio. Prisa aportó sus emisoras en la Cadena Sociedad Española de Radiodifusión (SER) y Godó las suyas de la Cadena Antena 3 Radio. Así se formó Unión Radio. La alianza sigue salpicada por la polémica ya que, aunque la Justicia española ha estimado que supone una excesiva concentración de poder –tras una denuncia interpuesta por diversos periodistas cercanos a ideologías conservadoras–, Unión Radio prosigue su andadura como si nada. Ni los gobiernos del PP ni los del PSOE han presionado para que el cuasi monopolio mediático, al menos, se suavice.

Por otro lado, en el guión reflejado antes he subrayado la frase «Atención segmentación de audiencia». ¿Qué significa esto? Como se sabe de sobra, que todo grupo mediático coloca emisoras distintas a disposición de diferentes grupos de oyentes. Es una forma de «encadenar» las vidas de estas personas a emisoras de un mismo grupo. Pero, ¿por qué diferentes grupos de oyentes?

El proceso vital de una persona está determinado por una pérdida progresiva de energía y, al mismo tiempo, por la acumulación de experiencias culturales que el cerebro procesa. A mi juicio, más por lo primero que por lo segundo. De ahí que para los públicos más jóvenes el Grupo Prisa impulse Cadena 40 o Máxima, para, desde ahí, ir pensando en otros segmentos de mayor edad y de distintas formaciones culturales, para los que destina M-80, Cadena Dial, Radiolé o, finalmente, las emisiones de onda media o la fórmula onda media (frente a la Radio Fórmula) donde el peso de la palabra es mayor. Es una manera de cubrir los denominados «nichos de mercado».

En la división televisual de Prisa posee un peso esencial el emporio Berlusconi. Además, la propiedad de la plataforma Digital+ se la reparten Berlusconi, Telefónica y el propio Prisa. CNN+, coparticipada por CNN (vinculada a su vez a Time Warner a través de la Turner Broadcasting System o TBS), anunció su cierre en diciembre de 2010, como he dicho, y ya Localia sufrió el cierre dos años antes.

Cuando pensamos en las editoriales de Prisa, es importante que tomemos nota de un fenómeno que ocurre en todos los grupos, al igual que en todos los grupos relevantes sucede el fenómeno de los nichos de mercado en relación con la radio y la televisión, mucho más desde que existe la televisión digital con sus diversos canales en abierto y de pago. Ese fenómeno es el de la autopromoción oculta o manipuladora. Pongamos un ejemplo.

El novelista Arturo Pérez Reverte (por cierto, una de las pocas voces librepensadoras que observo en España) publicó en su momento en Alfaguara la novela *La reina del Sur*. Poco después, en la portada del suplemento dominical de *El País* aparecía el propio Pérez Reverte subido a un helicóptero desde el que, tal y como se anunciaba, nos iba a descubrir los escenarios de su última novela. Se trataba, a primera vista, de un inocente reportaje de viajes pero, en realidad, estábamos ante la puesta en marcha de una maquinaria mediática en la que la novela iba a ser protagonista de manera asidua. Se trataba de una publicidad no declarada. Quien ignore los lazos de unas y otras empresas puede resultar desinformado. Lo anterior es una constante entre los grupos de comunicación más destacados.

Algo similar sucede cuando una película la impulsa una empresa de Prisa o con la que Prisa tenga un acuerdo, como han sido los casos de filmes firmados por Pedro Almodóvar o Alejandro Amenábar. *Los Otros*, por ejemplo, de Amenábar, ha tenido una difusión sobredimensionada en los medios de Prisa, mientras que novelas o películas ajenas al grupo o pasan desapercibidas o reciben un tratamiento mucho menor o residual. Por tanto, el autobombo se antepone –de forma oculta– a la literatura o al arte cinematográfico, esto es lo grave y no exactamente la autopromoción. A su vez, jóvenes actores o escritores lanzados desde las novelas o las películas de Prisa, aparecen simultáneamente en los medios del grupo, ya sea en suplementos para jóvenes o en programas para niños y jóvenes en televisión e Internet. El joven sufre una manipulación clara al tiempo que hacia él (¿contra él?) se dirigen arquetipos a seguir. De lo anterior se deduce que el receptor, sea de la edad que sea, debe estar atento a estos hechos, preguntándose siempre: «¿Quién me está informando?».

Detrás de un gran grupo está siempre la banca, sea como accionista, sea como prestamista. Y a ella se suman otras grandes empresas como El Corte Inglés. Ramón Areces, miembro destacado de la familia fundadora de El Corte Inglés, ya fue accionista de *El País* en sus inicios. Si la banca y otras grandes empresas están detrás de los grupos mediáticos, quiere decir que tanto esas grandes empresas como la llamada cartera empresarial de la banca (las empresas en las que la banca participa) son terreno muy resbaladizo para el periodista que desee desarrollar bien su trabajo. Eso significa que cada vez tendrá que dedicarse más a tratar temas superficiales y anodinos, algo que, al final, se volverá contra el propio grupo y dañará a la propia democracia al resultar afectada gravemente la credibilidad del periodismo. Todo esto se agrava cuando se observa –aquí en este trabajo es posible observarlo– las ligazones de los grupos nacionales con otros más internacionales. Desde siempre, Prisa ha mantenido buenas relaciones con Vivendi, propietaria de Canal+ Francia, accionista a su vez de Canal+ España. Vivendi estuvo aliada a la NBC norteamericana, propiedad de General Electric. La banca francesa (Paribas) y la norteamericana, están detrás de estas grandes firmas, tal y como he puesto de relieve en otro trabajo (Reig, 2010a).

Por lo demás, el texto que se reproduce más arriba sobre la salida de Prisa del accionariado de *Le Monde* es materia de análisis por parte del lector. ¿Cuántos elementos del Poder aparecen ahí vinculados al periodismo? ¿Cuántos dueños, directos e indirectos? Los directos son fácilmente identificables pero, ¿y los «invisibles»? ¿Los que están ligados a los explícitos pero no los vemos? Detallar todo eso aquí es misión casi imposible. Tampoco es finalidad de este libro, su objetivo es mostrar claves de lo que ocurre para que el receptor interactúe y complete algo más el rompecabezas.

Grupo Unedisa-Recoletos o Unidad Editorial

He aquí el guión que voy a aplicar a este grupo para, después, como acabo de concretar para el caso de Prisa, trazar algunos comentarios:

- En 2007 Unedisa absorbe Recoletos.
- Orígenes: *El Mundo* (1989, Unedisa), *Marca* (inicios 80, Recoletos).
- Ambos han estado vinculados a capital extranjero: Recoletos (Pearson, luego Retos Cartera/Banesto, ya capital español).

Unedisa (Fiat-Rizzoli Corriere della Sera). Recoletos ya fue accionista de *El Mundo* en 2000 aproximadamente, junto a Telefónica, hasta 2003.

- En la actualidad (2009) propiedad mayoritaria de Fiat/RCS.
- Prensa: *El Mundo, Marca, Estadio Deportivo, Expansión, Actualidad Económica, Telva, OKS Salud, NBA, Clío, Gaceta Universitaria, Diario Médico...*
- Radio: Radio Marca.
- Televisión: El Mundo TV, Veo TV (con Iberdrola, pero en los inicios de 2008 asume la totalidad de las acciones).
- Editoriales: La Esfera de los Libros.
- Vínculos accionariales: Fiat-RCS (a su vez participado por Construcción, Banca, etc.); Banesto, Iberdrola.
- Proyección externa: *Libération* (Francia), *El Cronista* (Argentina), *Diario Económico* (Portugal), *Qué!* (con Bertelsmann). Este diario quedó fuera de la fusión, lo compró Vocento en 2007.
- En 2009 aparece la edición digital de *El Mundo* para EE.UU. y América Latina. *El Mundo Digital* (*www.elmundo.es*) es el segundo diario más visitado en América Latina, tras *Clarín Digital* (ambos con casi 5 millones de visitas/mes). *El Mundo Digital* mantiene una versión de pago, Orbyt, junto a la de acceso libre.

Para una mejor comprensión, podemos presentar a este grupo como una unión entre dos pero lo cierto es que se trata de una absorción de uno por otro. Dos grupos de tendencia conservadora –sobre todo Recoletos– que unen sus fuerzas empresariales (sinergias) e ideológicas. El diario *El Mundo* está muy unido a la trayectoria y personalidad del periodista Pedro J. Ramírez. Pedro J. –como se le conoce en la profesión– fue director de *Diario 16*, un rotativo que llegó a publicar un cuadernillo en el que el propio Pedro J. entrevistaba a la cúpula de ETA en un lugar no revelado de Francia, cuando este país era una especie de «santuario» para la organización. Eran tiempos del gobierno de Felipe González (gobierno que se prolongó desde 1982 a 1996, cuando José María Aznar ocupó su lugar representando a los conservadores del Partido Popular). Aquella extensa entrevista no sentó bien al ejecutivo felipista, que logró descabalgar a Pedro J. de la dirección del medio. Pedro J., da la impresión de que en aquel momento juró, como Aníbal, «odio eterno a los romanos», aunque, en su caso, «odio eterno a Felipe González y al PSOE». Fundó *El Mundo* en 1989 y pocos años después desapareció *Diario 16*. El nuevo diario iba a ser, en efecto, azote del gobierno de González. Las indagaciones que denunció *Diario 16* en relación con la guerra sucia que el ejecutivo socialista libró contra ETA creando o impulsando los GAL (Grupos Antiterroristas de Liberación) las continuó *El Mundo*. La bola de nieve de las corrupciones del PSOE fue creciendo y Pedro J. se unió a otros periodistas célebres de tendencia conservadora para organizar una auténtica conspiración mediática que contribuyó decisivamente a apear a Felipe González de la presidencia. Pedro J. había logrado su propósito, estimulado además por la descarada apuesta de González en favor de Polanco y de Prisa y contra Pedro J. Ramírez y todo lo que oliera a él.

Pedro J. sigue en la misma línea, su diario está convencido de que detrás del atentado del 11 de marzo de 2004 en Madrid, hay algo más que terrorismo fundamentalista. A veces, *El Mundo* ha llegado a «engañar» a lectores de izquierda por el simple hecho de que era crítico con el PSOE y llegó a defender y simpatizar con el ex líder de Izquierda Unida, el comunista Julio Anguita, de manera que *El Mundo* aglutinaba lectores de derechas y de izquierdas pero no de centro-izquierda o de la derecha sonriente del PSOE.

También apoyó al juez Baltasar Garzón cuando éste rompió sus relaciones con Felipe González (Garzón llegó a ser diputado en las listas del PSOE pero como independiente para, con posterioridad, marcharse al no lograr de González lo que pretendía. Entonces el grupo Prisa arremetió contra el juez al que tanto defiende ahora, en 2009 y 2010, cuando la presión de la extrema derecha ha truncado su carrera en España). Todo era un espejismo aunque sí es conocida la simpatía que Pedro J. siente por la República como forma de gobierno.

Con todo, Pedro J. depende del capital italiano. En cierta ocasión, unas críticas de *El Mundo* a algo intocable en España, la Corona, enfadó a los Agnelli, dueños principales del diario y amigos de la Casa Real española. Las críticas desaparecieron.

Si Unedisa tuvo sus orígenes en *El Mundo*, Recoletos está vinculado a *Marca*, el diario deportivo español más leído (su tirada ronda el medio millón de ejemplares, siendo además el diario más leído, junto a *El País* y el gratuito *20 Minutos*). *Marca* procede de la cadena de diarios del régimen franquista que, tras la desaparición de la dictadura, fue vendida a empresas privadas o, en algunos casos, cerradas otras cabeceras.

El diario económico más difundido en España, *Expansión*, también es de Recoletos (y ahora de Unidad Editorial) así como el semanario económico de mayor aceptación, *Actualidad Económica*. Junto a ellos, diversos diarios y periódicos gratuitos.

Recoletos ha pasado de estar mayoritariamente en manos de capital español –con presencia minoritaria de capital inglés (Grupo Pearson)– a ser adquirido por Pearson mayoritariamente y después nuevamente por el capital español (ayudado por Banesto, del Grupo Santander) hasta integrarse en Unidad Editorial. La relación de Unedisa y Recoletos venía de años antes. Sobre el año 2000, Recoletos y Telefónica eran accionistas minoritarios de *El Mundo*. Daba la casualidad que, entonces, era el PP quien ocupaba el poder político en España. Trataré algo más este asunto cuando lleguemos al Grupo Telefónica.

Con la llegada de la Televisión Digital Terrestre (TDT) por fin vio Unedisa cumplido su deseo de poseer una cadena de televisión: Veo TV. Ya comprobaremos la formación de la estructura audiovisual en España, pero la primera Veo TV del año 2000 contaba con un 25,5% del capital en manos de Unedisa. Ya estaba allí Recoletos, con un 25,5% también, e Iberdrola con el 20%. En 2010, la cadena aparecía en manos de Unidad Editorial totalmente. La capacidad tecnológica de la TDT ha permitido al gobierno español aplicar el «café para todos», de manera que se ha reforzado el oligopolio que ya controlaba la televisión desde que en 1989 aparecieran las cadenas privadas. También mencionaré ese oligopolio cuando describa la estructura audiovisual española desde 1923 a 2010.

Como he dicho, detrás de todo está el Grupo Fiat-Rizzoli Corriere della Sera. Numerosos intereses hay detrás: la industria del automóvil (Fiat), la del caucho-neumáticos (Pirelli), la de la construcción (el polémico millonario Stefano Ricucci, procesado por delitos de fraude) o la financiera (Banco di Lavoro). Y es que la Fiat no está sola ni es sólo de los Agnelli.

Es curioso observar que *El Mundo* es un pequeño accionista de *Libération*, la cabecera emblemática del Mayo del 68 francés. Ocurre algo similar al caso de *Le Monde Diplomatique*, ambos en manos del mercado (véase la salida de Prisa de *Le Monde*), no de supuestas sociedades alternativas a él. La banca Rothschild respalda también a *Libération* desde 2005. El mercado puede colocar en circulación periódicos para todos los gustos, aunque sean antisistema, siempre que se dirijan a minorías. Desde luego no colocarán a los intelectuales críticos en sus televisiones en horarios de *prime time* y con programas divulgativos y atractivos pero sí en lugares más o menos marginales. Eso les sirve a las propias empresas mediáticas para disfrutar de un baño de progresismo y pluralidad.

Grupo Vocento

Para el caso de Vocento, el esquema de trabajo que propongo se asienta sobre los siguientes puntos:

* En 2001 se unen el Grupo Correo con Prensa Española, dando lugar a Vocento.
* Prensa: *El Correo Español / El Pueblo Vasco, ABC, El Diario Vasco, Sur, Ideal, La Voz de Cádiz, El Diario Montañés, Las Provincias, La Verdad, Hoy, Mundo Deportivo* (con Godó)... En verano de 2007 compró el 100% del gratuito *Qué!*, que había pertenecido a Recoletos. *Pantalla Semanal*.
* Radio: Punto Radio. Hasta 2006, un 4-5% de COPE.
* Televisión: Telecinco (5% en 2009) con Berlusconi (52%) y Dresdner Bank (25%); Net TV (con Altadis y Árbol-Globomedia en 2001; con Intereconomía y Disney, en 2008); Sevilla TV y otras locales. En julio de 2009 vende en Bolsa su 5% de Tele 5. En 2010 abre Canal 10 Andalucía en Sevilla (TV regional) y cierra las locales. En ese mismo año, convierte a Canal 10 en nacional y añade a su oferta MTV como resultado de un acuerdo con Viacom (EE.UU.).
* Vinculaciones accionariales: BBVA, familia Luca de Tena, familia Ybarra, familia Urrutia, Mercapital (capital riesgo).
* Proyección exterior: Grupo Clarín (Argentina), Grupo La Nación (Argentina); Prensa Regional en Francia (*Sud Oest*); colaboración con Fininvest (Berlusconi) en Tele 5, hasta 2009;

225

accionista en 2008 de Caribevisión (28%) a través de Tele 5, que abandonó esta participación en agosto de 2009. Con Disney, que en febrero de 2008 compró el 20% de Net TV. Con Viacom, desde 2010 (MTV).

- En 2007 se desprendió de sus acciones en *Clarín* y *La Nación* (34%), vendiéndoselas a estos mismos grupos (CIMECO es el nombre que aglutina a ambos).
- En el verano de 2009 se desprende de todas sus acciones en Tele 5.
- En los inicios del 2010, sus propietarios principales eran las familias Ybarra, Urrutia, Luca de Tena y Bergareche.

Vocento es un ejemplo de la unión de dos estructuras mediáticas de poder nucleadas en torno a familias de Madrid-Sevilla y del País Vasco, estas últimas vinculadas a la política nacionalista de mercado y a la banca (BBVA, sobre todo). Los Luca de Tena (ABC) y el núcleo vasco hace años que venían colaborando, incluso se intercambiaban acciones de manera simbólica, hasta que en 2001 la tendencia de la llamada Nueva Economía hacia las sinergias empresariales les aconsejó unirse.

Creo que quien más ha sufrido las consecuencias de esta unión ha sido el diario *ABC*. Su línea ferozmente antiterrorista –que a veces llegaba a confundirse o a mezclarse con lo anti-vasco– se frenó en seco cuando nació Vocento. Entonces tuvo que moderar su mensaje para que todo quedara en su lugar: lo antiterrorista en su sitio y lo vasco en el suyo. Sin embargo, la extrema simplificación del mensaje a la que están acostumbrados los lectores de *ABC*, originó que no pocos de ellos se decidieran por dejar de comprarlo y pasarse al diario *La Razón*, creado en 1998 por quien fuera director del propio *ABC*, Luis María Anson. También a *El Mundo*, a la prensa digital o, sencillamente, a nada, a ese segmento de público que ha decidido dejar de confiar en la prensa, un fenómeno que también ha ocurrido en otros lugares de Occidente, empezando por Estados Unidos. A veces, he leído en publicaciones «generalmente bien informadas» de Internet (por ejemplo, en el diario vaticanista *Hispanidad*) que los Luca de Tena deseaban volver a administrar solos *ABC*. El caso es que, como «los ricos también lloran», las familias de Vocento no están muy bien avenidas pero el negocio es el negocio.

Como puede comprobarse en el guión, seguimos con la constante indicada. Prensa Española posee sus orígenes en *ABC* y el Grupo Correo en un diario a su vez fruto de la unión de dos: *El Correo Español / El Pueblo Vasco*. No es éste un libro de historia de la prensa para detallar el proceso de unión de ambas cabeceras ni los orígenes de *ABC* pero sí puedo apuntar que los basamentos del Grupo Correo están en el siglo XIX y los de Prensa Española a principios del XX con *ABC-Blanco y Negro*.

Como las colaboraciones entre grupos son habituales, Vocento, que ya es resultado de la unión de dos, mantiene alianzas con Godó, un grupo que, sin embargo, intenta un equilibrio entre el centro derecha y el centro izquierda desde que en 1992 se unió a Prisa para fundar Unión Radio. Entonces, el conde de Godó fue acusado de traidor por alguno de sus actuales socios porque, en efecto, la línea Godó era bastante conservadora pero las interacciones entre dinero y política son también moneda corriente. Ambos factores son elementos de un mismo sistema de dominio.

Vocento ha sido uno de los socios laicos de la Cadena de Ondas Populares Españolas (COPE), propiedad mayoritaria de la Iglesia española. La Cope busca a veces socios externos a la Iglesia pero dentro de un orden. Sus accionistas suelen ser grupos mediáticos conservadores o personas físicas de confianza total. Planeta ha sido otro de sus socios o alguna de las cajas de ahorros que ha controlado o controla el clero. En 2010, la Cope le ha declarado la guerra a la SER en el terreno del periodismo deportivo, sobre todo. Profesionales que antes trabajaban para el centro izquierda han fichado por el centro derecha. Se trata de una pugna por las audiencias y también, en este caso, para molestar e inquietar al rival (la Cope a la Ser). En 2010 he escuchado a comentaristas políticos, que antes apoyaban al PSOE, cambiarse de acera. Es ley de supervivencia, quiero suponer.

El grupo que estudiamos intenta consolidarse en el mundo de la televisión. Después de controlar los informativos en la Tele 5 de Berlusconi (al italiano le interesa sobre todo el ocio y el espectáculo) durante varios años, se vio obligado a vender poco a poco sus acciones (llegó a poseer alrededor del 15%) para hacer caja. Su apuesta en 2009 y 2010 era por Net TV, que se fundó, al igual que Veo TV, en 2000. En aquel año los accionistas de Net eran variados. Voy a reflejarlos con detalle porque representan un paradigma de en qué se han convertido los medios de comunicación que tienen detrás dueños de las más diversas procedencias. La Net TV de 2000 pertenecía a (Reig, 2003: 85):

- E-Media (Prensa Española): 25%.
- Pantalla Digital (Grupo Árbol-Globomedia, Telson y Cartel): 24%.
- Viaplus (Altadis, multinacional franco-española de Tabacos): 18%.
- Europroducciones: 9%.
- Radio Intereconomía: 8%.
- SIC (Sociedade Independente de Comunicação): 7%.
- TF1 (cadena de TV francesa propiedad de la constructora Bouygues): 7%.
- Dinamia y telemática: 2%.

Entre estos dueños del periodismo tenemos por supuesto a empresarios mediáticos que se unen y separan (Árbol-Globomedia es en 2010 el Grupo Imagina, cercano al PSOE y por tanto más alejado de Vocento) pero entrelazados con las telecomunicaciones, las compañías tabacaleras, productoras, medios de comunicación ostentados por ex primeros ministros y a la vez empresarios (SIC es propiedad del empresario portugués Francisco Pinto Balsemao, ex primer ministro socialdemócrata). Se completa el panorama con la casi sempiterna presencia del sector de la construcción (dueño a su vez de medios en otros países) y de las nuevas tecnologías en forma de empresas consultoras y/o de capital riesgo (Dinamia).

Pero dentro de aquella primera Net estaba Radio Intereconomía, en quien Vocento ha delegado –desde 2008– para que la actual Net se desarrolle bajo la marca Intereconomía, junto a Disney, un conglomerado que, al igual que Viacom, posee buenas relaciones con Vocento. El Grupo Intereconomía se ha desarrollado notablemente desde 2000 y en 2011 acapara varios frentes, al mismo tiempo que forma parte de un *lobby* de medios conservadores y ultraconservadores (*El Mundo*, Cope, *La Razón*, Veo TV...), todos ellos en el papel de opositores al centro izquierda.

El resto de los datos relevantes están claros en el esquema que se ha mostrado con anterioridad. También para eso que se llama racionalizar el gasto, Vocento ha cerrado televisoras locales y regionales para dejarlo todo o casi todo en manos del aún existente y martilleante centralismo madrileño, algo que, en periodismo, supone estar tragando todo el día política y chismes políticos de la villa y Corte, mientras que en el terreno deportivo, el Real Madrid parece que fuera el pantocrátor contemporáneo. De hecho, cuando escribimos este texto (2010), el pantocrátor posee un nombre muy adecuado: Cristiano Ronaldo, un caballero que se dedica a la profesión futbolística pero que casi es noticia incluso cuando micciona.

Grupo Planeta

Siguiendo con la tónica hasta aquí planteada, el esquema de trabajo para el Grupo Planeta es el siguiente:

- Orígenes editoriales con José Manuel Lara, nacido en El Pedroso (Sevilla).
- Prensa: *La Razón* (60-70%), *Avui* (con Godó), hasta 2009 en que lo venden a El Punt. *ADN*.
- Radio: Onda Cero, RKOR, Radio España, Europa FM. Tuvo hasta 2006 aprox. un 4% de la COPE.
- Televisión: A3 TV, Beca TV, Geoplaneta. En 2000 fundó Quiero TV, que cerró en 2002.
- Editoriales: Planeta, Destino, Seix Barral, Emecé, Ediciones del Bronce, Temas de Hoy, Crítica, Paidós, Ariel, Espasa, Altaya, Deusto (vendida en 2010 al gobierno vasco y al grupo italiano Lediberg), etc.
- En 2007 compró la mayoría de las acciones del Grupo Júbilo Comunicación (publicaciones para la Tercera Edad): revistas *Júbilo*, *Senior Net*, (promoción de las nuevas tecnologías entre los mayores), *Negocios & Gestión Residencial*, Júbilo Noticias (agencia), *www.jubilo.es*, guías diversas.
- Otros: CEAC, Home English, Vueling (líneas aéreas), que se unió a Clickair en 2008 con Iberia además como accionista. Iberia está participada por Caja Madrid, El Corte Inglés (los dos accionistas de Prisa y El Corte Inglés además de A-3 TV) y British Airlines.

- Vínculos accionariales: BSCH, Retevisión e Iberdrola cofundaron Quiero TV. BSCH es/fue accionista de A-3 TV. Con Rayet (construcción) y Bidsa (Banco de Sabadell, de La Caixa), RTL (Bertelsmann) y El Corte Inglés comparte la propiedad de A-3 TV.
- Proyección internacional: sobre todo a través de su división editorial. En A-3 TV está unido a Bertelsmann. Es propietario desde 2007 del 60% del grupo CEET (Casa Editorial de El Tiempo), de Colombia, que edita *El Tiempo*, la editorial Intermedio y la cadena de TV CityTV. En 2008 adquirió la editora francesa Editis.
- En noviembre de 2009 vende su participación del 40% en *Avui* a la Editora de *El Punt*.
- *Avui* –fundado en 1976– tenía como accionistas a Planeta y Godó (40% cada uno) más la Corporación Catalana de Comunicación (20%).

José Manuel Lara (hoy ex marqués de El Pedroso, localidad de la sierra norte de Sevilla, una zona muy castigada por el subdesarrollo en el franquismo) se afincó tras la guerra civil (en la que luchó al lado del bando franquista) en Barcelona. No porque fuera un inmigrante andaluz (su padre fue médico) sino porque le pareció conveniente. En la ciudad mediterránea se dedicó a la compra y venta de libros hasta ir creciendo y dejar, a su muerte, en 2003, un emporio mediático muy relevante.

Si, como ya he dicho, Anson fundó *La Razón* en 1998, con la ayuda de empresarios españoles y de Miami, en 2011 –y desde 2004– es Planeta quien regenta entre el 60 y el 70% de la propiedad de este medio, que se ha implantado rápidamente en el panorama español de los diarios de referencia, teniendo en cuenta su juventud. Se dio la circunstancia de que Planeta poseía en 2004 *La Razón* y el diario nacionalista catalán *Avui* (con Godó y la Generalitat), algo que no sentó nada bien a Luis María Anson, quien rompió sus relaciones con Planeta.

En el campo de la radio, Onda Cero es la cadena privada española que proyecta cierta sombra sobre el casi monopolio Unión Radio, dada la escasa fuerza que aún tiene Punto Radio, la cadena de Vocento. Onda Cero ha pasado por las manos de la ONCE (Organización Nacional de Ciegos Españoles, un patronato benéfico del Estado), Telefónica y Planeta. Tal y como veremos, la ONCE fue fundadora de Tele 5 pero además fue dueña de diarios como *El Independiente* (nacional) o *El Periódico del Guadalete* (local, de Jerez de la Frontera) ambos ya desaparecidos. Además, en mis archivos figura como accionista minoritaria de la Cope.

Radio España, ese nombre que figura en el guión, es una cadena de radio que no opera en la actualidad pero que controló Planeta en su última etapa. Demasiadas radios generalistas; desde hace años, los expertos vienen afirmando que en España no había lugar para más cadenas comerciales; con la Ser, Cope y Onda Cero, el espectro iba bien servido. Pero apareció en 2005 Punto Radio. Y ahí sigue, sin despegar, en punto casi muerto.

Planeta fue pionero en el mundo de la TDT. A principios de 2000 fundó Quiero TV, junto con el Grupo Auna (televisión por cable y telecomunicaciones), impulsado por Endesa y Telecom Italia. Quiero cerró en 2002, prácticamente inédita para el público, pero abrió el camino a esta modalidad audiovisual y además demostraba que Planeta entraba en una etapa de expansión que la llevó a entrar en Antena 3 TV, comprándole las acciones a Telefónica en 2003. A través de Antena 3 TV, Planeta se ha relacionado con conglomerados como Bertelsmann, bancos como el Sabadell o empresas de la construcción como Rayet.

Para conocer todos los sellos editoriales de Planeta el lector no tiene más que bucear en la Red, es fácil. Es destacable que Paidós, una editorial de referencia en el mundo del ensayo crítico, ahora es de Planeta y ha perdido fuelle en su rigor, en pro de lo comercial. Por otro lado, el famoso Premio Planeta es, a mi juicio, un buen ejemplo de fraude consentido y silenciado, sólo denunciado por voces aisladas pero significativas, como el mismo Luis María Anson, quien, sin embargo, no carga del todo contra Planeta y estima que, a pesar de sus irregularidades, el galardón es útil para promocionar la literatura. Lo que sucede es que el precio es alto y ahí sigue el Premio Planeta con la bendición hasta de la Casa Real y una prensa sumisa, sometida al dinero y al poder de sus dueños. Delante de las narices de todo el planeta y de centenares de novelistas que callan y siguen presentándose al premio por si sonara la flauta.

Ya ven ustedes el cuidado que Planeta presta al nicho de mercado sénior y cómo diversifica su capital hacia la industria de los vuelos comerciales con la creación de la compañía Vueling (de vuelos económicos), unida en la actualidad a Iberia, quien, a su vez, se ha fusionado con la British Air con el apoyo de sus socios Caja Madrid, El Corte Inglés, etc., vinculados a su vez a Prisa.

La proyección internacional de Planeta está en su división editorial, ante todo. Pero tampoco ha olvidado convertirse en socio de referencia de algún grupo mediático relevante de América Latina cuando lo ha necesitado, al margen de su alianza con el citado conglomerado Bertelsmann.

Grupo Telefónica-Admira

He aquí un ejemplo de cómo una multinacional de las telecomunicaciones que comenzó su proceso de privatización en los últimos años del gobierno de Felipe González y vio cómo continuaba en el de José María Aznar (1996-2004), es instrumentalizada políticamente por el bipartidismo oficial del mercado para que constituyera un multimedia. A tal fin, llegó a fundar su brazo mediático bajo el nombre de Admira.

González ya tenía su grupo mediático, Prisa, ahora le faltaba a Aznar el suyo y sus asesores vieron en Telefónica la palanca ideal para crearlo y sostenerlo. Por cierto, también José Luis Rodríguez Zapatero está intentando levantar el suyo, que es el Grupo Imagina, con La Sexta y el diario *Público* a la cabeza, porque Prisa es socialdemócrata (veremos ahora con Berlusconi aunque tendrá que seguir jugando a serlo para no perder adeptos) pero más de González que de Zapatero, al que a veces ataca sin piedad y otras lo apoya tapándose la nariz porque estima que peor aún es arrimar el mensaje al centro derecha. Una vergüenza, de todas formas, porque aquí lo de menos es el periodismo.

Para Telefónica anotaré el siguiente esquema, que nos permitirá desplegar algunas consideraciones:

- El germen de Telefónica está en la concesión que el general Primo de Rivera hace en 1924 a ITT (EE.UU.). Luego Franco la nacionaliza en 1945.
- Telefónica se privatiza paulatinamente a mediados de los años

90 del pasado siglo. A partir de entonces se expande por los medios de comunicación para desinvertir a principios del siglo XXI.

- Prensa: tuvo influencia en *El Mundo* hasta 2003.
- Radio: poseyó Onda Cero, Europa FM, Radio Voz y Kiss FM hasta 2003, en que pasan a la influencia de Planeta, si bien Kiss FM es propiedad del empresario Blas Herrero (Cadena Blanca) que en su día se asoció a Telefónica.
- Televisión: Digital+ (creada en 2002 con Prisa, tras la unión de Vía Digital y CSD). Más adelante veremos este asunto en la configuración del audiovisual. En 2008 vende sus acciones a Prisa. Antena 3 TV, vendida al BSCH y Planeta en 2003.
- Internet: Terra
- Productoras: Endemol-Zeppelin, Lola Films (cine). Vende casi toda la propiedad de Endemol-Zeppelin a Tele 5 en 2007.
- Conexiones accionariales-proyección externa: BBVA, La Caixa, Banca de EE.UU. Participó en Pearson (GB) hasta 2004. Telefé (Argentina), e Hispasat.
- Conexiones accionariales-proyección externa-telecomunicaciones: Portugal Telecom, Telecom Italia, de la que en 2007 ha tomado un 10% en unión con Benetton y Mediobanca (ambas italianas); Mediobanca es accionista de Fiat-RCS, dueño de Unedisa. Vivo (Brasil). En 2008 su participación en China Netcom es del 7,2%. Fininvest (en Digital+).
- En verano de 2009, adquiere Telefónica el 8% del capital de China Unicom y ésta el 0,88% de Telefónica.
- Posee además su filial O2, en Inglaterra, sobre todo, y las filiales hispanoamericanas de BellSouth (EE.UU.).
- Es accionista de Telecom Italia (desde 2007) y propietaria de Hansenet Telekommunikation GMBH (Alemania, servicios de banda ancha, comprada a Telecom Italia en noviembre de 2009).
- Telecom Italia, a través de su filial Telecom Italia Media, participa en MTV Italia, Nickelodeon Italia, Paramount Comedy Italia, etc. (en 2010).
- Su penetración en México a través de Movistar es cada vez más sólida. En noviembre de 2009 logra que el gobierno mexicano abra el mercado de móviles.

- En noviembre de 2009 adquiere a Prisa el 21% de Digital+ por 470 millones, con lo cual regresa a su alianza con el citado grupo. Ya gestionaba Imagenio. En 2010 (enero) su participación en Digital+ sube al 22%.

La historia de Telefónica ha sido la de una compañía dedicada a las telecomunicaciones que, por motivos sobre todo políticos, desembarcó en los medios de comunicación a partir de 1996 para desinvertir a principios del siglo XXI y volver a centrarse y crecer en su sector natural, con amplia presencia en América Latina (de donde obtiene alrededor de un tercio de sus beneficios), Europa, Asia y EE.UU. Sigue presente en el sector comunicacional pero con mucha menor intensidad.

La historia es la ya apuntada. Si la socialdemocracia de González contaba con Prisa y con algunos entes audiovisuales autonómicos, el partido conservador de Aznar (PP) tenía que organizar un multimedia que lo aupara y/o lo conservara en el poder político al que arribó en 1996. A partir de entonces, Telefónica llega a la prensa (accionista relevante de *El Mundo*), radio (Onda Cero, etc.,) televisión (Antena 3 TV), productoras y empresas de cine.

En 2007, Televisión Española (TVE), cadena pública que controla el gobierno de turno (en este caso el PSOE de Zapatero), censuró una entrevista que un famoso comunicador español, Jesús Quintero, le hizo a un, a mi juicio, excelente periodista, polémico precisamente por eso aunque pueda resultar paradójico porque si los periodistas no son molestos al Poder y al poder son poco o nada periodistas.

Se trataba del periodista deportivo José María García, que es mucho más que un periodista deportivo. Pretendía ejercer el periodismo político pero o no lo dejaron o no le fue posible. Aun así, desarrolló buenas muestras de su quehacer en este terreno cuando en 1981 el militar de la Guardia Civil, teniente coronel Tejero, intentó un golpe de Estado contra el régimen de partidos español. García —entonces en la SER— se encaramó a una unidad móvil y desde allí narró lo que pudo a las puertas de las Cortes o Parlamento del Estado, donde los golpistas mantenían secuestrados a los representantes de la voluntad popular. Fue «la noche de los transistores» y García contribuyó mucho a que así sucediera.

En esa entrevista –repito, censurada, lo que originó la marcha de Quintero de TVE– García, que se declara simpatizante del PP y de Aznar, narra cómo se gestó o intentó gestar el multimedia de Telefónica para servir al gobierno de Aznar. Y otras muchas cuestiones útiles parta que el público en general sepa cómo funciona una estructura de poder por dentro (no todo van a ser filtraciones de wikileaks). ¿Por qué le doy tanta importancia a García como fuente primaria de información? Porque estamos ante un profesional que ha ganado millones de euros al año, reconocido por él mismo; que se codeaba con todo tipo de personalidades; que mantenía fuentes de información gracias a las cuales logró desvelar operaciones donde el dinero y la política se daban la mano; porque estaba en uno de estos asuntos, en los primeros años de este siglo, cuando tuvo que abandonar el periodismo activo desde los micrófonos de la cadena Cope, donde investigaba la especulación que Caja Madrid estaba llevando a cabo en los terrenos del Real Madrid con el consentimiento de su presidente, un destacado empresario de la construcción. Y, por último, confío en él como fuente (aunque siempre hay que contrastar más) porque, en lo personal, una persona que ha sufrido y superado un cáncer y tiene su cuenta corriente con dinero suficiente para vivir él, sus hijos y sus nietos, es una fuente de fiar que se sitúa casi por encima del bien y del mal aunque su vocación periodística persista. Además, no lo veo apenas ni lo escucho en las tertulias mediáticas de los «enterados» de uno y otro bando mediático-político y eso no es mala señal, tal y como están los tiempos.

Al final de este libro se constata un enlace con la entrevista censurada, un documento del que disponemos gracias a *El Mundo*. Lo repito aquí: *http://www.elmundo.es/especiales/2007/02/comuni cacion/quintero_garcia/index_menosfotos.html.*

García le aconseja a Aznar que forme un multimedia a través de Telefónica. Con el consentimiento del presidente, García va a plantearle el tema a José Luis de Villalonga, entonces primer presidente de la Telefónica privatizada. El diálogo encierra este contenido. «Necesitas prensa, radio y televisión», asevera García a Villalonga. «Prensa ya lo tengo, *El Mundo*», contesta Villalonga. «Entonces, la radio, habla con los ciegos.» «¿Por qué?», responde sorprendentemente Villalonga. «Porque son los dueños de Onda Cero» [la ONCE, precisamente la ONCE le coloca ese nombre a Onda Cero, con las iniciales de la ONCE en las dos palabras, cuando adquiere la cadena a la familia conservadora Rato]. «Tienes que abordar también a Antena 3 TV.» «Imposible, no me hablo con Asensio» (presidente del Grupo Zeta, propietario entonces de Antena 3). «Yo seré el mediador», intercede García.

La entrevista es muy suculenta para ser estudiada con detenimiento ya que coloca ante el público masivo datos relativos a los dueños del poder y del periodismo. No obstante, sin una base cognitiva en materia de estructuras mediáticas y de poder en general, al receptor le será muy difícil asimilarla, al igual que sucede con el espacio que en 1997 presentó y moderó el periodista Luis Mariñas en Tele 5 titulado *La guerra de los medios*, donde cuatro directores de cuatro diarios de referencia (*El País, El Mundo, La Vanguardia y El Periódico de Cataluña*) discuten abiertamente sobre los entresijos de la comunicación y el periodismo. No he presenciado debates similares a éste desde entonces, ni en radio ni en televisión, ahora se apuesta por el espectáculo, por el mucho ruido y pocas nueces. Y cuando la entrevista es muy relevante, la censuran, como en el caso García. El motivo fue que García insultaba a determinadas personalidades. No fue así, el motivo fue más profundo o muy simple: el director de TVE, un joven procedente de Prisa, no quiso buscarse líos. Hubo palabras duras, calificativos, no insultos. Por ejemplo, cuando García define a Prisa como «el imperio del monopolio» eso es una opinión y un juicio de valor interpretativo, nada más. Por otra parte, el periodista carga contra el mismo Aznar y contra determinados accionistas de la Cope, es decir, no estamos ante una entrevista sectaria.

En 2010, de nuevo comprobábamos cómo Telefónica había sido inducida por el poder político del PSOE para que acudiera en ayuda del arruinado Grupo Prisa. Lo hizo, adquiriendo acciones que antes le había vendido al propio Grupo Prisa en Digital+, la plataforma resultado de unir las dos plataformas de televisión digital por satélite que nacieron a mediados de los noventa, impulsadas por firmas entonces rivales: Vía Digital (estimulada por la Telefónica del PP) y Canal Satélite Digital (de Prisa). En Digital+ se han dado cita Telefónica, Berlusconi y Prisa.

Es curioso, aquella Telefónica del PP, en cuanto se unió a Prisa pasó de ser un desastre (con su presidente Villalonga a la cabeza) en los mensajes de los medios de Prisa a ser una chica excelente y Villalonga un empresario modelo que en EE.UU. se codeaba con grandes e importantes ejecutivos por el bien de España. Sí, Villalonga iba y al fin se instaló un tiempo en los EE.UU. pero también lo hizo porque se enamoró de la entonces joven modelo y Miss México, Adriana Abascal, viuda de Emilio Azcárraga, apodado «El Tigre», fundador de Televisa.

Cuento este chisme porque influyó en su carrera empresarial, junto al llamado escándalo de las *stock options* (opciones sobre acciones), que significó la puntilla real a una gestión triunfante que va desde 1996 a 2000. El núcleo duro de accionistas de Telefónica (BBVA, La Caixa, Santander) terminó por convencer a su valedor, José María Aznar (compañero de colegio de Villalonga), para que entre todos lo apearan del cargo. Se daba además la circunstancia de que para irse con Abascal, Villalonga hubo de divorciarse y su ex era muy amiga de Ana Botella, esposa de Aznar, eso que suele llamarse la primera dama de un país, si bien en España se supone que tal título será para la reina doña Sofía. Las malas lenguas hablan de que Botella estaba muy indignada e influyó en su marido contra el presidente de Telefónica. Yo no me creo que las faldas fueran la causa profunda de todo pero, no obstante, algo de esto ya se vio durante el mandato de Aznar cuando en 1997 estalló el escándalo de los llamados vídeos de Pedro J. Ramírez, unas grabaciones en las que supuestamente se veía al director de *El Mundo* protagonizando escenas sexuales de alto voltaje con una hembra de esas que son bautizadas como de dudosa reputación. Hasta entonces, era conocida la amistad de Pedro J. con el presidente Aznar y la afición de ambos por jugar al pádel. Pero todo aquello (tan raro por otra parte, un periodista y un presidente tan unidos) terminó a raíz de las cintas. No es extraño, sin embargo, este maridaje poder-prensa, en España es habitual desde la Transición dictadura-pluripartidismo.

La marca Telefónica es difícil de hallar en nuestros días comercialmente porque la empresa ha decidido colocar por delante, como nombre genérico, la palabra Movistar, que identificó en su momento sólo a la división de teléfonos móviles. Los mensajes de los medios en los que participa Telefónica están vinculados al pensamiento típico de la socialdemocracia y del oportunismo político de nuestra era, conteniendo, por ejemplo, esa defensa de la mujer, más a mi juicio por criterios de votos que porque realmente le interese al mercado, a sus voceros y adláteres los problemas de la mujer y del hombre. Claro que hay doble lenguaje. Miren esta foto promocional de Movistar.

¿De qué se trata? En 2009, Movistar organizó en Perú un concurso de nalgas femeninas para promocionar la marca. En España eso sería un sacrilegio, las huestes feministas de Zapatero y de Izquierda Unida se le echarían encima a la multinacional, y con razón. Pero Perú está muy lejos de España. También el Grupo Prisa, por un lado, afirma defender a las mujeres y, por otro, su cadena de televisión local, Localia, cerrada en 2008, proyectaba en horas de madrugada unos programas vejatorios para la mujer en los que una serie de concursantes iban quitándose prendas para lograr premios hasta quedarse «en pelota picada», mientras el varonil presentador se divertía de lo lindo. Se trataba de un concurso basado en juegos de niñez de toda la vida.

Grupo Zeta

Al Grupo Zeta le observo dos peculiaridades: el fenómeno Interviú y la diversificación de su sector de revistas. En los últimos dos o tres años ha caído en una crisis profunda y ha estado en venta. El Grupo Gallardo –de origen extremeño, dedicado a la siderurgia– estuvo a punto de comprarlo en 2009. El esquema que apunto es el que sigue:

- Orígenes en *Interviú* (1976), basada en:
  - Reportajes sensacionalistas y de investigación-denuncia.
  - Desnudos femeninos (sobre todo).
- Prensa: *El Periódico de Catalunya, 20 Minutos* (en 2005, con Schibsted, hasta 2009), *Córdoba* (con Cajasur), *Sport, La Voz de Asturias.*
- Revistas. Especial mención por su diversificación de cabeceras: *Tiempo, You* (hasta 2007), *Cartoon Network Magazine, ¡Boom!, Man, Woman, Cuore, Superauto, CNR, Viajar, PC Plus, Superjuegos, Play Station, Primera Línea, Fortuna, Sports & Life...*
- Editoriales: Ediciones B.
- Radio: Rock and Gol (con la Cope, entre 2004 y 2009), Hit FM, radios locales (en Aragón, por ejemplo).
- Televisión: Intentó en 1989 fundar una TV en abierto en unión con Murdoch. Fue accionista de Antena 3 TV junto con Banesto a principios de los años noventa. Onda Mezquita (Córdoba). Posee una red de TV local.
- Proyección externa: sobre todo a través de Ediciones B.
- Otros: muy relevante su división de rotativas, así como su red de distribución. Viajes Cartur, Correduría de Seguros.

El semanario de información general *Interviú* aparece en 1976. A su éxito se debe la acumulación de capital que desembocó en el Grupo Zeta. Ninguna de las revistas de su época sobrevive en la actualidad y la sobreviviente (*Cambio 16*) mantiene el tipo a duras penas y nada tiene que ver con sus orígenes. Su fórmula combina buenos reportajes de denuncia e investigación con otros sensacionalistas y de casquerío, buenas firmas de comentaristas y analistas y lo que le dio más fama: los desnudos femeninos. En aquella España recién salida del franquismo, donde casi todo era pecado, las mujeres de *Interviú* fueron recibidas como agua de mayo por los españolitos más necesitados, que eran bastantes. Mucho más cuando las señoras que posaron como llegaron al mundo eran famosas: Marisol, Lola Flores y un larguísimo etcétera. Casi ningún par de senos se resistió a los encantos de la revista. Cuando Marisol decidió desmitificarse y pasar de Marisol a Pepa Flores (sin cobrar por desnudarse y posar en unas fotos muy estéticas, obra de César Lucas), la difusión de la revista superó el millón de ejemplares.

Además, si sucedía alguna catástrofe o accidente de autobús, pongamos por caso, allí estaba la mirada de *Interviú* para mostrar detalles escabrosos para morbo de los receptores.

Pero estos textos fueron acompañados de valiosos reportajes de denuncia e investigación. Tal vez uno de los más célebres fueron las revelaciones del periodista Xavier Vinader sobre las «tramas negras» (el fascismo) en el País Vasco. Se publicaron en 1979, con nombres y apellidos. ETA tomó nota y asesinó a dos de ellos. Vinader fue acusado de inducción al asesinato y huyó de la justicia española a Francia; en 1981 fue condenado a una pena de siete años de cárcel aunque fue indultado en 1984 por el gobierno de Felipe González y decidió entonces regresar a España.

La otra característica del Grupo Zeta es la segmentación del público en su división de revistas, algo que sólo se contempla con claridad en RBA, en el Grupo Edipresse y en MC Ediciones, como se ha visto más arriba. Es una novedad de estos tiempos que un segmento de público pre-adolescente demande no sólo cómics o tebeos sino revistas también. Zeta se las da. A partir de ahí, cabeceras para jóvenes, mujeres de una u otra condición y edad, hombres, títulos especializados sólo en ganchillo, por ejemplo... Un microcosmo de publicaciones para todos los públicos. Zeta ha sido el grupo español pionero en este aspecto.

Grupo Godó

A estas alturas del libro y de la parte que ahora nos ocupa, Godó ha aparecido en numerosas ocasiones. Es lo normal cuando tratamos de una visión estructural y no de mostrar simples medios de comunicación adscritos a grupos que el lector puede hallar con facilidad en Internet. Ese enfoque no es estructural, es sencillamente descriptivo, no es ciencia de la información y la comunicación, es descripción empresarial. No me voy a detener mucho en Godó. Mi esquema es éste:

- Prensa: *La Vanguardia* (orígenes, siglo XIX); *Mundo Deportivo* (con Vocento); *Avui* (con Planeta); *Qué!* (con Recoletos y Bertelsmann). En 2007 lo vende a Vocento. *Historia y Vida, Playboy, Interiores, Magazine* (suplemento dominical, copropiedad con Prensa Ibérica/Moll), *Salud y Vida*.
- Radio: Unión Radio (con Prisa); distintas emisoras en Cataluña.
- Televisión: Td8 (para Cataluña), GDA Pro (productora).
- En noviembre de 2009 vende su participación del 40% en *Avui* a la Editora de *El Punt*.

Es destacable la transformación que desde los noventa ha experimentado *La Vanguardia* en cuanto a continente y contenido. Se trata de un buen diario, eclipsado siempre por su procedencia catalana aunque tenga difusión nacional. El público español, en general, está más apegado a Madrid y más aún que lo unen a esta ciudad los medios que en ella se editan con proyección nacional. Es comprensible por la capitalidad de Madrid pero no por eso *La Vanguardia* o *El Periódico de Cataluña* (de Zeta) son inferiores a *El País*. La sección de *La Vanguardia* «anuncios por palabras» es histórica, le ha dado muchos dividendos al diario y aún conserva prestigio. Y sus suplementos mantienen un nivel alto de calidad.

También es sobresaliente la veterana revista *Historia y Vida*, a caballo entre el rigor académico y la difusión. Es la decana de las revistas de historia en España, nació en 1968.

Godó es aliado de Prisa con Unión Radio, de Prensa Ibérica o Grupo Moll por medio del dominical *Magazine*, y con Vocento a través del diario *Mundo Deportivo*. Ya he repetido numerosas veces que es una dinámica habitual.

Grupo RTVE

El único de capital público de cuantos se han estudiado. Hunde sus raíces en 1956, cuando nace la televisión en España. La gran novedad es que en 2010 renunció a emitir publicidad, en favor de los medios privados y, de paso, es apreciación personal, basada en los datos, en favor de un público harto y saturado de publicidad, un fenómeno que no puede evitar, derivado de la dictadura mercantil. Como afirmó desde La Sexta El Gran Wyoming, presentador del programa *El Intermedio*, «TVE española se queda con la audiencia y nosotros con la publicidad».

Los dividendos por publicidad han aumentado en las cadenas privadas pero TVE sigue siendo líder en el campo de los informativos y, además, con un grupo de programas protagonizados sobre todo por series de calidad. El caso es similar a la BBC británica, la televisión más vista en su país aunque los recursos de una y otra cadena son muy dispares y en estos momentos el futuro de TVE como ente público se está cuestionando por parte de sus defensores, que estiman se está asfixiando económicamente al grupo. Antes, cuando emitía publicidad, aparecía de vez en cuando el debate sobre la necesidad de privatizar TVE o al menos uno de sus dos canales principales. La intencionalidad está ahí pero parece que baja su intensidad. Lo que es un hecho es que ni PP ni PSOE la han privatizado cuando estaban en el poder. Les servía de palanca propagandística.

El grupo se ha ido saneando con el paso de los últimos años por medio de una drástica reducción de plantilla y de gastos generales. Su déficit comenzó sobre 1990, coincidiendo con la llegada de la televisión privada a España (Antena 3, Tele 5 y Canal+). Alcanzó cifras desorbitantes (7.500 millones de euros) que la Sociedad Española de Participaciones Industriales (SEPI, de carácter público, una especie de UVI de empresas públicas) ha sabido enjugar en gran parte durante los últimos años.

La deuda tuvo también como responsable a eso que se llama «externalización» de la producción. Cuando un programa alcanzaba un éxito sobresaliente (*Quién sabe dónde*, por ejemplo, de Paco Lobatón) su responsable creaba una productora y le vendía el mismo espacio a TVE. Uno de los grandes «bombazos» de la historia reciente de TVE fue *Hostal Royal Manzanares*, protagonizado por Lina Morgan. Llegó a alcanzar porcentajes récord en el *ranking* de audiencia (alrededor del 40%). Sin embargo, lo elaboraba una productora externa a TVE.

Apunto este esquema para el caso del Grupo RTVE aunque algunas de sus cadenas ya no existan o se hayan transformado, al tiempo que aumenta la oferta de TDT:

- Orígenes a principios de los 80. Público. Raíces en 1956 (inicios de la TV en España).
- Radio: RNE1 (general), RNE2 (música clásica), RNE3 (para un público joven, «alternativa»), RNE4 (sólo emite en Cataluña, en catalán), RNE5 (Todo Noticias), Radio Exterior.
- Televisión: TVE1, TVE2, TVE Internacional; Canal 24 Horas; Tele Deporte, Clan TV, Hispavisión, Canal Nostalgia, Cine Paraíso, Alucine...
- Otros: Orquesta y Coro de RTVE, RTVE Música, Instituto Oficial de RTVE.
- En 2006-2007 la SEPI ha llevado a cabo un proceso de saneamiento interno: se ha hecho cargo de su elevada deuda (más de 7.500 millones de euros) y ha culminado una regulación de empleo de 4.150 trabajadores (44% de la plantilla).
- La polémica de su deuda y de su privatización. Su endeudamiento comienza en 1990: TV privada, plantilla, altos cargos, producción externa de sus programas de *prime time*.

A la vista del hambre de lucro que se da en el mundo mediático, soy partidario –por principios y por necesidad de supervivencia a tanta pamplina, mediocridad y bazofia televisual privada– de los medios públicos. En el caso del Grupo RTVE –algún dato más aportaré cuando lleguemos al desarrollo del audiovisual en España–, obsérvese lo siguiente:

- Al mundo privado no le interesa mantener una radio exclusivamente de música clásica con algo de jazz, como es Radio Clásica o RNE2.
- Al mundo privado no le interesa una radio –como Radio 3 de RNE– que emita música alternativa y minoritaria sin intereses publicitarios. Casi toda la música que se emite en la llamada Radio Fórmula es publicidad encubierta, como muchas de las noticias de radio y televisiones privadas que pasan como información cultural o de ocio.

- Al mundo privado no le es rentable una emisora todo noticias sin publicidad. Sin embargo, el periodismo verdadero no necesita de la publicidad, tal necesidad es un argumento de falsa independencia aportado por el mercado (con orígenes a mediados del XIX con la fórmula de Girardin en Francia). El periodismo lo que necesita son receptores que lo sigan y confíen en él porque se gane la confianza de sus destinatarios, que son los ciudadanos. Cuando aparece la publicidad se acaba la libertad de expresión del periodista, esto es así de claro y contundente. Porque la libertad de expresión o existe o no existe; como madre, no hay más que una.

- Al mundo privado no le interesa una división discográfica que no busque el lucro sino conservar tesoros musicales de utilidad histórica y antropológica, como esas músicas de ámbitos rurales que se mueren con sus cultivadores y que determinados estudiosos (como el ya clásico Joaquín Díaz, Mester de Juglaría, etc.) las rescatan.

- Al mundo privado no le interesa una división de Orquesta y Coros que precisa apoyo más allá del negocio mercantil.

Por tanto, tratemos de conservar y mejorar al Grupo RTVE por el bien de nuestra salud mental, de nuestra información y formación.

4

Otros grupos relevantes

Junto a los grupos más destacados, sobre todo por su historia, diversificación y proyección externa, encontramos en España una serie de grupos «menores» aunque de importancia contrastada. El Grupo Moll o Prensa Ibérica sobresale por su actividad en el campo de la prensa local; RBA por su diversidad de revistas; el Grupo Voz por poseer una cabecera, *La Voz de Galicia*, verdadero ejemplo de auténtico diario regional o zonal; Imagina e Intereconomía han experimentado un crecimiento a mi juicio más sólido en el caso del segundo de ellos; sus tendencias son «opuestas» en la dinámica bipartidista del mercado: Imagina tiende a la socialdemocracia e Intereconomía a una derecha muy conservadora.

No obstante, el Grupo Imagina arrastra tras de sí la incógnita de su propiedad última, si bien en este asunto los grupos suelen ser muy oscuros, sólo que algunos mucho más que otros. Los medios de comunicación agrupados, es decir, organizados en grupos, suelen exigir en sus mensajes transparencia y claridad a las instituciones de todo tipo (a las públicas más que nada aunque el poder en el mundo sea, sobre todo, privado), pero cuando se intenta indagar en sus tripas más ocultas, aparece la opacidad. Da la impresión de que se aplican aquel dicho popular: «Justicia, señor, pero por mi casa, no». No es fácil ejercer una línea de trabajo académico como la que permite que este libro exista. No es cómoda para el Poder ni para el poder.

A mi juicio, con toda razón, los medios más conservadores han criticado el hecho de que el gobierno socialdemócrata –por intereses políticos– y los bancos –por intereses de imagen, influencia y para no estar a mal con el poder político, sobre todo en tiempos de la crisis de 2008– hayan hecho la vista gorda a dos grupos socialdemócratas en quiebra técnica: Prisa e Imagina-Mediapro. Si usted deja de pagar su hipoteca le arrebatan su casa; si no paga una simple multa de tráfico le embargan su cuenta bancaria, pero estos dos grupos se pueden permitir el lujo de adeudarles miles de millones de euros a los bancos, de saltarse las prórrogas de pago concedidas por éstos sin que les ocurra nada. Les dan tiempo, más tiempo, para refinanciar su deuda y para buscar socios. Y el gobierno y los propios bancos los ayudan. Con detalles como éste, el sistema nos enseña su fortaleza con el débil y su debilidad con el fuerte, la muestra suprema de la mediocridad y la cobardía.

Desde las páginas del muy conservador diario digital *Hispanidad*, su director, Eulogio López, interpretaba con esta dureza la situación y entresijos de Imagina:

PRISA y **Mediapro** se han convertido en dos peones clave de la industria de la propaganda para el **Nuevo Orden Mundial**. Un dato, **Mediapro** no es una empresa española, sino holandesa, paraíso fiscal de hecho. La empresa **Mediaproducción S.L.** es sólo la parte más visible de un entramado con origen en Ámsterdam. El accionista de referencia de **Mediaproducción S.L.** es una sociedad holandesa, **Mediaproduction Properties B. V.**, radicada en Ámsterdam. A partir de aquí la dificultad para conocer los accionistas últimos de esta sociedad holandesa es extrema. Los accionistas de **Mediaproduction Properties B. V.** eran dos sociedades holandesas, **Mediacapital BV.** y **Cavendish Square Holding BV.**, el vehículo usado por la multinacional de la publicidad *WPP del bildelbergiano Sir Martin Sorrell*.

Ojo con este personaje, porque lidera la mayor plataforma de publicidad del mundo, peligroso miembro del **NOM** [Nuevo Orden Mundial] y su hombre en España, por pura casualidad es... **Miguel Barroso**, esposo de doña **Carme Chacón** [ministra de Defensa con Rodríguez Zapatero] y principal negociador en beneficio de **Mediapro-La Sexta**, además de íntimo del consejero delegado de **La Sexta**, **José Miguel Contreras**. Pero quede claro: el jefe del gran **Roures** [accionista relevante de Imagina y amigo de Zapatero] es **Sir Martin Sorrell**.

Los apoyos de Moncloa [sede de la presidencia del gobierno de España] a **Mediapro** no se quedan ahí y quede claro que **Mediaproducciones** no es una S.L. insignificante, como pretenden **Roures** y **Benet**. De entrada, la

ahora sociedad concursada (**Mediaproducción S.L.**) fue una de las sociedades que, junto con **Globomedia**, creó en su momento el Grupo Imagina,
cabecera de todo el entramado empresarial de **Roures** y compañía.

http://www.hispanidad.com/noticia.aspx?ID=137151, publicado el 28/6/2010.

Si este texto fuera citado en público sin mencionar su procedencia,
tal vez alguien lo podría confundir con un análisis de la izquierda
marxista. Pero no, procede de un diario católico, apostólico y romano,
simpatizante de corrientes políticas de la derecha más conservadora.
Es una prueba de que la llamada comunicación alternativa no es sólo
algo de los antisistema o de los considerados por la prensa de mercado –despectivamente– antiglobalizadores. La comunicación es alternativa por cuanto replica con argumentos al discurso oficial y abru-
mador del mercado. Y suele hallarse con más claridad en Internet
que en el quiosco.

Personalmente, la procedencia de la cita es lo de menos cuando
creo que está en lo cierto o que contiene una gran parte de certeza.
Los medios mercantiles que se consideran «progresistas» están su-
mergidos en la misma cloaca que el resto de los medios, juegan en
su interior y dependen de ella.

Para completar estas consideraciones sobre los otros grupos de
comunicación españoles, ofrezco este esquema explicativo. En concreto, los grupos de comunicación que, junto con los «grandes», deben ser tenidos en cuenta y estudiados, son:

- Prensa Ibérica o Grupo Moll. Muy importante por su red de
cabeceras de diarios locales (*Levante, La Opinión de Málaga,
La Opinión de Granada,* cerrado en 2009...), con especial presencia en la zona mediterránea española.
- Grupo Voz. Gallego. Su «buque insignia» es *La Voz de Galicia*
aunque posee una pequeña red de emisoras de radio: Radio
Voz, sobre todo en Galicia (fue nacional). En 2010 fundó
V Televisión.
- Grupo Joly. Andaluz. Orígenes en *Diario de Cádiz* (1867); *Europa Sur, Diario de Jerez, Diario de Sevilla, El Día de Córdoba, Granada Hoy, Málaga Hoy, Huelva Información* (que adquirió a Prensa Española-Vocento). Posee buenas relaciones
con el grupo Prisa, cuya división de distribución promueve los

diarios de Joly. Accionista minoritario de la agencia Colpisa (Vocento es el propietario principal).

- Grupo Imagina. Resultado de la unión del Grupo Globomedia (antes Árbol, hasta 2008) con Mediapro. Se creó en 2006 y es el impulsor principal de La Sexta, junto a Televisa (México), que posee el 40 por ciento. En 2007 editó *Público*. Posee también (en 2009) Gol TV, GECA (consultora A/V), Globomedia Discos y Hostoil (productora) y Media Park (productora).
- Grupo Promecal. Importante grupo castellano de comunicación regional con presencia en prensa (*Diario de Ávila, Diario de Burgos, Adelantado de Segovia*...) radio, TV local y multimedia.
- Grupo Intereconomía. Propietario de Radio Intereconomía. 25% de Net TV (Vocento tiene el 55% y Disney 20%). Intereconomía TV. Fax Press, *Alba*, *Época*.
- Edipress (Suiza-España desde 2006), propietario de RBA Editores (Cataluña) y de una red de revistas para diversos segmentos de públicos: *Lecturas, Clara, Sorpresa, Cocina Fácil, Labores del Hogar, Rutas del Mundo, El Jueves*...
- En diciembre de 2009 RBA compra a Edipress el 33% de las acciones que tenía y pasa a controlar el 100% del grupo. Posee unas 40 cabeceras de revistas, por lo que es un grupo español (su origen es español, inicios de los años 90).

5

Conexiones entre grupos españoles

He afirmado y repetido en numerosas ocasiones que los grupos españoles se relacionan entre ellos, poseen alianzas, productos en común (productos para mí son medios de comunicación a vender) o conexiones indirectas o con medios financieros. El pluralismo esencial es una ilusión que deja paso al negocio en el interior de una dinámica de dos corrientes ideológicas sustancialmente similares. Algún ejemplo de dichas conexiones he ofrecido ya. Ahora voy a ampliar la cuestión con la ilustración o ilustraciones correspondientes y algunos comentarios sobre las mismas.

```
ALGUNOS ELEMENTOS DE CONTACTO ENTRE
GRUPOS ESPAÑOLES (2003-2010) (I)

Grupo          Contacto          Grupo
Prisa ————————→ Digital + ←————————  Admira
Prisa ————————→ BBVA ←——————————————  Vocento
Telefónica      (accionista de
                los tres)
Unedisa ————→ Veo TV ←————————  Recoletos
(En 2007, Unedisa absorbió Recoletos)
```

ALGUNOS ELEMENTOS DE CONTACTO ENTRE GRUPOS ESPAÑOLES (2003-2010) (II)

Zeta ⟶ Distribución de ⟵ Vocento
suplementos

Unedisa ⟶ Estadio Deportivo ⟵ Moll

Godó ⟶ Mundo Deportivo ⟵ Vocento

Godó ⟶ Unión Radio ⟵ Prisa

Godó ⟶ Avui ⟵ Planeta

Planeta ⟶ COPE ⟵ Vocento

Planeta ⟶ El Corte Inglés (A3 TV) ⟵ Prisa

ALGUNOS ELEMENTOS DE CONTACTO ENTRE GRUPOS ESPAÑOLES (2003-2010) (III)

Recoletos-Un. ⟶ Qué! ⟵ Godó*

Recoletos ⟶ El Mundo ⟵ Telefónica
(aproximadamente en 2003)

Vocento ⟶ Colpisa ⟵ Joly

Prisa ⟶ Distribución ⟵ Joly

Telefónica ⟶ Endemol ⟵ Tele 5 (B-V)**

Vocento ⟶ Net TV ⟵ Intereconomía

*Vendido a Vocento en 2007.
**Berlusconi-Vocento.

ALGUNOS ELEMENTOS DE CONTACTO ENTRE GRUPOS ESPAÑOLES (2003-2010) (IV)

Planeta ⟶ ADN ⟵ Grupo Joly

Grupo Voz ⟶

Zeta ⟶ Comercialización ⟵ Grupo Moll
publicaciones digitales*

Prisa ⟶ ABC-Disney ⟵ Vocento**

Prisa ⟶ Cía. conjunta publicidad ⟵ Zeta***

Godó ⟶ Magazine ⟵ Moll****

* Acuerdo firmado en 2009.
** Acuerdo en mayo de 2009. Disney abastece de contenidos a Cuatro TV. Disney es accionista de Net TV.
*** Desde 2010 una compañía de ambos unifica la publicidad de *El País, As, Sport, El Periódico de Catalunya,* etc.
**** Al 50%, según figuraba en 2010 en la web oficial de Prensa Ibérica (Moll).

Como he indicado en otras partes de este libro –sobre todo en su introducción– mi investigación abarca desde 2003 a 2010. Han sido años recopilando muchos datos, un resumen de los cuales se ofrecen aquí. He buceado en revistas especializadas (*Noticias de la Comunicación, Intermedios de la Comunicación, Telos*...), anuarios de la comunicación (de la Fundación Telefónica, de DirCom, etc.), páginas de economía de diarios de referencia (*El País, El Mundo*...), suplementos de economía como *Negocios* (estamos en el campo del periodismo económico y empresarial pero con un enfoque sincrónico), diarios económicos (*Expansión, Cinco Días, La Gazeta de los Negocios*...), diarios digitales y sitios en Internet ya citados o que se citan al final de este trabajo. Me han sido de utilidad datos que mis antiguos alumnos me enviaban desde sus empresas, con lo cual demostraban que lo que les enseñé en la Facultad de Comunicación de la Universidad de Sevilla no cayó en saco roto. Un profesor de periodismo tiene fuentes de información en todas partes, sin buscarlas incluso.

El resultado es toda la síntesis que ofrezco a lo largo de estas páginas y, en concreto, los cuadros que se acaban de reflejar, de elaboración propia, en un intento más de ordenar algo el rompecabezas. Pero la tarea es ardua y requiere de un mayor número de pruebas. Es algo que dejo para mis seguidores o para quien lo desee porque para mí todo este galimatías está demostrado. Se puede incidir y profundizar más, buscarle nuevas aristas pero está demostrado en su esencialidad. Ahora mi deber es centrarme en el pensamiento complejo con incursiones menores en las estructuras mediáticas.

Algunos principios a retener derivados de las ilustraciones:

- Una sola entidad financiera puede ser accionista –y por supuesto, prestamista– de varios grupos de comunicación. Existen además los préstamos sindicados o mancomunados, ejecutados por varios bancos, como en los casos citados de Prisa e Imagina. Cuanto más amplio y ambicioso sea el grupo, más dependencia de la banca y de otros sectores de poder padecerá.
- Las alianzas para distribución de productos o para crear suplementos son habituales.
- No es extraño que el negocio esté por encima de posiciones «ideológicas».

- Las grandes empresas ajenas a la comunicación y al periodismo (El Corte Inglés, por ejemplo) meten sus narices en estos sectores doblemente: como accionistas y como anunciantes. Si El Corte Inglés es pequeño accionista de Antena 3 TV y esta cadena pertenece a Planeta y a otros accionistas y si El Corte Inglés es accionista de Prisa, yo encuentro una relación indirecta entre Planeta, Prisa y todos los demás accionistas de ambos grupos, más con las empresas implícitas a estas relaciones. Por ejemplo, El Corte Inglés está aliado con Caja Madrid y British Air en Iberia.

- El diario gratuito *Qué!* fue lanzado por diversos grupos (Bertelsmann, Godó, Recoletos) aunque al final quedara en manos de Vocento.

- Algo similar ha ocurrido con otro gratuito, *ADN*, controlado sobre todo por Planeta.

- Colpisa es una agencia de noticias y Endemol la productora que lanzó el programa *Gran Hermano*.

- El hecho de que se produzcan movimientos coyunturales de inversiones y desinversiones, no implica necesariamente rivalidad entre las empresas hasta el punto de que exista un grado esencial mayor de libertad de trabajo para el periodista. «El que tuvo, retuvo», dice el refrán. Un aspecto son los movimientos coyunturales y otro la permanencia de una estructura inalterable de poder mercantil que no tira piedras sobre su propio tejado, salvo en las excepciones justas y necesarias para confirmar la regla y reforzarla. Es una de las estrategias de robustecimiento y consolidación del poder.

6

Expedientes contra la concentración

Como también he mantenido, se da una interacción entre poder coyuntural (el poder político) y poder estructural (el poder financiero y de las grandes empresas). Dicha interrelación se observa igualmente en el mundo mediático. No se suele leer bien a Marx (interpretarlo bien) cuando se afirma que lo que él sostenía es que todo está supeditado a la economía. En realidad, no lo dice Marx sino el mismo ciudadano cuando afirma: «El dinero mueve el mundo» o «Por el dinero baila el perro». Es cierto que el mundo es un gran negocio, como sostenía uno de los personajes (un magnate de los negocios multimedia) en la película *Network, un mundo implacable*, de 1976. Pero Marx habla de la interacción estructura-superestructura, otra cuestión es que la primera salga generalmente victoriosa sobre su reflejo o sobre sus efectos, la superestructura.

En España y en otros países, el poder político trata de evitar una excesiva concentración de poder mediático y, al mismo tiempo, la estimula (he anotado el ejemplo de la ley de televisión privada, cómo ha permitido paulatinamente un mayor porcentaje de propiedad), con lo cual el resultado final es la victoria de la estructura. Pero eso no quita para que la interacción se produzca. Colocaré a continuación un ejemplo, derivado de las concentraciones que se acaban de examinar en el punto anterior:

- «La Comisión Nacional de Competencia ha abierto un expediente sancionador contra el Grupo Godó de Comunicación, Publipress Media, Vocento y Corporación Multimedia Vocento, por presuntos comportamientos contrarios a la competencia en sus acuerdos de comercialización conjunta de los espacios publicitarios en prensa escrita».

- «La apertura del expediente sancionador se produce de oficio por parte de la Dirección de Investigación, tras haber tenido conocimiento de la suscripción por parte de las empresas anteriormente mencionadas de un acuerdo de comercialización conjunta de espacios publicitarios de los suplementos dominicales XL Semanal (Grupo Vocento) y Magazine (Grupo Godó).»
- «La Comisión Nacional de la Competencia ha informado de la apertura de un expediente sancionador contra Promotora de Informaciones, S.A. (Prisa); Ediciones El País, S.L.; Grupo Empresarial de Medios Impresos, S.L.; y Grupo ZETA, S.A., por presuntos comportamientos contrarios a la competencia en sus acuerdos de comercialización conjunta de espacios publicitarios en prensa escrita.»

www.infoperiodistas.info, 31/5/2010 y 1/6/2010.

En realidad, estamos ante una actuación mediante la cual el poder político procura que se cumplan las leyes del mercado. A mi juicio, es un empeño que encierra un alto grado de inutilidad. ¿Saben lo que puede suceder y sucede cuando el poder político interfiere demasiado en el proceso de concentración del mundo mediático y de cualquier otro sector de la producción? Que las empresas interesadas en unir sus fuerzas les digan a los políticos: si no lo hacemos, otras empresas extranjeras nos absorberán. O también: si no lo hacemos tendremos que eliminar muchos más puestos de trabajo que si nos unimos. ¿Qué puede responder a eso un poder que depende de los votos? ¿Qué puede responder a eso un poder cuya condición de poder le viene de más arriba, del Poder?

Existen dos opciones. Una, se calla y se otorga. Dos, se produce una rebelión contra un chantaje que procede de un mal de fondo (el mercado mismo) y se sufren las consecuencias de tal conducta herética. Tenemos también otras opciones: los apaños varios al margen del conocimiento de los ciudadanos. Pero eso sí que no es democracia. Y, sin embargo, abundan.

7

Conexiones entre grupos españoles y extranjeros

También se han citado varias a medida que iba completando esta parte, dedicada a la estructura mediática en España. Pero será bueno hacer constar un par de cuadros que recojan con claridad algunas de ellas:

Gupo español	Internacional	Contacto	Accionistas «extraños»
Prisa	Time-Warner	CNN+	Citicorp, Mobil, Colgate
Prisa	NBC-Vivendi	Canal +	Agua, General Electric
Prisa	NBC-Vivendi	Le Monde	Agua, General Electric
Prisa-Cuatro	ABC-Disney	Contenidos*	Boeing, Sotheby's, Bank America Corporation
Prisa	Lagardère	Le Monde	EADS, Renault
Prisa	Televisa	Radiópolis	Baneso, Telmex
Vocento	Time-Warner	Tele 5**	Philip Morris, Mobil, Citicorp

Algunos elementos de contacto entre grupos españoles e internacionales (2010)

Vocento	Mediaset	Tele 5**	Comercio, fútbol
Vocento	ABC-Disney	Net TV	Comercio, Banca
Planeta	Bertelsmann	Antes 3 TV	Iberia, Banco Sabadell
Unedisa	RCS	El Mundo	Fiat, Banca, Construc., Pirelli
Telefónica	Pearson	Financial Times	Telecomunicaciones
Zeta	Schibsted	20 Minutos	Banca noruega y EE.UU.
Imagina	Televisa	La Sexta	Telmex, Volaris (aviones)

* Acuerdo firmado en mayo de 2009.
** Hasta verano de 2009 en que Vocento vende sus acciones en Tele 5.

Más elementos de contacto entre grupos españoles y extranjeros (2010)

Grupo español	Grupo extranjero	Contacto	Accionistas «extraños»
Mediapro	Sony (Japón)	AXN (acuerdo para incluirla en la oferta de TDT de Mediapro)	GAMP, Telmex, Sanborns
Prisa	Confederación Cámaras Industriales de México	El Economista (acuerdo para distribuir El País con esta cabecera)	Confederación Cámaras Industriales de México
Prisa	Expresso (I), de la familia De Benedetti	Le Monde	Olivetti, también de la familia De Benedetti

Como se observa, he añadido la expresión «Accionistas extraños» con el resultado que puede captarse. A estas alturas ya sabe el lector que los accionistas extraños son esas empresas que no tienen por qué mantener relaciones con el periodismo –ni directas ni indirectas– o, al menos, que si las mantienen, dejen trabajar en paz a sus profesionales. Como esto no sucede, no tengo más remedio que llamarlos «extraños» e invitarlos desde aquí a abandonar su actividad en este campo por el bien de los ciudadanos, de la democracia y del conocimiento. No lo harán a menos que se les obligue pero yo sólo trabajo con la cabeza y con la palabra.

Los cuadros me llevan a completarlos con las siguientes puntualizaciones:

- Si Prisa está unida a Time Warner a través de la propiedad compartida de CNN+ (cuyo cierre inmediato anunció Prisa en diciembre de 2010), todos los accionistas extraños de Time Warner (Citicorp, Mobil, Colgate, etc.) se unen a los que tiene Prisa.
- Lo mismo sucede cuando examinamos las relaciones de Prisa con el conglomerado Vivendi, unido hasta 2010 a NBC, propiedad de General Electric. Ya se ha explicado que Vivendi comercializa agua en Francia.
- Los socios extraños de Disney lo son indirectamente de Prisa cuando el grupo español negocia con el estadounidense.
- Algo similar sucede si Prisa establece –como ha sucedido– alianzas con Lagardère (Francia), quien mantiene, entre otras, las siguientes divisiones de producción: mediática (Hachette), aeronáutica (EADS); armamentística (Matra); automovilística (Renault).
- Igualmente, las relaciones de Prisa con Televisa (México) conducen al grupo español a los negocios de Carlos Slim y la familia Azcárraga, ambos presentes de manera explícita o implícita en Televisa. Uno de esos negocios es Telmex, otros, la cadena comercial Sanborns o las grandes superficies comerciales Liverpool.
- Si Vocento se alía con Disney o con Time Warner le ocurre lo mismo que a Prisa o que a cualquier otro grupo. En su caso, al BBVA añade los accionistas extraños de los dos conglomerados citados.
- Además, si Vocento ha estado ligado a Berlusconi, entra de manera indirecta en el imperio de éste, que se extiende a los seguros, la construcción, los supermercados y los equipos deportivos, entre otras actividades. Lo mismo le ocurrirá a otros grupos que se unan a Berlusconi, como Prisa, que lo ha hecho en 2010, junto a Telefónica.

- Planeta se relaciona con Bertelsmann a través de RTL, filial de Bertelsmann que es accionista de Antena 3 TV, junto a Planeta. Y ya sabemos las ramificaciones de Planeta hacia otros sectores (Vueling) y la presencia que es o ha sido –minoritaria– de firmas como Rayet (construcción), Banco Sabadell, El Corte Inglés, igualmente en Antena 3 TV.
- Los dueños italianos de *El Mundo* conducen a todos los productos mediáticos de Unidad Editorial –la compañía propietaria en primer término de *El Mundo*– a la Fiat y a otros sectores de la producción.
- Telefónica fue pequeña accionista del Grupo Pearson (inglés), dueño de *The Financial Times* y *The Economist* (50%). Ahora debemos comprobar las distintas divisiones de Pearson, una de ellas la conduce al sector financiero.
- El Grupo Zeta adquirió el 20% de las acciones del diario gratuito *20 Minutos*, propiedad en su mayoría de la compañía nórdica Schibsted, participada por la banca noruega y por la de EE.UU.
- Las conexiones de Imagina-Mediapro (La Sexta) con Televisa (más del 40% del capital de La Sexta) llevan a Imagina a tener en cuenta los negocios de sus socios mexicanos. Igualmente, Imagina incluye la programación de la cadena AXN en su parrilla de TDT. AXN es de Sony, un conglomerado que va mucho más allá de los medios de comunicación, como es sabido.
- Hasta 2010, el Grupo Prisa estaba unido al grupo italiano Expresso –de la familia De Benedetti– para controlar el diario parisino *Le Monde* (ya se ha dicho que ha abandonado esta propiedad en pro de empresarios franceses en buena parte ajenos a la comunicación). De Benedetti es apellido vinculado a Olivetti, entre otras empresas.

En pocas palabras, ¿por qué me preocupa tanto esta dinámica propia de la economía de mercado? ¿Por qué me dedico a estudiarla? Lo repito: porque empresarialmente puede ser lo habitual y lo lógico pero lo grave es que el *totum revolutum* aparente que he esbozado sin duda afecta a la libertad del periodista y sin un periodismo realmente libre y riguroso no hay democracia que valga. Al periodismo habrá que llamarlo de otra manera y a la democracia también, pero no engañarnos a nosotros mismos ni que nos engañen torciendo y tergiversando el significado de los asuntos más relevantes para el avance cognitivo de los seres humanos.

8

Análisis sectorial

Reflejados los grupos, sus articulaciones principales y algunas conexiones con elementos extraños, vayamos ahora con unos apuntes sobre los distintos sectores mediáticos españoles. En realidad, al tratar de los grupos ya se han mencionado todos, ahora lo que me interesa es acotarlos para una mejor comprensión.

8.1. Sector editorial y de prensa

Siguiendo la metodología formal de este trabajo, voy a ofrecer síntesis en las que se muestran los datos más esenciales que el lector debe analizar en relación con el sector editorial en España y con el sector de la prensa. Lo que me interesa es, en una ilustración concreta, vincular a las editoriales conocidas con sus dueños principales, así como trazar algunas peculiaridades de la prensa.

En el cuadro siguiente el lector tiene las claves de la dependencia editorial de las firmas más conocidas en España. Los grandes grupos las controlan casi todas. Eso significa que el papel de las pequeñas y medianas editoriales es crucial para el avance del conocimiento, sin desmerecer por ello los pasos dados en este sentido por las grandes, que, no obstante, están más sometidas a los aspectos más negativos del *marketing*. La situación es grave porque en España son más de 60.000 los títulos de libros que se editan al año y las librerías no dan

Dependencia de la industria editorial

Editoriales	Propiedad
National Geografic, Dow Jones ⟶	News Corp. (GB-USA)
Random House ⟶	Bertelsmann (D)
Pearson Educación ⟶	Pearson(GB)
Anaya ⟶	Lagardère (F)
Alfaguara, Taurus, ⟶	
Santillana, Aguilar... ⟶	Prisa (E)
Lumen, Mondadori ⟶	Mediaset (I)
La Esfera de los Libros ⟶	Unedisa/Recoletos (I-E)
Planeta, Destino, Seix Barral, ⟶	
Emecé, Ediciones del Bronce, ⟶	
Temas de Hoy, Crítica, Paidós, ⟶	
Ariel, Espasa, Altaya, Deusto... ⟶	Planeta (E)
Ediciones B ⟶	Grupo Zeta (E)

abasto a tanta oferta, de manera que priorizan los títulos que envían las editoriales grandes, que no necesariamente son los mejores, en muchas ocasiones es al revés. Los sistemas de distribución y promoción también favorecen a las grandes, ligadas a grupos mediáticos que, como he explicado ya, activan toda su artillería para que un libro «de la cuerda» llegue a manos de todos y todos lo conozcan.

A destacar que Anaya ha pasado de manos españolas a manos francesas (primero a Vivendi y después Vivendi la vendió a Lagardère). Además, el tándem Planeta-Prisa acapara gran parte de los sellos mientras que la presencia extranjera es considerable. En el ámbito académico, destaca la división de libros de la inglesa Pearson, que completa sus publicaciones de papel con soportes electrónicos y audiovisuales muy bien elaborados.

Por otro lado, los aspectos, a mi juicio principales, relacionados con el sector de la prensa en España son los siguientes:

Apuntes sobre la prensa en España

- Sus orígenes están en el siglo XVII con *La Gaceta de Madrid* (actual BOE).

- Cabeceras importantes fueron, por ejemplo, *El Sol, El Imparcial* y *El Liberal* (siglos XIX y primer tercio del XX). En nuestros días volvieron a aparecer *El Imparcial* (1979) y *El Sol* (Grupo Anaya, 1991). También reaparecieron *Mundo Obrero* diario (1979) y *El Socialista*.
- Es muy importante en España el movimiento de la llamada «Buena Prensa» (católica).
- La ley Fraga de 1966 suavizó la censura franquista. Las Asociaciones de la Prensa en el franquismo eran vehículos de control profesional además de instituciones.
- La enseñanza del periodismo en el franquismo está en manos del Estado (Escuelas) y de la Iglesia. En 1972 se crea la primera Facultad de Ciencias de la Información de carácter público (en la Universidad Complutense, Madrid).
- Al igual que en otros países occidentales (EE.UU., Francia), la prensa (de papel) en España está en retroceso o estancada. Sólo unos 100 de cada 1.000 españoles leen prensa. Se trata de la lectura media, que desciende en algunos lugares de Andalucía hasta el 30 por 1.000 (Jaén) o sube en la zona norte y Cataluña hasta un 200 o más por 1.000.
- Las promociones como «gancho» para vender periódicos contribuyen a la pérdida de la innovación del periodismo en cuanto a contenidos.
- Se va perdiendo la figura del periodista y aparece la del comunicador y el profesional del *marketing*, según afirma la Dra. María Antonia Martín Díez en el documental reportaje *100 años de prensa en España*.
- El suceso como noticia ha sido desde siempre un elemento de éxito de ventas y lo que convierte al periódico en medio de masas.
- La prensa del futuro será o liviana (gratuitos, algunos de pago en papel) o de minorías (prensa de referencia y pago en papel o Internet).
- En 2009, en EE.UU. ya había más lectores de prensa por Internet que en papel.
- En 2010, en España, el 12% de la publicidad estaba en prensa digital; la media de Europa era del 20%, aproximadamente.

Algunos comentarios adicionales. Diarios con nombres históricos como *El Imparcial, El Sol, Mundo Obrero* o *El Socialista* volvieron a aparecer en los últimos decenios pero con dueños y orientaciones diferentes. *El Imparcial* estuvo en la calle poco tiempo, a partir de 1979, primero con orientación ultraconservadora y después liberal. En 2008 surgió otro *El Imparcial*, capitaneado por Luis María Anson, pero se editaba sólo en versión digital.

El Sol fue impulsado a principios de los años noventa por el Grupo Anaya, entonces de titularidad española (Germán Sánchez Ruipérez estaba al frente). No tuvo espacio comercial pero fue uno de los pioneros de la infografía en la prensa española ya que, con motivo de la guerra del Golfo de 1991, comenzó a publicar ilustraciones informáticas con los movimientos y la situación de las tropas de uno y otro bando, algo celebrado por los lectores. Con todo, el diario no logró hallar su espacio en el mercado y ello a pesar de que lanzó promociones diversas y regaló libros procedentes de los fondos de Anaya.

Mundo Obrero y *El Socialista* son dos históricas cabeceras vinculadas al Partido Comunista de España (PCE) y al Partido Socialista Obrero Español (PSOE), respectivamente. En la actualidad se mantienen por puro romanticismo y respeto a la historia pero *Mundo Obrero* apareció como diario en 1979, en una aventura fugaz y una tirada reducida hasta el punto de que bien puede afirmarse que no lo compraban ni sus propios militantes y simpatizantes. Como anécdota, El Corte Inglés llegó a anunciarse en sus páginas con una plana completa. La empresa no es en absoluto tonta, sabe que los comunistas también compran en sus grandes almacenes y, además, de nuevo vemos un baño de progresismo empresarial ya que el papel del PCE en la resistencia antifranquista y en la Transición española ha sido clave para que ahora exista lo que llamamos democracia.

La bautizada como «Buena prensa» fue un movimiento protagonizado por la Iglesia que, alarmada por las corrientes laicas procedentes del liberalismo y del materialismo de todo tipo, lanzó una serie de cabeceras a caballo entre los siglos XIX y XX para contrarrestar el hecho. Cuando Franco muere, en 1975, la Iglesia poseía una cadena de diarios en la que el desaparecido *Ya* era buque insignia.

En época franquista, la censura de prensa pasó por dos momentos principales: el que se deriva de la dureza de una postguerra (censura de prohibición y control total, censura de lápiz rojo y tachaduras), y la autocensura o censura algo más flexible derivada de lo que se conoció como Ley Fraga de 1966 por promulgarse cuando Manuel Fraga era ministro de Información y Turismo. Este ministerio controlaba los mensajes a proyectar sobre el público, desde un periódico hasta un poema. El periodista debía censurarse a sí mismo de acuerdo con las orientaciones ministeriales (que no eran pocas).

En la actualidad, la autocensura prosigue pero más atenuada y sin orientaciones escritas en este sentido. Proceden de lo que he denominado «Las 5 P» (Reig, 2010d): Propiedad de los medios, Publicidad, Política, Producción, Públicos, si bien la Producción, más que un elemento de censura, es sólo un obstáculo para ser periodista. La Producción hace referencia al proceso de creación de la información, excesivamente adherido a las nuevas tecnologías y a la comodidad del periodista, demasiado pegado a una pantalla informática. Sobre la Propiedad y la Publicidad no vale la pena que insista; la presión política también está demostrada pero se habla menos de la presión de los públicos. Por regla general, éstos desean que los medios les digan aquello que esperan oír, algo que debe tener en cuenta el periodista que se convierte entonces en una especie de vendedor de mensajes a gusto del consumidor. De lo contrario, éste rechazaría el producto.

La prensa en España se ha desarrollado con profesionales de oficio hasta que en 1972 apareció la primera Facultad de Ciencias de la Información de carácter público en la Universidad Complutense de Madrid, que fue el preludio de otras y el comienzo del fin de las antiguas escuelas de periodismo de los años sesenta. Los periodistas en activo durante el franquismo debían vincularse a las asociaciones de la prensa que funcionaban también como órganos de control político. Con la Transición política llegó también la de las asociaciones que procedieron a democratizarse, aunque en nuestros días están lamentablemente sometidas a las pugnas propias del bipartidismo, que se extienden a los periodistas, con lo que –como me sugirió la Dra. Carmen Marta, de la Universidad de Zaragoza– bien podría afirmarse que a las citadas 5 P habría que añadir una sexta: la P de los periodistas correas de transmisión de intereses no periodísticos, unas personas que obstaculizan con claridad la defensa de la profesión con absoluta independencia y que no sólo se desenvuelven en las asociaciones sino en medios de comunicación públicos y privados.

La P de Promociones de los diarios –otra más– pone de relieve el fracaso del periodismo como actividad que ilusione al lector porque la piense y la sienta como un oficio transgresor y valiente con relación a los poderes y cercana a los problemas más candentes que sufren los ciudadanos. Pero es que ya he dicho que el periodismo no es exactamente un servicio público sino privado. Por desgracia, hemos llegado a un momento en el que el receptor se acerca a un punto de venta y solicita una película, un libro, el trozo de un mosaico con el que componer una imagen o la pieza de una vajilla y hasta un *croissant* (el diario *La Razón* ha llegado a regalarlos y *Diario 16 Andalucía* obsequiaba con botellas de vino manzanilla durante la Feria de Sevilla). Y el vendedor le entrega el objeto acompañado de otro llamado periódico que, a lo peor, acaba de inmediato en la papelera. Por eso el director de publicidad y *marketing* es más relevante que el director periodista y los contenidos del periodismo están estancados, hacen hincapié en lo que desde siempre se ha vendido: la sangre, la muerte, la violencia, la inquietud y el estado de la climatología con sus posibles efectos negativos.

El periodismo de sucesos y tribunales en España demostró su eficacia desde el crimen de Fuencarral de Madrid, a principios del siglo XX. Desde entonces, la constante sigue y, en la actualidad, corregida y aumentada porque es una opción fácil de ventas. En lugares marginados, a veces los periodistas son apedreados e insultados cuando sólo acuden a ellos de manera habitual al producirse alguna desgracia. Si el periodista estuviera a menudo en esos lugares lo considerarían un amigo o alguien conocido y no ese indeseable que al olor de la sangre, acude. Y si acude es por mandato de sus superiores, que, como no se atreven con los dueños del periodismo, se dedican a engordar estos asuntos pero sin apenas profundizar en ellos. Con frecuencia, ese engordar o «hinchar el perro», como se decía antes, lleva a rellenar páginas por rellenar, con el consiguiente peligro de no decir nada nuevo o de aportar puras inexactitudes y especulaciones. Habría muchísimo que escribir sobre esto.

Sin duda, el futuro pasa por la prensa en Internet en soportes de lectura cómoda, pero quedarán medios de referencia en versión papel por bastante tiempo. La cuestión es si al final habrá que pagar en la Red por estar bien informado y formado. Murdoch ya lo ha puesto en marcha y, como dije antes, *El Mundo Digital* posee una edición de pago, Orbyt. Pero, ¿qué es estar bien informado y formado? Desde luego, eso no será posible con las plantillas tan jóvenes que se dan en estos tiempos en los que se prescinde de valiosos profesionales por su edad «avanzada» (a lo peor cuarenta y tantos o cincuenta y tantos años, no digamos los periodistas de sesenta y tantos, ésos ya son del pleistoceno inferior). Cuidado con esto porque puede que las empresas (que ya contratan a blogueros como corresponsales, eso lo ha hecho *The Guardian* en 2009) decidan que sólo necesitan unos cuantos periodistas bisoños que hagan funciones de cortar y pegar, de copistas de notas de prensa y de despachos de agencias, funciones de secretarias y secretarios de redacción que se conecten con una serie de especialistas para que les envíen la valoración de la actualidad desde sus casas o desde sus despachos.

No todos ven con claridad el negocio en Internet pero tendrá que llegar poco a poco, de hecho la publicidad está subiendo en este medio y bajando en el papel, pero todo dependerá del producto que se ofrezca, de las condiciones de oferta y de la actitud y aptitud de los públicos.

8.2. Sector audiovisual

Para abordar el sector audiovisual en España, como se deriva de la metodología de este libro, aplicaremos un enfoque estructural donde intentaré que los hechos no estén fuera de contexto. Voy a partir de tres principios:

- Sector «de masas» con una compleja configuración progresiva.
- Proyección externa y articulaciones.
- Internet es parte del sector audiovisual.

El sector audiovisual en España y en el mundo es el que a mayor número de personas llega. En nuestros días, a los tradicionales elementos radio y televisión hay que añadir Internet. La Red tiene personalidad por sí misma pero además converge con los dos medios «clásicos». La velocidad de implantación de las nuevas tecnologías es asombrosa, como podemos comprobar en el caso de España. En 1956 surge la televisión en el país hispano, con retraso en relación a

América Latina y los Estados Unidos. Por aquellos años cincuenta, el mundo informático iba aproximadamente por la primera generación de ordenadores: grandes armatostes de capacidad limitada si lo vemos desde hoy. En los años ochenta, la presencia del ordenador personal era, no abrumadora, pero sí muy habitual en España y no digamos en EE.UU. En 2008 comienza en España el apagón analógico, que se ultima en 2010. En unos treinta años, la televisión ha pasado tecnológicamente de la noche al día, los aparatos informáticos han ido disminuyendo su tamaño y aumentando su capacidad al tiempo que se han diversificado extraordinariamente.

Al final, la radio (también convertida en digital), la televisión y el ordenador (y el libro, que se abre paso poco a poco en soporte electrónico) se han unido —por medio de las telecomunicaciones, otro factor sustancial— en un sólo medio de masas que es a la vez varios y que permite una interactividad asombrosa, estimulando la comunicación interpersonal, desde luego, pero también el aislamiento y la vanidad, así como la consolidación de ese concepto acuñado por David Riesman: el de «muchedumbre solitaria», puesto que el planeta cuenta con 6.500 millones de habitantes aproximadamente, de los que unos 1.000 millones tienen acceso a la Red y de ellos la mayoría la utiliza no para formarse sino para «jugar» en el más amplio sentido de la palabra. Como siempre digo, la Red atrapa y a la vez libera, depende de su uso. Pero me parece que va camino más de lo primero que de lo segundo, todo ello visto desde una perspectiva de formación sincrónica para el ser humano. La Red y derivados son ya algo imprescindible en nuestras vidas, pero algunos de sus efectos pueden y deben ser prescindibles, limitados o controlados.

El estudio del sector audiovisual irá acompañado de su correspondiente contextualización en un sentido doble: contextualización de los acontecimientos y búsqueda de algunas conexiones entre elementos. De nuevo observaremos a los que he llamado «accionistas extraños», presentes en el mundo de la televisión, por ejemplo. La visión de Internet será escueta pero significativa, para dejar la puerta abierta a futuras indagaciones.

Para comenzar, estoy convencido de que, para entender y asimilar un proceso tan relevante como el de la configuración de la estructura audiovisual en España, debo utilizar una gran tabla cronológica contextualizada con un apunte sobre los significados de los acontecimientos a recoger. Utilizaré tres columnas en mi cronología: una con el año o años; otra con los hechos a mi juicio más significativos que hayan acontecido en ese tiempo y una tercera que contenga algo de su significado.

Configuración de la Estructura Audiovisual de la Información en España (1923-2010)

Años	Acontecimientos	Significados
1923-1924	• Inicios de la radio en España, de propiedad privada, en principio. Primeras emisiones en Barcelona, Madrid y Sevilla. • En 1955 surge en Sevilla Radio Vida, germen de la Cope.	Adquiere gran protagonismo durante la Guerra Civil (1936-1939). En la postguerra nacerá la «generación de la radio» y la radio espectáculo.
1937-1938	• 1937. Nace Radio Nacional de España (RNE) en el cuartel general de Franco (Burgos), germen de lo que hoy es el Grupo RTVE. • Un año después se fundará EFE.	Primeros pasos para la configuración de una estructura mediática pública que seguiría desarrollándose hasta nuestros días.
1956	Aparece la TV en España, fundada por el régimen franquista. La primera retransmisión «masiva» es la boda real de Balduino y Fabiola.	Cambio de hábitos en los ciudadanos. El televisor como electrodoméstico principal. Penetración de las series y películas procedentes de EE.UU.
1969	Se funda el 2.º Canal de TVE, llamado UHF (hoy TVE2 o La 2).	El hombre llega a la Luna en retransmisión que nos ofrece desde EE.UU. la voz de Jesús Hermida. Hoy se discute la veracidad de la llegada. La 2 nace «para la inmensa minoría».
1971-1973	Fundación y consolidación de la OTI (Organización de Televisiones Iberoamericanas).	Primer puente audiovisual entre España y América Latina: 300 millones de espectadores potenciales.

Inicios de los años 80	• Aparecen los vídeos comunitarios y las primeras televisiones locales (Cataluña y Andalucía, pioneras). • Nace el Grupo RTVE. • Eclosión de cadenas de radio privadas: Antena 3 Radio, Cadena 80, Cadena Rato, Radio 16, etc.	El ciudadano empieza a ser más protagonista. El audiovisual se acerca a su entorno más inmediato. Las grandes cadenas deberán reaccionar. Dicha reacción es comprobable sobre todo en los años noventa.
Década de los años 80	Comienzan a emitir las televisiones autonómicas, todas públicas: ETB (País Vasco) (1982); TV3 (Cataluña) (1983); TVG (Galicia) (1985), Canal Sur (Andalucía) (1989), Telemadrid (1989), Canal 9 (Valencia) (1989).	Mayor complejidad audiovisual. Intensificación de las «señas de identidad» de las zonas españolas. Politización-manipulación de las televisiones. Merma del rigor histórico y antropológico.
1989-1990	• Nace la TV privada: Antena 3 TV, impulsada por Godó/Prensa Española; Tele 5 (Berlusconi/Once/Anaya); Canal+ (Prisa, carácter codificado). • No logran canales: Asensio-Murdoch, Canal C, Grupo 16. Este último se retiró de la puja. Canal C estaba compuesto por empresarios catalanes.	• Ruptura del monopolio de TVE. • Primeras pérdidas del Grupo RTVE (1990). • El Grupo Zeta (Asensio) acusa al gobierno del PSOE de «amiguismo» a favor de Prisa, ONCE y Berlusconi (entonces simpatizante de la Internacional Socialista y amigo de Bettino Craxi). Cree que C+ es irregular.
1992	• España lanza el satélite Hispasat. • Prisa «desembarca» en Antena 3 Radio, mediante un pacto con Godó, su propietario principal. Se crea Unión Radio. Los principales profesionales de Antena 3 (J.M. García, L. Herrero, A. Herrero, Jiménez Losantos, Martín	Se intensifican las emisiones para América Latina. La agencia EFE incrementa notablemente su importancia. Pérdida de pluralismo en el mundo de la radio.

	Ferrand...), se trasladan a la COPE y denuncian excesiva concentración.	
1996-1999	• Aparecen en 1996-1997 las plataformas de TV Digital por Satélite: Vía Digital (Telefónica, Televisa, Direct TV, Grupo Zeta, El Mundo, Recoletos, Cope, etc.) y Canal Satélite Digital (CSD), de Prisa. • En 1999 aparece la TV autonómica de Canarias: TVC. • El PP piensa en privatizar Canal 9 en Valencia.	Incremento de la oferta. Incremento del capital extranjero. Falta de rentabilidad continua. Tendencia al monopolio en determinados espectáculos (fútbol). Se implanta la llamada *externalización* de la producción en las televisiones autonómicas. TVC encarga gran parte de sus programas a una empresa ligada a Prisa.
Inicios del año 2000	Comienzos de la TV Digital Terrestre (TDT): Quiero TV, propiedad de Endesa (Retevisión), Planeta, BSCH, Iberdrola, Telecom Italia, Media Park (Telefónica), cajas de ahorros, etc.	Necesidad de buscar un hueco en el mercado audiovisual. Falta de infraestructuras tecnológicas. Sigue la constante de uniones de diversas estructuras de poder socioeconómico.
Finales del año 2000	• Nuevas concesiones (de la Administración del PP) de canales de TDT: Net TV (impulsada sobre todo por Correo/Prensa Española –hoy Vocento–, Altadis y el Grupo Árbol, hoy unido a Mediapro en el Grupo Imagina) y Veo TV (Recoletos-Unedisa, hoy unidos en un solo grupo mediático). • Prospera el recurso contra Unión Radio pero no se ejecuta.	Más aumento de la oferta, desafíos para el sector audiovisual, que está ante un mercado reacio a pagar e infradotado tecnológicamente. Godó, Planeta, SBS (Suecia) y COPE quedan excluidas de las concesiones. Críticas de «amiguismo» contra el PP, esta vez de Godó.

2002	• Fusión de las dos plataformas digitales de TV por satélite en Digital+. • Cierra Quiero TV, que jamás se había implantado ni como negocio ni entre el público. Devuelve su licencia al Gobierno. • El panorama radiofónico gira en torno a Telefónica-Prisa (Onda Cero-Unión Radio). En general, la radio se mantiene estable en la cuenta de resultados. • La TV privada en abierto ofrece beneficios. • RTVE está en manos de la SEPI. Disminuye algo su déficit. De nuevo se habla de privatizar TVE o, al menos, uno de sus 2 canales. Pero TVE1 sigue liderando la audiencia. • El Supremo insta a ejecutar el recurso contra Unión Radio.	Temores de excesiva concentración mediática. La UE traslada el tema al Gobierno español (PP), que dicta una serie de puntos tendentes a limitar la concentración. Unión de dos teóricos rivales: Telefónica y Prisa. Síntomas de oferta excesiva. Mala calidad de la programación audiovisual, sobre todo en abierto, dirigida a un público envejecido y pobre en lo cultural. Programación reiterativa en los canales temáticos. Pérdida de rigor en la información radiofónica: el bipartidismo –ya visible en la prensa– se traslada con claridad a informativos y tertulias.
2001-2007	• Aparición de nuevas televisiones autonómicas de titularidad pública: TV Castilla-La Mancha (2001), IB3 (Baleares) (2005), TV de Murcia (2006), TV de Aragón (2006), TV de Asturias (2006), TV de Extremadura (2006). • En 2005 nace la Corporación RTVE, de titularidad pública al 100%. TVE ya ha perdido su primacía de audiencia en favor de Tele 5 y Antena 3 TV. • En 2005-2006, gran im-	Práctica habitual de la *externalización* de la programación en las televisiones autonómicas. El Director General de RTVE será elegido por Las Cortes. Disminuye la subvención a TVE, que deberá tener más en cuenta el concepto de servicio público. La reconversión de la SEPI trata de racionalizar la gestión pero también acerca más este servicio a la dinámica del mercado. Abrumadora oferta audio-

pulso a la TDT con concesión de canales a todas las TV privadas y a TVE, con vistas al «apagón analógico» de 2010. Aparecen además nuevas televisiones en abierto: Cuatro (Prisa) y La Sexta (Imagina-Televisa), en 2005.

- Aparece Punto Radio (Vocento) en 2005.

- 2007. Sigue sin prosperar la ejecución del recurso contra Unión Radio, presentado por los profesionales que se marcharon de A-3 Radio tras la llegada de Prisa en 1992, un tema que se extenderá por las administraciones de Aznar (PP) y Rodríguez Zapatero (PSOE). El Supremo dictó que con las emisoras de A-3 Radio se formara una nueva cadena.

visual tanto en radio como en televisión. La pugna por la audiencia alcanza los límites del paroxismo.

La propiedad del audiovisual pasa una y otra vez, como regla general, por las mismas grandes empresas, vinculadas al PSOE o al PP.

| 2008 a 2010 (I) | • En 2010 está previsto el «apagón analógico» en España. Se abrirán más de 40 canales de TDT.

• Ese apagón está siendo progresivo desde 2008.

• Primero se aplicó a una experiencia piloto en una pequeña zona del centro del país.

• Después se irá implantando por zonas de menos habitantes a más.

• Se llevará a cabo una renovación a fondo en el terreno de construcción y adaptación de edificios así como en el interior de los hogares. | Comienza una era histórica del Audiovisual en España. Excesiva oferta.
Dificultades para hacer rentable la oferta.
Discriminación entre los receptores por el criterio del poder adquisitivo. |

• En primavera de 2008 comenzó el «apagón analógico» en España en pequeñas localidades como A Fonsagrada (Lugo), impulsada por la Xunta y la Administración Central. En verano llegó hasta Soria.

• Las empresas que impulsan la TDT estiman que en 2010 va a ser difícil la viabilidad de tanto canal. La Sexta cree que no habrá publicidad suficiente para todos, Veo TV quiere que se elimine de TVE y Antena 3 cree que hay que buscar nuevas fórmulas imaginativas.

• Será posible en 2010 ver TDT en abierto y de pago.

2008 a 2010 (II)	• En noviembre de 2008 Prisa cierra Localia. • Primavera de 2009: negociaciones para fusión de televisiones. • *El País*, 21-2-2009: «El Gobierno propicia la fusión de las televisiones privadas». • En marzo de 2009 nace la TV autonómica de Castilla y León.	Aumenta la concentración mediática. Se suprimen restricciones. Las cadenas podrán tener accionistas comunes. La crisis propicia todo lo anterior. Aumenta la oferta zonal.
2008 a 2010 (III)	• En España tienen una concesión de TDT seis empresas: RTVE, Mediapro, Planeta, Mediaset, PRISA, Vocento y Unedisa. • Sólo quien posea licencia de TDT de alcance nacional, puede hacer TDT de pago: la pública RTVE,	Oligopolio informativo de los grandes multimedia. La Administración estimula la desigualdad ante el mensaje apoyando el pagar por ver. Mayor presencia del capital extranjero en el Audiovisual español, dentro de la diná-

	y las privadas Antena 3 TV, Tele 5, Cuatro, Veo TV, Net TV y La Sexta. • En abril de 2009, el Gobierno anuncia la TV de pago también en el sistema TDT. • En 2008, Disney e Intereconomía desembarcan en la Net TV de Vocento.	mica habitual de la mundialización.
2008 a 2010 (IV)	• Noviembre de 2009. Telefónica compra a Prisa el 21% de las acciones de Digital+. • La UE cuestiona la forma de financiación de TVE en lo que a la aportación privada se refiere.	Regresa la alianza Prisa-Telefónica por las dificultades económicas de Prisa, que había negociado antes con Berlusconi, Vivendi y otros la venta de Digital+. Posible debilitación de la Corporación RTVE.
2009 a 2010 (I)	Mayo de 2009. El Gobierno (PSOE) aprueba la RTVE sin publicidad. Nueva financiación: – Aportaciones del Estado (entre 500-600 millones de euros/año). – De la TV privada (3% de sus ingresos). – De las empresas de telecomunicaciones (0,9%). – 80% de la tasa sobre dominio público radioeléctrico, comercialización de productos y actividades propias.	Se incrementa la obligación de TVE de invertir en cine español (6%). Las empresas de telecomunicación pueden traspasar el 0,9% a sus clientes. Aproximación al modelo BBC, pero la BBC en 2009 emplea a 25.000 personas en 43 países y RTVE posee 6.000 trabajadores. La BBC cuenta con cerca de 4.000 millones de euros de presupuesto (21,8% de *share* en 2008). TVE poseerá 1.200 millones y en 2008 tuvo una cuota de 16,1%. Reacciones de defensa de la TV pública. Temor a que quede en manos de lo privado.
2009 a 2010 (II)	• Finales de mayo de 2009. El Congreso permite las fusiones entre canales de TV.	Se pretende regular el mercado ante la eclosión de ofertas, fruto de la implantación de la TDT.

	• La nueva norma suprime el límite actual del 5% en las participaciones cruzadas entre compañías, siempre que la audiencia media acumulada de los operadores no supere el 27% de audiencia total. • También se permitirá la fusión de dos operadores del sector de la televisión si no superan esta cuota de audiencia y siempre que se garantice la existencia como mínimo de tres compañías privadas de ámbito estatal con dirección editorial distinta.	Se estimula la concentración mediática ante la crisis. De todas formas, con crisis y sin crisis, los gobiernos vienen estimulando la concentración desde hace décadas.
2009 a 2010 (III)	• El Gobierno prohíbe a TVE que ofrezca televisión de pago (29-5-2009). • El Gobierno ha incluido a las televisiones de pago o de acceso condicional, como Digital+, o como el canal de fútbol televisado Gol TV, de Mediapro, entre las empresas que deben satisfacer el impuesto que afecta a las cadenas de televisión, aunque con una novedad: si las televisiones en abierto deben pagar un 3% de sus ingresos, las de pago sólo deben satisfacer un 1,5% de sus ventas. • Junio 2009. Prisa e Imagina anuncian la fusión de Cuatro y La Sexta y monopolizan las retransmisiones del fútbol.	Típica política socialdemócrata de apoyar al sector privado y al público al mismo tiempo y de obstaculizar a ambos. Mayor concentración mediática, impulso al «pagar por ver» (¿es anticonstitucional?), unión de dos empresas de orientación socialdemócrata.

2009 a 2010 (IV)	• Dificultades para la unión de Cuatro y la Sexta por disputas internas. • Agosto de 2009. El Gobierno aprueba la TDT de pago por la vía de urgencia. • El Ejecutivo regulará el nuevo sistema de emisión por real decreto ley, una fórmula propia de situaciones de extraordinaria necesidad (*El País*, 17-8-2009). • Mediapro anuncia el comienzo de las emisiones de Gol TV.	Pugna entre los dos grupos más afines a la socialdemocracia española (PSOE): Prisa y Mediapro, debido a que el primero posee canales de pago (Sogecable) y no le interesa aún una TDT de pago. Prisa sigue tratando de desprenderse de Sogecable. Pretende que la compren Telefónica y/o NBC Vivendi.
2009 a 2010 (V)	Octubre de 2009: El Consejo de Ministros aprueba la Ley General de la Comunicación Audiovisual (LGCA).	Norma llamada a ordenar la legislación –dispersa y obsoleta– de un sector en plena revolución tecnológica y azotado por la crisis publicitaria.
2009 a 2010 (VI)	• Finales de 2009. Prisa y Fininvest-Mediaset (Berlusconi), anuncian la unión de Tele 5 y Cuatro (mayoría de capital para Fininvest). Además, Fininvest entra como accionista de Digital+ (22%). • Los medios anuncian que Antena 3 y La Sexta han llegado a un acuerdo de unión. • Enero de 2010. La UE prohíbe a España aplicar la nueva financiación de TVE hasta que compruebe si es acorde con la legislación europea. • En febrero de 2010, se hace público que la TV pú-	

	blica sin publicidad ha crecido 2 puntos y se sitúa en primer lugar de audiencia con el 18,6%, seguida de T-5 (14,8%) y A3 TV (12,8%).	
2010	**08.01.2010**: Aprobada en el Congreso la Ley General de la Comunicación Audiovisual *http://www.infoperiodistas.info/busqueda/noticia/resnot.jsp?idNoticia=9344*: «La Comisión Constitucional aprobó ayer jueves por la tarde, con 20 votos a favor, 2 en contra y 16 abstenciones, el proyecto de Ley General de la Comunicación Audiovisual, que continuará su tramitación en el Senado. En caso de que la Cámara Alta no acuerde ninguna modificación, la Ley quedará definitivamente aprobada. El plenario delegó en la Comisión por lo que su decisión pasa al Senado directamente».	Tras un caos en las normativas sobre el audiovisual, que hunde sus raíces en el mismo nacimiento de la TV, el gobierno intenta regular en una sola ley todo el sector.
2010	Julio: La UE aprueba el nuevo sistema de financiación de RTVE (20/07/10). (*www.prnoticias.com*). La Comisión Europea lo considera compatible con las reglas sobre ayudas del estado, aunque investiga en paralelo la tasa a las «telecos» (*www.elmundo.es*).	Rafael Díaz Arias, en *www.periodistas-es.org*, escribe el 28/7/2010: «La situación es mucho más grave (...). La Comisión pide a España que se abstenga de financiar a RTVE con estos nuevos impuestos [de las TV privadas y de las telecomunicaciones] en tanto no se produzca una decisión de la Comisión: Literalmente recojo una de las **conclusiones**:

57) La Comisión desea recordar a España que el artículo 14 del Reglamento (CE) n.° 659/1999 del Consejo establece que toda ayuda ilegal puede recuperarse del beneficiario. La Comisión solicita a España que no asigne ninguna financiación a RTVE que proceda de los impuestos introducidos o modificados por la Ley 8/2009 hasta que se haya adoptado una decisión final.

La comunicación da un mes al Gobierno para hacer alegaciones.

Pero **¿qué va a hacer el Gobierno para que RTVE no se colapse?**».

2010	Septiembre	

Septiembre
• La Unión Europea rechaza la contribución del 0,9% de los ingresos de las empresas de telecomunicaciones para sufragar la TV pública española.
• Ese porcentaje le supone a TVE 250 millones de euros menos en su presupuesto anual.
• El gobierno español recurre el dictamen ante el Tribunal de Estrasburgo.
• Nuevos rumores de unión Antena 3 TV-La Sexta.
• Los anunciantes ofrecen 250 millones de euros a TVE para que regrese a la publicidad.

«El consejo de administración de RTVE ha aprobado esta semana un *presupuesto de 1.200 millones* para 2011, la misma cantidad prevista para este año. Sin embargo, a día de hoy todavía está en el aire quién se hará cargo de 250 millones –lo que correspondería a las tasas de las "telecos"–, después de que los servicios jurídicos de la Comisión Europea (CE) consideren ilegal esta tasa a las "telecos". En teoría, el Gobierno se ha comprometido a aportar la cantidad necesaria, pero les ha salido un nuevo aliado. Los anunciantes ofrecen al Estado poner esos 250 mi-

	• Para 2011, TVE cuenta con un presupuesto de 1.200 millones.	llones a cambio del regreso de la publicidad a RTVE». *www.elmundo.es*, 23/9/2010.
2010	Diciembre Cierra CNN+	Ted Turner y la TBS/Time Warner, propietarios de CNN y de parte de CNN+, lamentan la decisión de sus colegas españoles de Prisa. Los trabajadores de CNN+ escriben en Internet: «CNN+ no puede pagar los platos rotos de la mala gestión de la dirección del grupo Prisa». Con estas palabras, los trabajadores de CNN+ han plasmado sobre el papel su profundo rechazo a la decisión de cerrar el canal de información continua, que cesará sus emisiones antes de que acabe el año». *www. elmundo.es*. 23/12/2010.
2010	Diciembre RTVE prevé para 2010 un déficit de 66 millones de euros.	Raúl Piña en *www.elmundo.es*, 21/12/2010: «La corporación pública prevé cerrar el año con unos números rojos de 66 millones de euros, según ha asegurado Alberto Oliart en la comisión de control parlamentario. Según el presidente de RTVE, este déficit es consecuencia de que han ingresado menos de lo previsto por la tasa del 0,9% a los teleoperadores. Para Oliart, la Comisión del Mercado de las Telecomunicaciones (CMT) **recaudó** por los primeros 10 meses de 2010 **33,8 millones menos**

> de lo previsto de las "te-
> lecos" y 14,6 millones me-
> nos de lo previsto por el res-
> to del año.
>
> En definitiva, la radiotele-
> visión pública **sólo ha
> cumplido con el 81% de
> lo presupuestado**. "Po-
> dríamos tener unos ingre-
> sos de 69 millones menos de
> lo previsto, lo que supondría
> un posible déficit de 66 mi-
> llones de euros", explicó
> Oliart, que ya ha expuesto
> esta situación al Gobierno».

A esta cronología podemos añadirle algunos datos y comentarios. La radio, oficialmente y según los textos de los especialistas, surge en España en Barcelona en 1924 (EAJ1). Pero otros autores, como el periodista Enrique García, sostienen que fue en Sevilla (EAJ5) en 1923 y que fueron avatares burocráticos los que impidieron que así constara oficialmente. En 1923 ya se podía leer en el diario sevillano *El Correo de Andalucía* la programación de EAJ5 (Reig, 2009). Asimismo, en los años cincuenta nació en Sevilla Radio Vida, impulsada por la Iglesia, germen de lo que en nuestros días es la Cadena de Ondas Populares Españolas (COPE). Radio Vida estaba en un edificio del centro de Sevilla, propiedad de los jesuitas, donde también se ubicaba el Cine Club Vida, una especie de isla de libertad en aquella España franquista. Por allí aparecían jóvenes como Felipe González o Alfonso Guerra, que después serían presidente y vicepresidente de España, respectivamente, con el PSOE.

La radio dará lugar a la «Generación radio», personas que crecieron con la radio como guía. Dos películas nos retratan muy bien este hecho: una, española, *Historias de la radio*, de Sáenz de Heredia; la otra, *Días de radio*, de Woody Allen, centrada en la generación radio de EE.UU. Determinados programas se realizaban «cara al público», en directo; era la radio espectáculo desarrollada en salones de actos llenos a rebosar, algo que explica el posterior éxito de la televisión espectáculo.

La radio fue muy bien utilizada por Franco como arma propagandística para ganar la guerra civil contra la República. Radio Nacional de España (RNE) fue creada por su régimen en 1937, dos años antes de su victoria. Si Franco unificó el mando militar y civil en su persona y ganó la batalla de la propaganda, era lógico que, con el apoyo de la Alemania nazi, venciera a unas desordenadas fuerzas armadas republicanas apoyadas por la Rusia de Stalin en menor medida que el apoyo de Hitler a Franco.

En los años ochenta, se dará en España una eclosión de cadenas de radio privadas, que ya he explicado en mi libro *Medios de comunicación y poder en España*. El acontecimiento se resume en una idea: al final, todas quedan en manos mayoritarias de la Cadena SER/Prisa, sólo se salva Onda Cero. Aquella concentración de poder radiofónico –que empieza con un pacto entre Prisa y Godó en 1992– será denunciada en los juzgados por diversos periodistas. Y los juzgados les darán la razón pero la sentencia no se ha aplicado con el rigor debido.

La televisión nace en 1956. Entonces había en España unos quinientos aparatos de televisión, casi todos ellos en Madrid. Pocos años después, España casi se paralizaría para ver una boda real, la de Balduino y Fabiola, lo cual explica también el éxito de bodas reales posteriores, entierros de supuestas «princesas del pueblo» (como el caso de Diana de Gales en 1998), programas del corazón, etc. Las cosas han cambiado a la vez mucho y nada.

Desde la aparición de la televisión, el hogar gira en torno a un monitor, hasta se piensa en él como en algo totalmente prioritario cuando se va a comprar una casa. Su ubicación es decisiva y, ahora, sus ubicaciones, porque la mayoría de las casas poseen tres aparatos, digamos uno general, otro en la habitación de los niños y otro en la de los padres, con lo cual la incomunicación está garantizada. Sumemos a ello los elementos informáticos. Los padres ya apenas controlan los mensajes que sus hijos reciben. Todo esto y los efectos derivados de la llamada nueva economía (con la incorporación de la mujer al trabajo, los contratos precarios, la movilidad, reciclajes y competitividad exagerada) obligan a cambiar por fuerza nuestro sistema de valores y nuestros comportamientos. Este tiempo es de antítesis, la síntesis se presenta misteriosa y lejana. Es un tiempo de crisis, de lucha entre lo que era, lo que es y lo que será.

Si en la década de los ochenta se produjo una «explosión» en lo que a aparición de cadenas de radio se refiere (Cadena Rato, Antena 3 Radio, Radiolé, Cadena 80, Radio 16/Radio Minuto, todas terminaron en manos de Godó-Prisa menos Rato, que se convirtió en Onda Cero cuando la compró la ONCE), en la televisión, la década de los ochenta es de suma importancia. A principios de la década surgirán la televisión local y las autonómicas, que seguirán constituyéndose durante toda la década y aún en el siglo XXI. A finales de los ochenta, comenzará la televisión privada, que romperá el monopolio de la pública porque las autonómicas son de carácter público, como la estatal RTVE. Las tres primeras televisiones privadas fueron Antena 3 TV (de Godó-Prensa Española), Tele 5 (Berlusconi/Anaya/ONCE) y Canal+ (esta última codificada y propiedad de Prisa). Intervinieron los intereses políticos, el PSOE concedió dos licencias a empresarios amigos (Berlusconi –entonces simpatizante de la Internacional Socialista, amigo de Bettino Craxi, ex primer ministro socialista de Italia–, Germán Sánchez Ruipérez –Anaya–, Polanco...) y una a la «oposición» (Godó y los Luca de Tena, pero Godó se unió a Polanco y los Luca de Tena lo llamaron traidor). Antonio Asensio, propietario del Grupo Zeta, que se había aliado con Murdoch para aspirar a una cadena que no logró (con el tiempo sí entró en Antena 3 TV de la mano de Banesto cuando aún no lo había comprado el Grupo Santander), acusó de amiguismo al gobierno de Felipe González.

A mediados de los noventa, los entonces rivales Grupo Prisa y Grupo Telefónica impulsaron dos plataformas digitales de televisión por satélite: Canal Satélite Digital (CSD) y Vía Digital (VD), respectivamente. A esta última se añadieron Televisa (México), el Grupo Zeta y Direct TV (EE.UU.). Pero Zeta (Antonio Asensio) pactó con Prisa-Polanco para repartirse ambos los derechos del fútbol. La historia es larga y compleja y aquí no tengo más remedio que aportar este breve esbozo. Pero sí es importante apuntar que ni CSD ni VD lograron asociados suficientes como para ser rentables. Entonces, en 2002, se unieron en Digital+, lo que la política había separado, las cuentas de resultados (que son las que mandan) lo unieron; Prisa y Telefónica se hicieron amigas y lo siguen siendo en la actualidad, pero tampoco lograron rentabilidad y entonces llegó (en 2010) el apoyo de Berlusconi y del capital procedente de Estados Unidos (Liberty).

Desde la unión Polanco-Asensio y sus derechos del fútbol, en los noventa, la televisión ha apostado tanto y tan fuerte por el fútbol que se hablaba ya en 2010 de una nueva burbuja económica: la del fútbol, del que dependen la mayoría de los equipos, ahora convertidos en sociedades anónimas deportivas. Si la burbuja estalla, no pocos equipos verán su existencia seriamente comprometida.

La llegada de la TDT (Televisión Digital Terrestre) a partir del año 2000 (Quiero, desaparecida, Net y Veo TV), que ha culminado con el apagón analógico de 2010, ha supuesto un «café para todos». «El dinero llama al dinero», reza un dicho popular. Pues bien, los grupos que ya estaban controlando la televisión de forma directa o indirecta, más alguno nuevo y pro PSOE, como el Grupo Imagina (La Sexta), se han llevado todas las licencias y se han diversificado en TDT en abierto (Prisa abrió Cuatro) y de pago.

Tras diversos cambios que narro en el libro citado, en nuestros días la propiedad de la televisión privada en España es como sigue:

Los dueños de la televisión en España (2009)

- En 2009 (verano) los accionistas más relevantes de las principales cadenas eran:

  - Antena 3: Planeta (44,58%), RTL (20,5%), Banco de Sabadell (5%)*.
  - Tele 5: Mediaset (52%); Dresdner Bank (24,7%); Vocento (5,1%)**.
  - Cuatro: Prisa (100%).
  - La Sexta: 51% Grupo Audiovisual de Medios de Producción (GAMP)**, Televisa (40%).
  - Veo TV: Unedisa/Unidad Editorial (100%).
  - Net TV: Vocento (55%), Intereconomía (25%), Disney (20%).
  - Digital+: Telefónica (21%); Prisa (79%).

* Comprado a Rayet (construcción) en 2008. En septiembre de 2009 vende un 3% a un grupo inversor del que no se da el nombre.
** En verano de 2009, Vocento vende en Bolsa su 5,1%.
*** GAMP: 70% propiedad de Imagina (Árbol + Mediapro); 9,8% Caja de Ahorros de Bilbao y Vizcaya; 8,25% El Terrat (Buenafuente); 12% Bainet Media (Karlos Arguiñano).

En 2009 (noviembre-diciembre), se habían producido los siguientes cambios significativos:

- Prisa vende a Telefónica el 21% de Digital+.
- Fininvest/Mediaset y Prisa anuncian la unión de Tele 5 y Cuatro, con una participación mayoritaria de Mediaset (78% aprox.).
- Fininvest compra además el 22% de Digital+.
- Digital+ posee como accionistas a Prisa, Fininvest y Telefónica.
- Los medios de comunicación anuncian la unión entre Antena 3 y La Sexta. No hay confirmación oficial.
- En enero de 2010, Telefónica posee el 22% de Digital+, Fininvest el 22% y Prisa el 56%.

De esta estructura de poder televisual en España puede deducirse, de nuevo, la presencia de varios sectores ajenos a la comunicación y al periodismo; es lo que he llamado «sectores extraños» o «accionistas extraños», unos intrusos que, desde la óptica del mercado, suponen un fenómeno normal pero no desde la visión profesional del periodismo. La calidad del periodismo resulta gravemente dañada cuando sus dueños aumentan, se diversifican y a la vez se concentran porque entran en contacto entre ellos. Ya se ha visto en la cronología cómo el gobierno español ha estimulado las concentraciones de poder. Personalmente, poco me importa esta concentración puesto que estamos ante un sistema que juega con dos cabezas políticas similares, un juego que se traslada al periodismo. Además, las normativas políticas a favor de la concentración tienen que ver también con la crisis de 2008, que aconseja a las empresas unirse (dado que, en el fondo, el pluralismo es aparente y mandan los números, los beneficios y las pérdidas). La gravedad del asunto llega cuando pretenden tomarme por idiota y presentarme todo este galimatías como pluralismo y democracia; eso ya, después de tantos años de ejercicio en el periodismo, la docencia y la investigación, no puedo tolerarlo.

El cuadro que sigue resume cuanto he dicho en referencia a los sectores o accionistas intrusos o extraños.

Presencia de sectores «extraños» en la Comunicación Televisual de España (2009)

Nombre	Sector	Vinculación con
Rayet	Construcción	Antena 3
Banco Sabadell	Banca	Antena 3
Dresdner Bank	Banca	Tele 5
BBVA	Banca	Vocento-Tele 5-Net TV
Grupo Santander	Banca	Prisa-Cuatro-Tele 5-D+
Supermercados	Comercio	Mediaset-Tele 5-Cuatro
Milán F.C.	Fútbol	Mediaset-Tele 5-Cuatro
Fiat-Chrysler (alianza 2009)	Automóvil	Unedisa-Veo TV
Pirelli	Automóvil	Unedisa-Veo TV
Telmex	Telecom.	Televisa-La Sexta-A3 TV
Caja de ahorros de Bilbao y Vizcaya	Banca	La Sexta-A3 TV
Deportes-Tiendas	Ocio	Disney-Net TV
Telefónica	Telecomunicaciones	Digital+

Para una mejor comprensión, hay que tener en cuenta los siguientes aspectos relacionados con el cuadro anterior:

- Mediaset/Fininvest, el emporio de Berlusconi, se extiende también a las firmas de supermercados, seguros y equipos de fútbol, como el Milán. Quien se relacione con este emporio se vincula de forma indirecta a todos los intereses que posee.
- La Fiat no tiene sólo como accionistas a los Agnelli sino también a otras empresas (accionistas menores) como Pirelli (neumáticos y caucho).
- Telmex (Telecomunicaciones de México) es propiedad de Carlos Slim, a quien está vinculada Televisa. Slim posee, además

de las empresas ya citadas en este trabajo, explotaciones de agua para el consumo humano en el norte de México.

El resto de las presencias «extrañas» son perfectamente asimilables a estas alturas del libro porque se han puntualizado en otros lugares del mismo.

Cierro la presente obra en diciembre de 2010 con dos acontecimientos destacados: el posible déficit de RTVE y el cierre de CNN+. El primero de ellos se esperaba, dado el sistema de financiación que el gobierno del PSOE ideó para la televisión pública; da la impresión de que se persigue su clausura o dejarla relegada a algo marginal, una vez que la influencia política bipolar está repartida en la televisión privada. ¿Alguien cree en serio que las televisiones privadas y las compañías de telecomunicaciones van a aportar dinero a la televisión pública y más en épocas de crisis? Si lo hicieran, le cargarían el gasto al consumidor y eso les haría perder competitividad, concepto que debería ser canonizado a juzgar por la devoción con que se emplea.

El otro acontecimiento es el cierre de CNN+, consecuencia –otra vez– de la necesidad de que las cuentas salgan. El 23/12/2010, la edición digital de *El Mundo* (*www.elmundo.es*) informaba así del hecho:

CNN+, que emite actualmente en abierto a través de la TDT, es la primera víctima de la fusión entre Telecinco y Cuatro. En las negociaciones previas a la operación, se contemplaba que Prisa TV tenía la opción de **traspasar la gestión de sus canales de TDT a Telecinco**, ya que la cadena de Mediaset pasaba a ser titular de esta licencia.

La inminente desaparición de las ondas de CNN+ se dio a conocer a los trabajadores semanas después de la entrada en el accionariado de Prisa del fondo estadounidense Liberty Acquisition Holdings. La operación supone una inyección de 650,1 millones de euros en el grupo de medios de comunicación español.

Y es que, al margen de la ruina de Prisa, es muchísima la oferta que nos ofrece la televisión, tanta, que las fusiones, absorciones y alianzas son imprescindibles. Ya lo advertía el 1/6/2010 *Diario de Sevilla* en su edición digital:

«La televisión ha dado un giro de consecuencias palpables con el apagón analógico y la tarta de audiencias se está fragmentando a cada día que pasa pintando un panorama que puede acelerar las cacareadas fusiones entre cadenas generalistas (Antena 3-La Sexta, Telecinco-Cuatro) para poder hacer frente a la nueva competencia. No es para menos: las cadenas temáticas han subido en lo que va de año un 5,6% a través de la TDT».

Diario de Sevilla, 1/6/2010, véase *www.formulatv.com*

Hasta aquí una amplia panorámica del sector audiovisual español en lo referente a los medios clásicos, radio y televisión. Ahora voy a añadir el prometido apunte sobre Internet, que, como sostengo, es parte del sector audiovisual. Pero, desde el punto de vista estructural y periodístico, Internet aparece ligado a la prensa de papel y a la publicidad. Intentaré articular un poco los tres elementos.

8.3. Internet, publicidad y prensa en el contexto mundial

Primero, unos datos técnicos sobre el fenómeno Internet en España. Nos los aporta desde *El País* Carlos Carabaña (*www.elpais.com*, 15/08/2009):

Hay múltiples modelos de red. El de Telefónica, que solo en Madrid tiene 600.000 kilómetros de fibra óptica, sería de árbol. Los cables se van sumando desde el hogar o la empresa hasta la central final, creando un enraizado que llaman red de condensación. La de ONO sigue un sistema de anillos que une de forma circular los *routers* de sus centrales. Es la única empresa en España que tiene conexión propia hasta los hogares. El resto deben alquilar el cable de cobre a Telefónica. Jazztel acabó de instalar en 2005 su propia red. Es la más moderna de España pero la innovación y el cambio de equipos es constante. En diez años, Telefónica ha mejorado los equipos dos veces. Actualmente cuentan en sus centrales principales nodos que gestionan 1.048.576 mega bits por segundo. Otro es el de Colt Telecom, una operadora paneuropea, enfocada a empresas, con anillos de fibra que llegan a los centros de negocios de las principales ciudades del continente como Madrid y Barcelona. Su red en Madrid es de 2.000 kilómetros y llega directamente hasta la sede de la empresa.

El director de un diario me dijo en noviembre de 2010 que aún no estaba clara la rentabilidad de la prensa en versión electrónica pero que en Internet había que estar. Es la opinión generalizada en estos últimos años, en efecto (ya veremos más adelante la que aporta el director de *Die Zeit*, Giovanni Di Lorenzo). Sin embargo, la publicidad en la prensa digital sube y en la de papel baja o se estanca. El futuro será Internet pero permanecerá el formato de papel durante un tiempo en determinadas publicaciones de ambos «extremos sociales»: medios de referencia y medios populares gratuitos, sobre todo.

El problema que se presenta es preparar al periodista digital sin que deje de ser periodista porque, se diga lo que se diga, los soportes y las herramientas cambian pero el periodismo permanece y el periodismo es un trabajo intelectual desarrollado por un periodista que antes que tecnología –o al mismo tiempo– tiene que aprender historia, economía, saber buscar una fuente, redactar bien las noticias y los diversos géneros periodísticos, gozar de archivo propio, de capacidad crítica, no fiarse sino de su trabajo y de sus comprobaciones y conocer el contexto en el que se desenvuelve, es decir, por ejemplo, quiénes son sus dueños, los cuáles se empeñan en anteponer una desmesurada juventud así como los continentes, a la experiencia y los contenidos.

Hay una serie de portales que en España han sido los más visitados en la época en la que este libro se escribe. Veámoslos.

Los 10 portales más visitados en España en 2009	
Portal	Crecimiento anual (Junio 09-Junio 08)
Facebook	472,5%
Wikimedia Foundation	59,6%
Vocento	56,6%
Unidad Editorial	39,3%
Telefónica/Terra	38,3%
Yahoo!	37,0%
France Télécom	36,4%
Prisacom	35,7%
Google	33,4%
Microsoft	29,6%

Fuente: Nielsen (Netview) y ABC, 11-7-2009.

Son destacables los portales más periodísticos: Vocento, Unidad Editorial y Prisacom. Es la tendencia: abandonar el papel para pasarse a la pantalla. Y no sólo el papel sino la televisión. Según el informe *La sociedad de la información en España 2009*, de Telefónica, un 3% de la sociedad española ha dejado de ver la televisión para pasar ese tiempo navegando por Internet. Asimismo, el 86,6% de los internautas activos en España ve vídeos por Internet; es ésta su principal actividad en Internet.

Si la Red es una especie de imán que poco a poco atrae al ciudadano en general y al cliente de periódicos en particular, es lógico que las cifras publicitarias tiendan a favorecerla, tanto a nivel nacional como en otros países (EE.UU.). El diario *El Mundo* (*www.elmundo.es*, 21/12/2010) ha publicado la siguiente información:

Según un estudio de «eMarketer» publicado por Editor&Publisher, en 2010 los publicistas han invertido más en publicidad para internet que en la publicidad publicada en prensa.

La inversión en publicidad para la web ha crecido en un 13,9%, lo que supone **una inversión de 25,8 billones de dólares durante todo el año.** Según las estimaciones de «eMarketer» los publicistas esperaban gastar solo 23 billones de dólares en prensa impresa este año, la inversión ha bajado un 8,2% en comparación con 2009.

«Los vendedores destinan una mayor parte de su presupuesto a los medios de comunicación digitales, porque creen que hay más clientes en la web», ha dicho el presidente de «eMarketer», Geoff Ramsey. «Es algo que se veía venir desde hace tiempo, es un importante punto de inflexión.»

El aumento de consumidores en la web no es la única razón por la que se invierte tanto en los medios digitales. **«La mala situación económica ha acelerado este proceso de cambio, en el que la publicidad digital cobra más importancia»,** ha dicho Ramsey. «La publicidad "on line" se ha convertido en una apuesta más fiable para los inversores, en los medios impresos siempre es más difícil medir el resultado financiero.»

Para el próximo año en EE.UU. se espera que la inversión en publicidad digital vuelva a aumentar un 3%, 169 billones de dólares. Mientras que en 2011 la inversión en publicidad para los medios impresos va a seguir cayendo, respecto al resultado del 2010 se reducirá un 6%.

Esta información no hace más que confirmar la tendencia que el mismo diario recogía unos meses antes en otra servida por la agencia Europa Press, en la que puede leerse (en *www.elmundo.es*, 6/8/2010):

Las fuentes de donde los periódicos de papel obtienen sus beneficios están cambiando a raíz de la crisis económica y la disminución de la publicidad, acabando con la tradicional fórmula de 80% de ingresos publicitarios y 20% de venta, según un estudio de la Universidad de Harvard.

Según este trabajo, los beneficios por venta de publicidad en los periódicos de EE.UU. han caído **desde los 50 billones de dólares en 2000 a los 24 billones de dólares en 2009**, lo que ha modificado los porcentajes de fuentes de beneficios de los principales rotativos, que cada vez obtienen más por circulación.

En este sentido, el estudio destaca que, en paralelo a esta «disminución de beneficios» en la publicidad, los periódicos estadounidenses han ido subiendo en los últimos tres años los precios de su venta en quiosco o suscripción, lo que ha aumentado sus ingresos en este apartado.

Así, en los últimos cuatro meses, **el 40% de los beneficios del *New York Times* llegaron de la venta, frente al 53% de la publicidad** y al 7% de otros negocios. Mientras, el 27% de ingresos del grupo editor Gatehouse fueron por venta, el 71% por anuncios y el 2% por otros.

De esta forma, **la prensa estadounidense se acerca al modelo más extendido en Europa**, en donde el porcentaje de beneficios que obtienen los periódicos de la venta está entre el 35 y el 45%, según el estudio, pero aún está lejos de Japón, donde los editores obtienen «la mayoría» de sus beneficios de la circulación.

Para Ken Doctor, responsable del estudio, estos datos evidencian que la prensa se dirige a una época de «beneficios de los lectores». En este sentido, el estudio pronostica que en los próximos años los editores van a ver aumentado su beneficio en la venta directa.

Esto será posible no sólo con la venta en quiosco de ejemplares y suscripciones tradicionales sino con **otras modalidades de pagos por ver una noticia en la web, por contenidos para las nuevas tabletas** como el iPad, suscripciones digitales o combinaciones que permitan a los lectores tener acceso a la web y al periódico en papel.

Tal y como he dicho, convivirán el papel y la Red pero sería muy positivo que los receptores tomaran el mando con sus compras para que la publicidad disminuyera su poder. El primer anunciante de 2008 en España fue Telefónica, que gastó 173,8 millones de euros en los medios convencionales en ese año, el 2,6% del total. La suma de las inversiones publicitarias de los veinte primeros anunciantes de 2008 representó el 21,4% del total. Entre esos primeros veinte anunciantes se encuentran siete del sector de la automoción, tres del de las telecomunicaciones, tres del de la belleza e higiene y dos más que se enmarcan en el de los transportes, viajes y turismo. Los cinco restantes pertenecen a sectores distintos (Reig, 2010d). Son los siguientes:

1 TELEFÓNICA, S.A.U. (173,8 millones)
2 PROCTER & GAMBLE ESPAÑA, S.A. (131,9 millones)
3 L'ORÉAL ESPAÑA, S.A. (107,7 millones)
4 EL CORTE INGLÉS, S.A. (96,4 millones)
5 VODAFONE ESPAÑA, S.A. (87,5 millones)
6 VOLKSWAGEN-AUDI ESPAÑA, S.A. (86,6 millones)
7 RENAULT ESPAÑA COMERCIAL, S.A. (69,7 millones)
8 DANONE, S.A. (67,6 millones)
9 ING DIRECT, N.V., SUCURSAL EN ESPAÑA (61,4 millones)
10 FRANCE TÉLÉCOM ESPAÑA, S.A. (58,4 millones)
11 VIAJES EL CORTE INGLÉS, S.A. (54,1 millones)
12 GENERAL MOTORS ESPAÑA, S.L. (52,8 millones)
13 VIAJES MARSANS, S.A. (51,4 millones)
14 ORGANIZACIÓN NACIONAL DE CIEGOS DE ESPAÑA (50,0 millones)
15 CIA. SERV. BEB. REFRESC. S.L. (COCA-COLA) (47,5 millones)
16 FORD ESPAÑA, S.L. (45,1 millones)
17 AUTOMÓVILES CITROËN ESPAÑA, S.A. (44,0 millones)
18 JOHNSON & JOHNSON, S.A. (42,4 millones)
19 SEAT, S.A. (42,0 millones)
20 PEUGEOT ESPAÑA, S.A. (40,1 millones)

Fuente: elpais.com – Madrid – 25/02/2009.

No es positivo para la aplicación de un periodismo riguroso esta enorme presencia publicitaria de grandes empresas en los medios de comunicación. Ya lo he dicho en este trabajo: donde empieza la publicidad acaba la libertad de expresión del periodista. ¿Han leído, visto o escuchado ustedes muchos reportajes críticos o de investigación hacia las marcas que se acaban de citar? Es imposible que ninguna de ellas no haya cometido ningún desliz que sea noticia. No es posible que dentro de tanto poder no existan aspectos noticiables. Pero algunas de ellas no sólo son anunciantes sino también son o han sido pequeños accionistas de medios (Telefónica, El Corte Inglés, L'Oréal, Renault, la ONCE...). ¿Cómo «morder» la mano que te da de comer? Y, sin embargo, la obligación del periodismo es morder o cuanto menos molestar e incomodar al poderoso, de lo contrario, los públicos dejan de creer en el periodismo.

He aquí la encrucijada: el periodismo se ve obligado a depender de sus dueños directos e indirectos para poder vivir, pero vivir de esa manera daña al propio periodismo, no vale la pena una existencia semejante. Por consiguiente, el periodismo, o es riguroso y honesto, caiga quien caiga, o morirá, dejará de ser periodismo y se convertirá en simple entretenimiento, evasión, anécdota, seriedad aparente. Porque no se puede cocinar una *omelette* sin romper los huevos.

A pesar de la crisis, se han dado casos donde el periodismo ha proseguido su actividad con una considerable seriedad y el público ha respondido. Los propios medios se han hecho eco del caso *Die Zeit* (*El Tiempo*). Su director, Giovanni Di Lorenzo, ha declarado: «Soy enemigo de la ideología de Internet, que existe y no se puede negar. Soy contrario a la idea de Internet como único medio democrático, como única esperanza, como única salida». Recurro al caso *Die Zeit* porque interrelaciona Internet con el papel y el periodismo hecho para un público lector, intentando sintetizar las tendencias actuales relacionadas con las nuevas tecnologías con la atención hacia el receptor y con el periodismo que relativiza las modas para tratar de seguir siendo periodismo. En una entrevista publicada por *El País* (*www.elpais.com*, 31/10/2010) Di Lorenzo afirmaba ideas que vale la pena destacar:

Sobre las tendencias actuales sin renunciar a la calidad:

Hemos introducido el color y la «*cover story*», la historia de portada, en lugar del artículo de opinión; hemos estudiado un nuevo diseño, moderno y bonito, y hemos creado nuevas ofertas: páginas para niños, la revista, páginas dedicadas a temas religiosos, páginas que pertenecen solo a los lectores... Para ello hemos estudiado muy bien las necesidades de nuestros lectores. A menudo, nosotros, los del papel impreso, hacemos diarios solo para nosotros y para nuestro sector y nos olvidamos del público que paga. También hemos abierto nuevos campos para competir: hemos fundado ocho nuevas revistas con la marca *Die Zeit*, tenemos una oficina de viajes y una tienda de marca que vende nuestras ediciones. Hemos ampliado actividades, pero no hemos traicionado nuestra propuesta de calidad. Creemos que la calidad trae dinero.

Sobre el periodismo digital y el de papel:

La redacción *online* es grande, está separada y se divide entre Hamburgo y Berlín. Ahí trabajan en total unas 60 personas. Un tercio de los redactores del papel, además, contribuyen, de manera absolutamente voluntaria, a la web. Nos estamos comprometiendo mucho con el digital, no negamos en absoluto su valor, y creemos en ello. Pero quiero hacer una observación: este medio celebrado en todas partes como el futuro, de momento, sabe hacer de todo menos ganar dinero. Por eso estamos invirtiendo en el digital, porque nosotros también creemos en él, pero evitamos, con todas nuestras fuerzas, hablar mal del papel.

Sobre el periodismo de calidad:

Seguimos haciendo textos muy largos, no nos adaptamos a las modas y continuamos haciendo un periódico bastante difícil. Creo que esta fue una de las razones de nuestro éxito. En un momento en el que la gente necesita orientación, se dirige a medios que no han cedido ante compromisos.

Sobre las causas de la crisis del periodismo:

La falta de credibilidad. El abandono de la calidad. Si se empieza a hacer diarios demasiado sensacionalistas o demasiado parecidos entre sí, se pierde tirada. La crisis de los diarios estadounidenses empezó con la actitud de la prensa hacia la guerra en Irak. Los diarios se dejaron instrumentalizar por el aparato propagandístico, por eso los lectores empezaron a buscar en Internet, porque ahí estaba la promesa de encontrar otra información. La crisis empezó ahí.

Con estas convicciones, el semanario alemán *Die Zeit* ha logrado que su facturación creciera un 70% en plena crisis de 2008; los beneficios se triplicaron y la difusión aumentó un 60%, hasta el medio millón de ejemplares por semana. «Los ingresos totales en 2009 fueron de 123 millones de euros –*Die Zeit* no quiere facilitar datos concretos de beneficios–», afirma *El País* en texto firmado por Laura Lucchini, quien introduce así su aportación:

En plena crisis económica mundial y del periodismo de papel impreso, el periódico alemán *Die Zeit* ha registrado los dos mejores años de su historia. Su director, Giovanni Di Lorenzo, asegura que el truco fue estudiar en detalle las necesidades de los lectores, ignorar todos los consejos de los asesores de medios y seguir haciendo artículos largos, documentados, serios e incluso difíciles. El periodismo impreso del futuro, porque según él hay un futuro, es un periodismo de «orientación y profundización». Internet, asegura, es solo una de las causas de la crisis del papel. Hay otras: la falta de credibilidad y el abandono de la calidad.

Las reflexiones de Di Lorenzo son muy acertadas. En la televisión pública española, las series de gran calidad casi han arrasado en audiencias, antes y ahora. El público amante del buen mensaje (comunicacional y periodístico) sabe valorar cuando se le da ganga y cuando se le está ofreciendo un producto con peso. Y esto sirve igual para Internet y su periodismo que para la televisión, la radio o el papel.

Ideas clave de la quinta parte

1. La Estructura de la Información en España ofrece un panorama donde el bipartidismo (los dos capitalismos) es claramente visible, tanto en la influencia sobre los grupos como en la presentación del mensaje.
2. Eso no quiere decir que no se ofrezcan matices pero dentro de ambas tendencias, con los mensajes excepcionales y críticos de rigor para llevar a cabo maniobras autolegitimadoras.
3. Hablar sobre la Estructura de la Información en España es apropiado como estrategia docente pero no es de rigor científico porque la mundialización es lo que cuenta y España es un paradigma de este fenómeno.
4. El capital extranjero está muy presente en la Estructura de la Información española.
5. El medio impreso es básico para entender la conformación de la estructura mediática en España.
6. La oferta televisual se ha ido volviendo exagerada y, sin em-

bargo, bastante uniforme con la llegada de la Televisión Digital Terrestre (TDT) y el «apagón analógico».

7. La banca española presenta un protagonismo muy alto en la estructura mediática de España, con visibilidad clara en los grupos más importantes.

8. Otros accionistas «extraños» también han hecho acto de presencia en el panorama mediático español pero se trata de una constante mundial muy perjudicial para que exista un periodismo de calidad.

Conclusiones

1. Mediante la aplicación del enfoque estructural, desde lo local se llega a lo mundial y desde lo mundial se llega a lo local, siguiendo los pasos de la dinámica de concentración y diversificación mediática.
2. No existen empresas de relevancia puramente comunicacionales-periodísticas.
3. La concentración horizontal y vertical son habituales en nuestros días.
4. El periodismo no es en realidad un servicio público, sino, sobre todo, y en última instancia, privado.
5. De lo anterior se deriva la necesidad de unos medios públicos de calidad.
6. No es posible generalizar un buen periodismo (rigor, denuncia, transgresión, investigación) bajo esta red de intereses. Este periodismo es la excepción, no la regla. Se tergiversa el concepto de periodismo de indagación y de profundidad.
7. Si nos encontramos ante una telaraña mediática que está en el interior de la economía de mercado, lo más común es que el mensaje mediático más extendido no cuestione de forma habitual tal contexto y sea un mensaje sustancialmente igual, mundializado. Pero ello conlleva que el conocimiento profundo o sincrónico corra el riesgo de estancarse y sea sustituido por un mero funcionalismo.

8. No existe un mensaje alternativo bien articulado que se enfrente al mensaje mundializado.

9. Es necesaria una alternativa a lo anterior, pero, ¿es posible? La comunicación llamada alternativa contiene más voluntarismo que profesionalidad, más dispersión que articulación, es un reflejo de la crisis de los movimientos alternativos, tomados éstos –ahora– como los relacionados con las llamadas corrientes de izquierdas porque también se da un periodismo alternativo en la derecha, sobre todo en la más conservadora. Lo alternativo es el discurso disidente con el hegemónico y aplastante del mercado. Su carácter de alternativo va en función de la profundidad de la disidencia.

10. Sin necesidad de pensar en lo radicalmente alternativo, es necesario aconsejar a las mismas empresas mediáticas de mercado que traten de aplicar criterios más rigurosos a su quehacer, que dejen trabajar más y mejor a los periodistas, que no tomen los medios de comunicación como sus medios de comunicación.

11. En paralelo a lo anterior, es necesario recomendar a los públicos que no estén esperando que les ofrezcan un mensaje a la medida de sus gustos psíquicos y educacionales, que empiecen a pensar en quitarle la razón a Balzac cuando afirmaba: «El periódico [en este caso el medio de comunicación en general] es una tienda en que se venden al público las palabras del mismo color que las quiere».

12. Si no logramos un verdadero periodismo profesional, riguroso, pondremos en peligro la existencia misma de una democracia más sólida. Se puede suponer entonces que hay elementos del poder estructural que prefieren que esto sea así, pero entonces habremos de llamar al periodismo y a la democracia de otra manera.

13. Internet, las nuevas tecnologías y el periodismo digital están poniendo en peligro la esencia del periodismo. Pueden y deben cambiar las técnicas de producción de la información pero sin afectar a los fines teóricamente sociales del periodismo. Al peligro de tener unos dueños que obstaculizan la labor del periodista se unen las estrategias mercantiles que intentan reducir al periodista a una especie de sabelotodo

que abarca mucho y aprieta poco. Lo que se gana en continente se pierde en contenido por debilitamiento mental, físico y profesional del periodista.

Fuentes documentales básicas

1. Selección de bibliografía y revistas para estudiar la Estructura de la Información Internacional y de España

Almiron, Núria (2002): *Los amos de la globalización*, Barcelona, Plaza & Janés.

— (2010): *Journalism in Crisis. Corporate Media and financialization*, Cresskill NJ: Hampton Press.

— y Reig, Ramón (2007):«The communications research in Spain: the political economy epistemological approach», en *American Communication Journal*, vol. 9 n. 2. Disponible en: http://www.acjournal. org/holdings/vol9/summer/index.html.

— y Segovia, Ana I. (2008): Entrevista con Robert McChesney, en *Revista de Economía Política de las Tecnologías de la Información y Comunicación*. www.eptic.com.br, vol. X, n. 1, enero – abril de 2008.

Arroyo, María y Roel, Marta (2006): *Los medios de comunicación en la democracia (1982-2005)*, Madrid, Fragua.

Artero Muñoz, Juan Pablo (2008): *El mercado de la televisión en España: oligopolio*, Barcelona, Deusto.

Bagdikian, Ben (1986): *El monopolio de los medios de comunicación*, México, Fondo de Cultura Económica. Consultar distintas ediciones donde el autor demuestra la disminución progresiva de los conglomerados y la concentración mediática.

Benito, Ángel (1982): *Fundamentos de Teoría General de la Información*, Madrid, Pirámide.

Bloem, Jaap, Van Doorn, Menno y Duivestein, Sander (2009): *Me the media. Rise of the Conversation Society, Past, Present and Future of the Third Media Revolution*, Ediciones Vint/Sogeti.

Bustamante, Enrique (2006): *Radio y televisión en España. Historia de una asignatura pendiente de la democracia*, Barcelona, Gedisa.

Cebrián Herreros, Mariano (Director) (2009): *Sociedad de la Información y del Conocimiento en los países nórdicos. Semejanzas y divergencias con el caso español*, Barcelona, Gedisa.

— (2001): *La radio en la convergencia multimedia*, Barcelona, Gedisa.

Checa Godoy, Antonio (2008): *Historia de la Comunicación: de la crónica a la disciplina científica*, La Coruña, Netbiblo.

Curran, James (2005): *Medios de comunicación y poder*, Barcelona, Ed. Hacer.

De Pablos, José Manuel (2001a): *El periodismo herido*, Madrid, Foca.

— (2001b): *La red es nuestra*, Barcelona, Paidós.

Díaz Nosty, Bernardo (2005): *El déficit mediático. Donde España no converge con Europa*, Barcelona, Bosch Comunicación.

— (Director) (1993): *Los medios en la construcción de la unidad europea. Estudio preliminar*, Madrid, Informes anuales de FUNDESCO.

Fernández Sanz, Juan José (2009): «Los grupos de comunicación nórdicos en la Sociedad de la Información y ante el reto de la globalización», en Cebrián Herreros, Mariano (Director) (2009): *Sociedad de la Información y del Conocimiento en los países nórdicos. Semejanzas y divergencias con el caso español*, Barcelona, Gedisa.

Frattini, Eric y Colías, Yolanda (1996): *Tiburones de la comunicación*, Madrid, Pirámide.

García Montero, Luis (2009): «Periodismo y poesía», en Téllez, Juan José (Ed.) (2009): *Poemas a toda plana*, Madrid, Visor.

García Viñó, Manuel (2006): *El País. La cultura como negocio*, Nafarroa, Txalaparta.

Gifreu, Josep (Director) y Tresserras, Joan Manuel (Editor) (2005): *XXV Aniversario del Informe MacBride. Comunicación internacional y políticas de comunicación*, en *Quaderns del CAC*, Barcelona, InCom/UAB.

González de Ávila, Manuel (1999): «Criticar e interpretar (Introducción para todos los públicos)», en *Anthropos*, núm. 168, monográfico sobre *Semiótica Crítica. De la historia del sentido al sentido de la historia*, coordinado por el citado autor, Barcelona, Anthropos.

Imbert, Gerard (1986): *El País o la referencia dominante*, Barcelona, Mitre.

Jones, Sebastian (2010): «Los mercenarios de la opinión "independiente". Investigación sobre las estrategias de comunicación de las grandes corporaciones en Estados Unidos», en *Le Monde Diplomatique*, número 178.

Labio Bernal, Aurora (2005): Comunicación alternativa en Estados Unidos: *Project Censored*, el descubrimiento de las «no noticias», en *Anthropos*, núm. 209, Barcelona, 2005, monográfico *Hacia una comunicación alternativa*.

— (2006): *Comunicación, Periodismo y Control Informativo en el mundo*, Barcelona, Anthropos.

Martínez Soler, José Antonio (1998): *Jaque a Polanco. La guerra digital: un enfrentamiento en las trincheras de la política, el dinero y la prensa*, Madrid, Temas de Hoy.

McChesney, Robert W. (2008): *The political economy of media. Enduring Issues, Emerging Dilemmas*, New York, Monthly Review Press.

Murciano Martínez, Marcial (Director), Marzal Felici, Javier y Casero Ripollés, Andreu (Editores) (2007): *El desarrollo de la televisión digital en España*, La Coruña, Netbiblo.

Muro Benayas, Ignacio (2006): *Globalización de la información y agencias de noticias*, Barcelona, Paidós.

Núñez de Prado y Clavell, Sara y Martín Díez, Mª. Antonia (1996): *Estructura de la Comunicación mundial*, Madrid, Universitas.

Orive Riva, Pedro (1980): *Diagnóstico sobre la información*, Madrid, Tecnos.

Pena de Oliveira, Felipe (2006): *Teoría del periodismo*, Sevilla, Comunicación Social Ediciones y Publicaciones.

Pérez-Ugena, Álvaro (Coord.) y Herrero, Julio César (Editor) (2010): *Materiales para la innovación educativa en Estructura de la Comunicación*, Madrid, Universitas.

Quirós Fernández, Fernando (1988): *Introducción a la Estructura Real de la Información*, Madrid, EUDEMA.

Quirós, Fernando (1998): *Estructura Internacional de la Información*, Madrid, Síntesis.

Ramos Castro, Desirée: *El darwinismo digital. Aproximaciones al estudio de la TDT en España (2005-2010)*. Trabajo fin de Master, Universidad de Sevilla, Inédito.

Reig, Ramón (1994): *La información binaria. Emotividad y simplicidad en el periodismo*, Sevilla, Gallo de Vidrio.

— (1995): *El control de la comunicación de masas. Bases estructurales y psicosociales*, Madrid, Libertarias/Prodhufi.

— (1998): *Medios de comunicación y poder en España*, Barcelona, Paidós.

— (2003): *Estructura y mensaje en la Sociedad de la Información*, Sevilla, Mergablum.

— (2004): *Dioses y diablos mediáticos*, Barcelona, Urano.

— (2008): «Hacia nuevos horizontes de libertad (1976-1992)», en Langa Nuño, Concepción, Romero Domínguez, Lorena R. y Ruiz Acosta, María José: *Un siglo de información en Sevilla. Prensa, radio y televisión (1909-2009)*, Universidad de Sevilla/APS.

— (2010a): *La telaraña mediática*, Sevilla/Zamora, Comunicación Social Ediciones y Publicaciones.

— (Director) (2010b): *La dinámica periodística. Perspectiva, contexto, métodos y técnicas*, Asociación Universitaria Comunicación y Cultura/Grupo de Investigación en Estructura, Historia y Contenidos de la Comunicación/Universidad de Sevilla.

— y Mancinas Chávez, Rosalba (2010c): «Análisis de la victoria electoral de Rodríguez Zapatero en España (2008): claves persuasivas y comunicacionales y reflexiones ante los comicios de 2012», en *La comunicación social en estado crítico. Entre el mercado y la comunicación para la libertad*, II Congreso Internacional Latina, Universidad de La Laguna, versión en CD.

— (2010d): «Condicionantes estructurales del trabajo del periodista: las causas de una sociedad desinformada», en *Global Media Journal*, vol. 7, núm. 14, México, Tecnológico de Monterrey.

Ribés Alegría, Marta (2009): «El origen de la Televisión Digital Terrestre en España: Quiero TV», en *Sphera Pública*, número 9, monográfico *La investigación en España sobre TDT*, Universidad Católica San Antonio (Murcia).

Sampedro, José Luis (2009): *Economía humanista. Algo más que cifras*, Barcelona, Debate.

Sánchez-Bravo Cenjor, Antonio (1992): *Manual de Estructura de la Información*, Madrid, Fundación Centro de Estudios Ramón Areces.

Seoane, Mari Cruz y Sueiro, Susana (2004): *Historia de El País y del Grupo Prisa*, Barcelona, Plaza & Janés.

Serrano, Pascual (2009): *Desinformación. Cómo los medios ocultan el mundo*, Barcelona, Península.

— (2010a): *El periodismo es noticia. Tendencias sobre comunicación en el siglo XXI*, Barcelona, Icaria.

— (2010b): *Traficantes de información. La historia oculta de los grupos de comunicación españoles*, Madrid, Foca.

Taibo, Carlos (2001): *Cien preguntas sobre el nuevo desorden*, Barcelona, Punto de Lectura.

Valbuena de la Fuente, Felicísimo (Director) (2006): *Economía Política de la Comunicación*, en *CIC. Cuadernos de Información y Comunicación*, Publicaciones de la Universidad Complutense de Madrid.

2. Selección de bibliografía y revistas para estudiar la Estructura de la Información en América Latina

Becerra, Martín y Mastrini, Guillermo (2004): «Industrias culturales y telecomunicaciones en América Latina. Las industrias infocomunicacionales ante la Sociedad de la Información». *Revista Telos*, núm. 61. Octubre-diciembre 2004.

Calvento, Mariana (2006): «Fundamentos teóricos del neoliberalismo: su vinculación con las temáticas sociales y sus efectos en América Latina». *Revista Convergencia*, núm. 41. Mayo-agosto 2006.

Díaz Nosty, Bernardo (2007) (Director): *Tendencias'07. Medios de Comunicación. El escenario iberoamericano*, Barcelona/Madrid, Ariel/Fundación Telefónica.

García Canclini, Néstor (2004): «Ante la sociedad del conocimiento. Últimos desafíos de las políticas culturales». *Telos*, núm. 61. Octubre – diciembre 2004. *http: / / mediocracia.wordpress.com / 2007 / 04 / 08 / tendencias-mediaticas-en-america-latina /*

Mancinas Chávez, Rosalba (2008): *El poder mediático en México*, Asociación Universitaria Comunicación y Cultura/Grehcco/Universidad de Sevilla.

— (2009): *La estructura mediática de México y el caso del Estado de Chihuahua: Prensa, Radio, Televisión e Internet*. Tesis doctoral. Disponible en: *http: / / fondosdigitales.us.es / tesis / tesis / 912 / la-estructura-mediatica-de-mexico-y-el-caso-del-estado-de-chihuahua-prensa-radio-television-e-internet /*.

Martín Barbero, Jesús (2006): «Medios y culturas en el espacio latinoamericano». *Pensar Iberoamerica*, Revista de Cultura. *www.campus-oei.org / pensariberoamerica / ric05a01.htm*. Consultado el 23 de febrero de 2006.

Martínez Díaz, Nelson (1983): «El mundo americano». En *Historia 16. SIGLO XX*. Historia Universal. núm. 4 *América entra en escena. Expansionismo USA y revolución mexicana*. Madrid.

Mastrini, Guillermo y Becerra, Martín (2006): «Globalización, mercado e industrias culturales: ¿resistencia o simulacro?» Ponencia presentada en el XII Encuentro Latinoamericano de Facultades de Comunicación Social. FELAFACS – Pontificia Universidad Javeriana. Bogotá, 2006. *http://www.javeriana.edu.co/felafacs2006/mesa15/documents/gillermomartini.pdf*

— y Martín Becerra (2006): *Periodistas y magnates. Estructura y concentración de las industrias culturales en América Latina*, Buenos Aires, Prometeo.

Merayo, Arturo (Coordinador) (2007): *La radio en Iberoamérica. Evolución, diagnóstico y prospectiva*, Sevilla/Zamora, Comunicación Social Ediciones y Publicaciones.

Murciano, Marcial (Director) (2009): *El espacio audiovisual iberoamericano*, en *Conexiones. Revista Iberoamericana de Comunicación*, Comunicación Social Ediciones y Publicaciones/UAB/Observatorio Iberoamericano de la Comunicación.

Rubio Cordón, José Luis (1986): «Evolución económico-social de América, desde 1810 hasta 1914». *Gran Historia Universal*. Tomo 33. Madrid, Club Internacional del Libro.

Reig, Ramón y Mancinas, Rosalba (2008): «El debate mexicano sobre la reforma de la Ley Electoral a través del mensaje periodístico (septiembre 2007 y enero de 2008). Contexto y relación con la dinámica electoral-mediática en España», en *Razón y Palabra*, núm. 60. Disponible en: *http://www.razonypalabra.org.mx/anteriores/n60/varia/rreig_mmancinas.htm*.

Sánchez Ruiz, Enrique (2006): «Concentración mediática y gobernabilidad democrática en Latinoamérica: análisis preliminar del caso mexicano».

— (2006): «Industrias culturales y diversidad de contenidos en América Latina». Presentada en la sesión plenaria «políticas e industrias culturales en la era digital». IX Congreso Iberoamericano de Comunicación. IBERCOM 2006. 15-17 de noviembre de 2006. Sevilla. *www.ibercom2006.com*.

Serrano, Pascual (2010): *El periodismo es noticia. Tendencias sobre comunicación en el siglo XXI*, Barcelona, Icaria.

Suárez, Luis (1995): «Los grandes desafíos de los medios de comunicación». En *Medios de comunicación y democracia en América Latina y el Caribe*. Comunicación y desarrollo. Ediciones UNESCO.

Trejo Delarbre, Raúl (2007): «Tendencias de la comunicación en América Latina». Publicado en *Revista Zócalo*, febrero de 2007. Disponible en red:

*www.campusred.net / telos / articulocuaderno.asp?idar
ticulo=4&rev=61*

*www.campusred.net / telos / articulocuaderno.asp?idar-
ticulo=7&rev=61*

*www.cucsh.udg.mx / catedrasnacionales2006 / doctos / enriquesan-
chez / ConMediatica.pdf*

— (2007): «Los cuatro grandes grupos de comunicación», en Díaz Nosty, Bernardo (2007) (Director): *Tendencias'07. Medios de Comunicación. El escenario iberoamericano*, Barcelona/Madrid, Ariel/Funda-
ción Telefónica.

3. Referencias y sitios en Internet para el estudio de la Estructura de la Información en China, Rusia e India

Biagi, Shirley (2005): *Impacto de los medios. Introducción a los medios
masivos de comunicación*. Madrid: Cengage Universitario.

Bustelo, Pablo (2010): *Chindia. Asia a la conquista del siglo XXI*. Madrid: Tecnos/Real Instituto Elcano.

CNTN: http:/ / english.cntv.cn / 01 / index.shtml [Consulta: 28 de junio
de 2009].

Fiol, Ana (2001): «Propiedad y acceso a los medios de comunicación en el
mundo», *Chasqui. Revista Latinoamericana de Comunicación*, nº 74.

http:/ / prasarbharati.gov.in / [Consulta: 20 junio de 2009].

http:/ / us.startv.com / [Consulta: 2 de julio de 2009].

*http:/ / www.chinaknowledge.com / Business / CBGdetails.aspx?subch
ap=4&content=20#Newspaper* [Consulta: 1 de julio de 2009].

*http:/ / www.exchange4media.com / IRS / 2009 / fullstory.asp?Section_
id=40&News_id=34698&Tag=29972* [Consulta: 28 de junio de 2009].

http:/ / www.gazprom.com / about / today / [Consulta: 26 de de abril de
2009].

http:/ / www.ifeng.com / phoenixtv / 77405618595430400 / index.shtml
[Consulta: 26 de mayo de 2009].

http:/ / www.indiatimes.com / aboutusshow / 1522031.cms [Consulta:
18 junio].

http:/ / www.metinvest.com / eng / [Consulta: 18 junio].

http:/ / www.network18online.com / [Consulta: 24 junio].

*http:/ / www.nytimes.com / 2007 / 06 / 26 / world / asia / 26mur
doch.html?_r=1&scp=46&sq=rupert%20murdoch%20east&st=cse*
[Consulta: 15 de mayo de 2009].

http://www.profmedia.ru/eng/about/ [Consulta: 18 junio].

http://www.tatasky.com/corporate-info.html [Consulta: 20 de junio de 2009].

http://www.tnk-bp.com/ [Consulta: 14 de junio de 2009]

*http://www.zeetelevision.com/html/InvestorInformation.*asp [Consulta: 12 de junio de 2009].

Independent Media: http://english.imedia.ru/about/ [Consulta: 16 de junio de 2009].

Kiriya, I. (2007): «Las industrias de la información y de la cultura en Rusia: Entre mercancía e instrumento». *Zer*, nº 22. Disponible en *http://www.ehu.es/zer/zer22/ZER22_kiriya.pdf* [Consulta: 26 de abril de 2009].

Politkovskaya, Anna (2005): *La Rusia de Putin.* Madrid, Debate.

Reig, R. (2004): *Dioses y diablos mediáticos: cómo manipula el Poder a través de los medios de comunicación,* Barcelona, Urano.

Serpes, Cassandra (2009): «IRS R1 2009: No surprises in the dailies report – Dainik Jagran, TOI maintain leads». Disponible en:

Serra Massansalvador, F. (2008): *Chechenia: Rompamos el silencio,* Barcelona, Icaria.

VV.AA. (2008) *El Mercado Audiovisual en China.* Valencia: Instituto Valenciano de la Exportación/Generalitat Valenciana.

4. Cinematografía

Al filo de la noticia. Director: James L. Brooks. EE.UU., 1987.

Ausencia de malicia. Director: Sydney Pollack, EE.UU., 1982.

Buenas noches y buena suerte. Director: George Clooney, EE.UU., 2005.

Ciudadano Kane. Director: Orson Welles, EE.UU., 1941.

El club de los poetas muertos. Director: Peter Weir, EE.UU., 1992.

El cuarto poder. Director: David Lowell Rich, EE.UU., 1985.

El dilema. Director: Michael Man, EE.UU., 2000.

El Siciliano. Director: Michael Cimino, EE.UU., 1987.

Historias de la radio. Director: José Luis Sáenz de Heredia, España, 1955.

Juan Nadie. Director: Frank Capra. EE.UU., 1941.

La hoguera de las vanidades. Director: Brian de Palma, EE.UU., 1990.

La verdad sobre el caso Savolta. Director: Antonio Drove, España, 1991.

Mad city. Director: Constantin Costa-Gavras, EE.UU., 1997.

Matrix. Directores: Andy Wachowski, Larry Wachowski, EE.UU., 1999.

Network. Un mundo implacable. Director: Sidney Lumet, EE.UU., 1976.

Salvador. Director: Oliver Stone, EE.UU., 1986.

Solos en la madrugada. Director: José Luis Garci, España, 1978.

Sostiene Pereira. Director, Roberto Faenza, Italia-Francia-Portugal, 1995.

The paper (detrás de las noticia). Director: Ron Howard, EE.UU., 1994.

5. Videografía

100 años de prensa escrita, Canal de Historia, 2005.

Al-Jazeera, la voz del mundo árabe. Emitido, entre otras cadenas, en Odisea en septiembre de 2004.

Hotel Palestina, Tele 5, 2003; Canal de Historia, 2005.

La guerra de los medios. Moderador: Luis Mariñas, Tele 5 (1997).

El poder de la televisión, documental de 90 minutos emitido por Cinemanía en 1999. Aún de tremenda actualidad.

Silvio Berlusconi, Canal de Historia, 2005.

Vladimir Gusinski, TVE, Informe Semanal, 2001.

Entrevista a José María García censurada en TVE en 2007. Consultar por Internet a través del diario *El Mundo. http://www.elmundo. es/especiales/2007/02/comunicacion/quintero_garcia/index_menosfotos.html.*

6. Internet. Sitios relevantes seleccionados donde pueden hallarse datos sobre Estructura de la Información

http://gmje.mty.itesm.mx/ligas.html. Centro de Investigación en Comunicación e Información (CINCO).

http://cinco.mty.itesm.mx. Maestría en Ciencias en Comunicación (MCO).

http://mco.mty.itesm.mx. Cátedra de Investigación en Medios Audiovisuales y Globalización en América del Norte.

http://chasqui.comunica.org. Revista Latinoamerica de Comunicación que ha logrado sintetizar con gran calidad lo ameno con el rigor académico y periodístico. Temas variados tratados en sus aspectos más sustanciales.

www.infoperiodistas.info. Sitio con diversas novedades del mundo del periodismo en general y de la dinámica estructural en particular.

www.elmundo.es. Diario español que contiene una sección llamada «Medios», de utilidad para el estudio de la estructura mediática.

http://ruedadelafortuna.files.wordpress.com. De los pocos lugares donde está siempre presente el mundo estructural mediático, si bien la web está elaborada desde una óptica económico-empresarial.

www.ifj.org. Página de la Federación Internacional de Periodistas.

www.periodistas-es.org. Página independiente impulsada por periodistas españoles donde se sigue con especial atención la problemática de la profesión en todo el mundo.

www.cjr.org. Observatorio de Medios de la Universidad de Columbia.

www.elpublicista.es. Interesante para manejar datos que nos permitan estar al tanto de los cambios coyunturales en el mundo mediático.

www.proyectocensurado.org. Lugar donde se estudian las informaciones que la comunicación mercantil margina e ignora.

www.projectcensored.org. Es la versión norteamericana (nació en Estados Unidos en 1976) del sitio anterior. De hecho, la versión en español se deriva de aquélla.

www.infoamerica.org. Sitio creado por la Universidad de Málaga (España) con abundante presencia de datos latinoamericanos y de teoría de la información.

www.revistasrec.org. Portal donde se dan cita siete de las revistas científicas de comunicación más importantes de España: *Latina, Comunicar, Estudios del Mensaje Periodístico (EMP), Anàlisi, ZER, Comunicación y Sociedad, Ámbitos*.

www.saladeprensa.org. Portal latinoamericano muy rico en temas periodísticos de la más diversa modalidad.

www.campusred.net/telos. *Telos* es la revista científica española donde más textos sobre estructuras mediáticas he encontrado desde los años noventa hasta la actualidad.

www.eptic.com.br/eptic_es/index.php. Sitio especializado en Economía Política de las Tecnologías de la Comunicación y la Información. Contiene la revista científica *Eptic*.

www.pressnetweb.com. Sitio de amplia información, muy útil para profesionales de la información y para el investigador que indaga en los fenómenos periodísticos.

www.razonypalabra.org.mx. Revista electrónica especializada en comunicación en América Latina. Editada en México.

www.cubainformacion.tv / index.php?option=com_content&task=view &id=9564&Itemid=86. Sitio web donde Ramón Reig habla de conglomerados de la comunicación y de comunicación alternativa.

Comunicación y cultura en la era digital
Industrias, mercados y diversidad en España
ENRIQUE BUSTAMANTE (Coord.)

Durante dos años un equipo de investigación ha realizado una radiografía empírica de las Industrias Culturales en España, de sus mayores transformaciones a lo largo de las últimas décadas, y de sus avances de cara a la Era Digital. Este libro detalla así la creación, la producción y consumo de la edición de libros y fonográfica, de la industria del cine y de la prensa, de la radio y la televisión y, como sector piloto de la nueva cultura multimedia, de los videojuegos. Y en él se estudian también las políticas culturales, nacionales y regionales, desarrolladas hasta ahora.

Sobre esta base, el diagnóstico de las fortalezas y debilidades, de las amenazas y oportunidades de nuestra Industria Cultural muestra una creatividad creciente, un mercado considerable y una industria potente pero también el deterioro de la diversidad y del espacio público. La situación es especialmente preocupante para la transición al mundo digital, dada la precariedad de las posiciones de partida.

Ante la incoherencia y miopía de las políticas públicas, incapaces de remediar los peores efectos del mercado y de conciliar cultura y pluralismo con beneficios, la obra aboga por una política cultural y comunicativa integrada, ausente en el pasado pero vital para el futuro, con propuestas concretas para cada sector.

Participan en este volumen, además del coordinador, expertos acreditados en el estudio de cada campo: José María Álvarez Monzoncillo, Luis Alfonso Albornoz, Gustavo Buquet, Rosa Franquet, Gloria Gómez, Pedro M. Moreno y Ramón Zallo.

Enrique Bustamante es catedrático de Comunicación Audiovisual y Publicidad en la Universidad Complutense de Madrid y autor de diversas obras. Gedisa ha publicado también su libro *La televisión económica*.

Hacia un nuevo sistema mundial de comunicación
Las industrias culturales en la era digital
Enrique Bustamante (Coord.)

En el marco de la Fundación Alternativas, un equipo de investigadores ha estudiado las transformaciones que las nuevas tecnologías y redes digitales están produciendo en la comunicación y las industrias culturales en general, y las tendencias y escenarios que se están ya configurando en Europa, Estados Unidos y Latinoamérica. Se ofrece así una perspectiva internacional de los temas estudiados en el primer volumen dedicado a España *Comunicación y cultura en la era digital. Industrias, mercados y diversidad en España* (Gedisa, 2002).

En el presente volumen, se analizan los principales sectores digitales, desde el disco, el libro y el cine hasta la prensa, la radio, la televisión y los videojuegos; y se examinan los principales retos transversales planteados: las estrategias de los grupos multimedia, los derechos de autor, las experiencias de políticas culturales y comunicativas en nuevas redes.

En conclusión, se constata la construcción de un nuevo Sistema Mundial de Comunicación y Cultura, fraguado de pugnas y coexistencias analógicas y digitales, con notables posibilidades para construir una cultura más rica y plural. Pero también se comprueba un salto cualitativo de la mercantilización y la internacionalización de las Industrias Culturales, con el riesgo de ahondar la fractura digital en este campo. Un desafío trascendental que apela a la reformulación de políticas públicas coherentes que coloquen a la cultura en el centro del desarrollo.

Participan en este trabajo, además del coordinador, expertos conocidos en el estudio de cada temática: **Luis Alfonso Albornoz, José María Alvarez Monzoncillo, Gustavo Buquet, Rosa Franquet, Celeste Gay, Gloria Gómez, Juan Carlos de Miguel, Pedro M. Moreno y Ramón Zallo.**

Enrique Bustamante es catedrático de Comunicación Audiovisual y Publicidad en la Universidad Complutense de Madrid y autor de diversas obras. Gedisa ha publicado también su libro *La televisión económica,* y coordinado el volumen colectivo *Comunicación y cultura en la era digital.*

Periodismo audiovisual
Información, entretenimiento y tecnologías multimedia
CARLES MARÍN
Prólogo de Matías Prats

Los medios de comunicación social, sobre todo la radio, la televisión o Internet, se están convirtiendo en las herramientas de interacción humana por excelencia en este siglo XXI recién empezado. La sociedad actual necesita estar informada y conocer todo aquello que sucede en su entorno y que le afecta de una forma directa o indirecta, pero que no le deja indiferente.

Ante este mundo tan aparentemente globalizado y con la convicción real de que los medios de comunicación audiovisual influyen en el ser humano para bien o para mal, se hace necesario este libro que habla de periodismo audiovisual, concretamente de la radio y la televisión como medios de máxima efervescencia profesional y pública.

A través de esta publicación, el lector podrá conocer brevemente cómo nacieron los medios radiofónicos y televisivos en el mundo y en España, así como indagar en su fisonomía por medio de los géneros y de la topología general y específica de programas existentes en la actualidad: informativos, persuasivos, formativos y espacios de entretenimiento.

La parte más pragmática y con un sentido más pedagógico e inédito hasta ahora es la radiografía que se lleva a cabo de los formatos del magazín y del informativo en radio y en televisión. De esta forma, se puede conocer qué objetivos y finalidad tienen estos espacios, y cómo se organizan y construyen dos de los informativos y dos de los magazines radiofónicos y televisivos españoles que representan modelos consolidados y/o líderes de audiencia en la actualidad.

La obra se completa con un breve pero esclarecedor apartado sobre Internet y sus múltiples aplicaciones como nueva herramienta de información periodística, cuyas premisas se sustentan en un formato de periodismo digital basado en la instantaneidad, la personalización, la multimedialidad y la interactividad.

Carles Marín es doctor en Filología Hispánica, especialidad de lengua española y medios de comunicación audiovisuales, y licenciado en Periodismo, Filología Hispánica y Filología Catalana. Es profesor de Periodismo audiovisual y Tecnologías multimedia en la Universidad Rey Juan Carlos de Madrid e investigador del Grupo de Estudios Avanzados de Comunicación (GEAC) en la misma universidad. En los últimos diez años ha dirigido y escrito programas para las cadenas Antena 3 y TVE en las Islas Baleares y Cataluña, y para las cadenas de radio Onda Cero, Ona Mallorca y RNE. Entre sus libros publicados destacan *El lenguaje de los informativos de televisión* y *La noticia audiovisual a través de la historia de la televisión*.

La sociedad de la información y del conocimiento en los países nórdicos
Semejanzas y divergencias con el caso español
MARIANO CEBRIÁN HERREROS (Dir.)

La investigación acerca de la Sociedad de la Información y del Conocimiento (SIC) constituye uno de los ámbitos de mayor relevancia en el estudio de la comunicación. En este contexto, la experiencia de los países nórdicos —en el contexto de su modelo de desarrollo conocido como «estado del bienestar»— es un referente importante para el desarrollo y la innovación en este campo. La presente obra, en la que se recogen algunos resultados de una amplia investigación acerca del modelo nórdico de sociedad de la información, ofrece un análisis de diversas dimensiones de la situación actual y las tendencias de este modelo dentro de la amplia complejidad de la I+D+i (Investigación + Desarrollo + Innovación tecnológica) para profundizar en el marco general de la concepción de la SIC, en las infraestructuras tecnológicas, en los aspectos económicos, sociales, culturales y educativos y en la organización de los medios de comunicación, todo ello en el entorno de la Unión Europea. Este estudio se efectúa desde la perspectiva española, pero resulta también de interés particular para América Latina. El presente libro ofrece información muy valiosa para los investigadores, profesores, estudiosos y profesionales de la comunicación y de los sectores que trabajan en torno a la SIC.

Los autores de la obra son investigadores españoles de la Universidad Complutense de Madrid: Julio Larrañaga, Javier Maestro, Enrique Bustamante, Juan José Fernández, Karen Arriaza, Ángel L. Rubio; de la Universidad Autónoma de Madrid: Fernando Gallardo; de la Universidad Carlos III de Madrid: Mercedes Caridad y Ana Mª Morales; e investigadores nórdicos como Tapio Varis, Niels Ole Finnemann, Kirsti Baggethun y Eva Liébana, todos ellos con un extenso currículum sobre el tema que abordan, así como de otros campos de la comunicación.

El director de la obra, **Mariano Cebrián Herreros**, es Catedrático de la Universidad Complutense de Madrid, autor de más de treinta libros individuales, entre otros: *La radio en la convergencia multimedia*, *La información en televisión* (ambos en esta editorial), *Modelos de televisión*; *Modelos de radio*; y *La radio en Internet*, participa como conferenciante en congresos y es profesor invitado en varias universidades españolas y de América Latina. Es miembro del comité científico de una veintena de revistas nacionales e internacionales especializadas, además de presidir la Asociación Española de Cine e Imagen Científicos. En reconocimiento de su obra ha recibido varios premios nacionales e internacionales.

Cultura latina y revolución digital
Matrices para pensar el espacio iberoamericano de Comunicación

CARLOS DEL VALLE, FRANCISCO J. MORENO
y FRANCISCO SIERRA (Coord.)

Hablar del espacio común iberoamericano y de las alternativas en comunicación y cultura es acometer un objeto problemático y controvertido, que nos exige una aproximación territorial, social, política y económica, además de una mirada de identificación desde el sur. Es necesario aplicar una voluntad subjetiva de interlocución y diálogo, capaz de *deconstruir* ciertos mitos y tópicos al uso. Pues Iberoamérica es sobre todo un espacio constituido culturalmente desde la voluntad política.

De acuerdo con esta filosofía, este texto es resultado de una década de intercambios y proyectos coordinados de cooperación científica, y nace en España en el marco de los debates que la Unión Europea viene sosteniendo con Latinoamérica en una etapa de indefinición de Europa ante los retos de la integración de la antigua Europa del Este, con el consiguiente crecimiento y expansión hacia la nueva economía asiática en detrimento de América Latina.

Carlos Del Valle es Académico en la Universidad de La Frontera. Doctor por la Universidad de Sevilla, investigador Postdoctoral en la University of Oklahoma, profesor acreditado de doctorado en España, Argentina y Chile, investigador responsable de proyectos en España, México, Argentina y Chile, miembro de COMPOLÍTICAS, ALAIC, ULEPICC, RAIC, CIC, ALED, FONDECYT.

Francisco Javier Moreno es miembro del Grupo Interdisciplinario de Estudios en Comunicación, Política y Cambio Social (COMPOLITICAS) y de la Unión Latina de Economía Política de la Información, la Comunicación y la Cultura (ULEPICC), actualmente trabaja como personal investigador en formación en el Proyecto de Investigación de Excelencia *Nuevas tecnologías de la información y participación ciudadana* (Junta de Andalucía).

Francisco Sierra es Director del Grupo Interdisciplinario de Estudios en Comunicación, Política y Cambio Social (COMPOLITICAS), investigador del Instituto Universitario de Estudios sobre América Latina (IEAL) de la Universidad de Sevilla, Vocal de Relaciones Internacionales de la Asociación Española de Investigación en Comunicación (AEIC) y Vicepresidente de la Confederación Iberoamericana de Asociaciones Científicas en Comunicación.

Industrias creativas
Amenazas sobre la cultura digital

ENRIQUE BUSTAMANTE (Ed.), PHILIPPE BOUQUILLON, NICHOLAS
GARHNAM, BERNARD MIÈGE, PIERRE MOEGLIN, GIUSEPPE RICHERI,
PHILIPPE SCHLESINGER, GAËTAN TREMBLAY, RAMÓN ZALLO

Este libro aborda críticamente la cuestión de las Industrias Creativas y de la
Economía Creativa, una moda que ha generado una potente ola que ha alcanzado en pocos años a las principales instituciones europeas, e incluso a las
agencias especializadas de la ONU como la UNCTAD o la UNESCO. Las Industrias Creativas y sus múltiples declinaciones han arrasado en muchos casos convirtiéndose en la enseña central de una nueva economía, en el compo-
nente vital de un nuevo modelo de crecimiento sin el cual no hay desarrollo
futuro posible, ni en los países ricos ni en los subdesarrollados. Sus autores,
investigadores seniors e internacionalmente reconocidos en el campo de la
Cultura y la Comunicación desvelan así sus connotaciones nada inocentes, los
intereses ideológicos, económicos y de poder que subyacen tras términos aparentemente transparentes y de sentido común.

Pierre Bouquillon es profesor de Ciencias de la Información y la Comunicación en la Universidad de París VIII (Vincennes).
Enrique Bustamante es Catedrático de Comunicación Audiovisual y Publicidad en la Universidad Complutense de Madrid desde 1992.
Nicholas Garhnam es Profesor Emérito de la Universidad de Westminster, en
donde fue directior del Centre for Communication and Information Studies.
Bernard Miège es Profesor emérito en ciencias de la Información y la Comunicación de la Universidad Stendhal de Grenoble Yfundador del grupo de investigación GRESEC.
Pierre Moeglin es Director de la Maison des Sciences de l'Homme de París
Norte, y profesor en la Universidad de París 13, en donde dirige el Laboratorio
de Ciencias de la Información y la Comunicación.
Giuseppe Richeri es profesor de la Facultad de Ciencias de la Comunicación, de la Università della Svizzera Italiana, Lugano, en donde ha sido Decano y en la que dirige el Instituto de Media e Giornalismo.
Philip Schlesinger es Director del Centre for Cultural Policy, de la Universidad de Glasgow y fue fundador y director del Stirling Media Research Insti-
tute.
Gaëtan Tremblay es profesor titular en la escuela de los medios de la Facultad de Comunicación en la Universidad de Québec en Montréal.
Ramón Zallo es Catedrático de Comunicación Audiovisual de la Facultad de
Ciencias Sociales y de la Comunicación de la Universidad del País Vasco.